国家出版基金项目
NATIONAL PUBLICATION FOUNDATION

朱旭东　丛书主编

中国教育
改革开放 40 年

终身教育卷

陈丽　等 著

China
Education Reform
and Opening-up
40 Years

北京师范大学出版集团
BEIJING NORMAL UNIVERSITY PUBLISHING GROUP
北京师范大学出版社

丛书编委会

主　任　顾明远

丛书主编　朱旭东

编　委　(以姓氏笔画为序)

总　序

今年是改革开放 40 周年，40 年来我国教育取得了辉煌的成就。现在各个教育研究机构和出版机构都在总结 40 年的经验，出版各种丛书。这 40 年的成就是写多少书也说不周全的，但我想用五句话来做一个简要的概括。

第一，教育观念的转变。在解放思想的路线指导下，我们对教育的认识越来越深刻、越来越全面。特别是党的十八大以来，习近平总书记提出以人民为中心、教育公平是社会公平的重要基础、教育强则国家强的主张。今年教师节时，习近平总书记在全国教育大会上的讲话中首先强调教育对新时代坚持和发展中国特色社会主义的战略意义。他指出，教育是民族振兴、社会进步的重要基石，是功在当代、利在千秋的德政工程，对提高人民综合素质、促进人的全面发展、增强中华民族创新创造活力、实现中华民族伟大复兴具有决定性意义。教育是国之大计、党之大计。习近平总书记同时指出，教育的根本问题是培养什么人、怎样培养人、为谁培养人。中国共产党领导的社会主义教育，就是要培养德智体美劳全面发展的社会主义建设者和接班人。

第二，教育事业的发展。40 年来，我国全面普及了九年义务教育；学前教育已提前完成了《国家中长期教育改革和发展规划纲要（2010—2020 年）》提出的到 2020 年的指标，2017 年学前毛入园率达到 79.6％；高中阶段教育基本普及，2017 年毛入学率为 88.3％；高等教育，包括研究生教育实现了跨越式发展，2017 年各类高等教育在学总规模达到 3 779 万人，高等教育毛入学率达到 45.7％。2017 年，全国有 2.7 亿人在各级各类学校学习，我国成为世界上受教育人口最多的教育大国。

第三，教育制度的创新。改革开放以来，我国逐步制定教育法律法规并不断完善。1980 年通过了《中华人民共和国学位条例》，之后，我国逐步制定了《中华人民共和国义务教育法》《中华人民共和国教师法》《中华人民共和国教育法》《中华人民共和国职业教育法》《中华人民共和国高等教育法》《中华人民共和国民办教育促进法》等，并根据教育事业的发展进行了修订或修正，使教育治理有法可依。现在希望尽早制定学前教育法、学校法，使幼儿园和学校的发展得到法律保障。

第四，教育科学的繁荣。改革开放之前，教育理论界人数很少，缺乏对教育实践中的理论问题和实际问题的研究。40 年来，中国特色社会主义教育理论体系初步形成，教育理论有了较大发展。教育科学的繁荣呈现出如下一些特点：一是改变了以前一本《教育学》一统天下的局面，恢复和创建了许多新兴学科，如教育哲学、教育经济学、教育社会学、比较教育学、课程与教学论等，研究成果丰硕；二是教育理论研究重视宏观战略研究，为我国教育事业发展的科学决策做出了一定的贡献；三是教育科学研究从书斋走向基层，教育理论工作者与广大教师共同开展教育研究，把教育改革落到实处，不仅提高了教育质量，而且积累了丰富的经验。

第五，从请进来到走出去。改革开放初期，我们打开窗户，发现世界教育已经走向现代化，于是我们如饥似渴地引进西方教育的先进理念、教育改革的经验，逐渐使我国的教育恢复起来，教育事业得到迅速发展。20 世纪 90 年代，我国教育学界开始走自己的路，创造中国特色社会主义教育理论和经验。特别是上海在 PISA（国际学生评估项目）中数次名列前茅，让外国学者对中国教育刮目相看。世界也在学习中国的教育经验。讲好中国教育故事是今后教育工作者的任务。我国多部教育著作已经被译成外文出版。2006 年，高等教育出版社就与 Springer 出版社合作出版了英文版杂志 *Frontiers of Education in China*，至今已 12 年，杂志受到外国学者的重视。这些都是中国教育走出去的标志。我们既要不断吸收世界优秀文明成果，又要讲好中国教育故事，让世界了解中国。

今后中国教育界应以习近平新时代中国特色社会主义思想为指导，贯彻落实党的十九大精神，深化教育改革，发展素质教育，推进教育公平，让每个孩子享有公平而有质量的教育。

北京师范大学出版社组织教育学术界同人，编写这套"中国教育改革开放 40 年"丛书，包括学前教育、义务教育、高中教育、高等教育、教师教育、职业教育、民办教育、终身教育、教育技术、课程与教学、政策与法律、关键数据与国际比较 12 卷。它是 40 年教育改革开放的总结，丰富了教育学术宝库。出版社要我写几句，是为序。

2018 年 11 月 5 日于北京求是书屋

.

目　录

第一章

改革开放 40 年我国
终身教育政策发展概述

通过检索学术资源库、政府官方网站、新闻报道、教育年鉴、教育事业统计公报等途径，我们收集了改革开放 40 年来我国出台的终身教育相关政策文件。本章将按照终身教育不同的实践形式，对相关政策文件的出台背景、相关内容以及执行效果等进行分析，力图总结改革开放 40 年来我国终身教育政策的发展成果，揭示相关政策的演变和发展特点。

第一节　终身教育理念的引入

一、现代终身教育理念的发轫

现代意义上的人类终身教育思想缘起于 20 世纪中期的西方。20 世纪 40 年代到 60 年代，联合国教科文组织开始着手进行终身教育的相关研究，在不同场合开展了实施终身教育可能性的研讨。随着现代科学技术与信息技术的飞速发展，西方社会进入从工业社会向后工业社会、信息社会发展的快速转型期。1965 年 12 月，联合国教科文组织第三届成人教育委员会在巴黎召开成人教育国际促进会议，保罗·朗格朗第一次以终身教育为题做了报告，并提交了《关于终身教育》的提案。会议对此提案进行认真审议后向联合国教科文组织提交了一份建议书，随后这份建议书被联合国教科文组织以研究报告的形式发表，并被译成多种文字传播。在以朗格朗为代表的西方教育界的有识之士及以联合国教科文组织为代表的国际组织推动下，终身教育思想在世界各地得到迅速传播，成为指导 20 世纪后期人类教育变革的一种重要理念。

二、终身教育理念在中国的传播

终身教育思想一直到 20 世纪 70 年代末期才被引入中国。最初，一些富有眼光的研究比较教育与成人教育的学者将终身教育理念介绍给了国内同行。如 1979 年，华东师范大学①外国教育研究室率先翻译出版了联合国教科文组织的重要报告——《学会生存——教育世界的今天和明天》；80 年代初，上海第二教育学院②孙世路在撰写的《外国成人教育》一书中，介绍了国际终身教育思潮；1985 年，中央教育科学研究所周南照等翻译出版了朗格朗的名著——《终身教育引论》。学者们还相继以学术论文的形式介绍了终身教育思潮，如叶忠海于 1984 年在《教育研究》上发表的《继续教育与科技人才发展》等，从而开启了终身教育思想在中国的传播之旅。

后来，随着我国改革开放和教育变革的加速，终身教育理念逐渐进入各类政策文本，成为推动中国教育改革的重要思想和原则。人们对终身教育理念的研究与认识，也经历了不断扩展和深化的过程。从初期较多地在各类成人教育、继续教育政策中将终身教育作为理念支撑，转向更多地认识到终身教育是全社会各级各类教育的总和，具有全民性、全程性和全方位性的特征，即它所指向的是每个国民终身的、全面的发展。从教育发展的视角来看，终身教育逐

---

① 1972 年，华东师范大学的校名改为了"上海师范大学"，1980 年又恢复华东师范大学校名。

② 1998 年，上海第二教育学院与上海教育学院被并入华东师范大学。

渐成为推动我国教育综合改革与发展的核心原则，不仅为终身教育体系中相对薄弱的成人继续教育改革与发展提供了核心支撑，也成为推动各级各类教育改革与发展的新理念、新目标。

第二节　终身教育政策的发展

在改革开放政策的有力推动下，我国经济、政治、文化、社会获得快速发展，对各类人才的需求激增，不同群体的终身学习需求日益多样化、个性化，凡此种种，使我国终身教育的发展有了广泛的社会基础。伴随着成人教育、职工教育、农村教育、社区教育和老年教育等重点领域的发展，改革开放 40 年来我国终身教育政策的发展可以概括为萌芽期、探索期和深化期三个阶段。

一、萌芽期（1978—1992 年）

终身教育的引入与发展，与"文化大革命"后改革开放政策的实施有着密切的联系。1978 年 12 月，党的十一届三中全会做出了将发展重心转移到经济建设上来的决策，改革开放拉开帷幕。但是"文化大革命"十年动乱，我国教育秩序受到严重破坏，人们错失了正常的学习机会，人均受教育年限极低，中高等专业人才缺乏。当时，我国通过恢复教育秩序，实施"两条腿"走路的发展方针，推进成人教育发展，使成人教育进入了一个恢复发展期。此后，随着我国社会主义物质文明、精神文明建设的发展以及经济体制、政治体制、科技体制和教育体制改革的逐步深入，成人教育改革不断深入，终身教育逐渐成为成人教育发展的重要理念支撑。

"终身教育"一词第一次出现在我国政府文件中，是 1980 年 8 月教育部印发的《关于进一步加强中小学在职教师培训工作的意见》，文件提到"教师进修院校承担着中小学在职教师的终身教育的责任，它是我国师范教育体系中的重要组成部分并将长期存在下去"。1987

年，国务院批转了国家教委《关于改革和发展成人教育的决定》，明确要求提高全社会对成人教育在社会主义现代化建设中的重要地位和作用的认识，并提出了5项成人教育的主要任务。从这5项任务看，此时的成人教育已渗透了终身教育理念。1993年，中共中央、国务院印发《中国教育改革和发展纲要》，提出"成人教育是传统学校教育向终生教育发展的一种新型教育制度，对不断提高全民族素质，促进经济和社会发展具有重要作用"。此时终身教育第一次正式进入国家政策文件之中，具有开拓性的历史意义。需要说明的是当时文件中的"终生教育"一词，与"终身教育"的内涵是完全一致的，当时常常出现的两词混用现象，主要是因不同研究者对"lifelong"一词采用不同中文译法而引起的。

此外，这一时期的终身教育，在国家政策文件中更多是以成人教育或者继续教育的形式出现，这虽然有别于绝大多数学者对终身教育内涵的认识，但仍然是我国终身教育发展的重要组成部分和重点领域，奠定了我国终身教育实践发展基础。当然，此时的终身教育不论是以成人教育还是以继续教育的形式发展，其都是以培养服务国家建设的各行各业专门人才为主旨，充分发挥了终身教育在育人方面的社会功能。

二、探索期（1993—2000年）

20世纪90年代，我国经济社会改革发展进一步深入，社会主义市场经济体制建立，改革开放和现代化建设事业进入了一个新的阶段。对教育而言，要加快改革和发展，提高劳动者素质，培养大批优秀人才，建立起比较成熟和完善的社会主义教育体系，实现教育的现代化。实现教育现代化，不仅需要学校教育在终身教育理念指导下进行深化改革与创新，更需要推进包括成人教育、继续教育在内的各种教育力量的整合与有机衔接。随之，终身教育理念开始越来越受到国家的重视。

　　1995 年 3 月 18 日，第八届全国人民代表大会第三次会议通过了《中华人民共和国教育法》，其中，有三处提到终身教育：第十一条第一款规定，"国家适应社会主义市场经济发展和社会进步的需要，推进教育改革，促进各级各类教育协调发展，建立和完善终身教育体系"；第十九条第三款规定，"国家鼓励发展多种形式的成人教育，使公民接受适当形式的政治、经济、文化、科学、技术、业务教育和终身教育"；第四十一条规定，"国家鼓励学校及其他教育机构、社会组织采取措施，为公民接受终身教育创造条件"。可以说，终身教育此时被正式列入国家的法律条文之中，实现了从理念到推进、实施的转变，具有重大的意义。1996 年，国家教委印发《全国教育事业"九五"计划和 2010 年发展规划》，提出"进一步发展各种类型的职前、职后培训和继续教育，基本形成学历教育和非学历教育并重，不同层次教育相衔接，职业教育和普通教育相沟通的职业教育制度和体现终身教育特点的现代社会教育体系"。1998 年，教育部发布《面向 21 世纪教育振兴行动计划》，在形势分析中，提出"教育将始终处于优先发展的战略地位，现代信息技术在教育中广泛应用并导致教育系统发生深刻的变化，终身教育将是教育发展与社会进步的共同要求"；在发展目标中，提出"基本建立起终身学习体系，为国家知识创新体系以及现代化建设提供充足的人才支持和知识贡献"；在具体行动中，提出"实施'现代远程教育工程'，形成开放式教育网络，构建终身学习体系"，"开展社区教育的实验工作，逐步建立和完善终身教育体系，努力提高全民素质"。1999 年，中共中央、国务院印发《关于深化教育改革，全面推进素质教育的决定》，提出"完善自学考试制度，形成社会化、开放式的教育网络，为适应多层次、多形式的教育需求开辟更为广阔的途径，逐渐完善终身学习体系"，"运用现代远程教育网络为社会成员提供终身学习的机会，为农村和边远地区提供适合当地需要的教育"。

这一时期，终身教育在国家教育政策文件中出现的频率日益增加，在教育改革中，终身教育的理念也越来越受重视，并逐渐成为指导思想。同时，涉及具体内容，终身教育无一例外都与成人教育、继续教育以及岗位培训等相关内容紧密联系在一起。

三、深化期(2001 年至今)

进入 21 世纪，我国经济社会改革发展进入关键期，经济建设、政治建设、文化建设、社会建设以及生态文明建设全面推进，工业化、信息化、城镇化、市场化、国际化深入发展，人口、资源、环境压力日益加大，经济发展方式加快转变，国民素质需要进一步提高，人民群众的学习需求进一步增加，终身教育进入深化发展阶段。

(一)终身教育开始多次写入党代会报告中

2002 年，党的十六大报告指出"形成全民学习、终身学习的学习型社会，促进人的全面发展"，"加强职业教育和培训，发展继续教育，构建终身教育体系"；2007 年，党的十七大报告提出"现代国民教育体系更加完善，终身教育体系基本形成，全民受教育程度和创新人才培养水平明显提高"的奋斗目标以及"发展远程教育和继续教育，建设全民学习、终身学习的学习型社会"的发展要求。2012 年，党的十八大报告提出"积极发展继续教育，完善终身教育体系，建设学习型社会"。2017 年，党的十九大报告提出"办好继续教育，加快建设学习型社会，大力提高国民素质"。

(二)终身教育开始写入国民经济和社会发展规划中

2001 年，《关于国民经济和社会发展第十个五年计划纲要的报告》提出"大力发展职业教育和职业培训，发展成人教育和其他继续教育，逐步形成大众化、社会化的终身教育体系"。这是终身教育第一次被写入国民经济和社会发展规划。2011 年，在《中华人民共和国国民经济和社会发展第十二个五年规划纲要》中，提出了"加快发展继续教育，建设全民学习、终身学习的学习型社会"。2016 年，《中华人民共和国国民经济和社会发展第十三个五年规划纲要》提出"加快学习型社会建设。大力发展继续教育，构建惠及全民的终身教育培训体系"。

(三)终身教育在《国家中长期教育改革和发展规划纲要(2010—2020 年)》中进一步加强

2010 年，《国家中长期教育改革和发展规划纲要(2010—2020 年)》以很大篇幅再次重申建立完备的终身教育体系的重要性。在第二章"战略目标和战略主题"部分，提出"构建体系完备的终身教育。……现代国民教育体系更加完善，终身教育体系基本形成，促进全体人民学有所教、学有所成、学有所用"。在第八章"继续教育"部分，提出"继续教育是面向学校教育之后所有社会成员的教育活动，特别是成人教育活动，是终身学习体系的重要组成部分。……广泛开展城乡社区教育，加快各类学习型组织建设，基本形成全民学习、终身学习的学习型社会"，"构建灵活开放的终身教育体系，搭建终身学习'立交桥'"，可以说内容较多。而在第二十章"推进依法治教"部分，提出"制定有关考试、学校、终身学习、学前教育、家庭教育等法律"，终身学习立法被提及。

(四)地方终身教育立法不断推进

部分省市在终身教育立法方面先行探索，取得显著成果。2005 年，福建省颁布《福建省终身教育促进条例》；上海市、山西省太原市先后于 2011 年、2012 年出台终身教育促进条例；2014 年，河北省、浙江省宁波市先后出台终身教育促进条例。此外，天津市于 2002 年出台老年人教育条例，促进老年教育发展；成都市于 2016 年出台社区教育促进条例，促进社区教育发展。

第三节　终身教育重点领域政策发展概述

改革开放 40 年来，各级各类教育政策的制定和改革实践发展，促进了终身教育的实践和终身教育体系的构建。本部分聚焦普通高校继续教育、广播电视大学和开放教育、高等教育自学考试、农村综合改革和农民教育、城市综合改革与学习型社会建设以及老龄化社会与老年教育等几个重点领域，逐一梳理相关政策文件，总结终身教育政策发展重点。

一、普通高校继续教育

新中国成立以来，普通高校先后开办过夜大学、函授教育、成人脱产班以及作为主考院校开办过高等教育自学考试等多种学历继续教育。改革开放 40 年来，国家针对普通高校继续教育出台了一系列发展政策，这些政策更多聚焦学历继续教育方面。因此，为了更好地梳理普通高校继续教育政策演变，下面按照成人高等教育（含函授、业余和脱产）与网络教育（现代远程教育）两种主要办学形式进行分析总结。

（一）成人高等教育

我国普通高校成人高等教育，最早可追溯到 1950 年中国人民大学创办的夜大学。1950 年中国人民大学创办了马克思主义夜大学，1951 年刘少奇同志亲自批准中国人民大学函授教育方案，开创了我国举办正规成人高等教育的先河。其后，我国高等学校纷纷开办夜大学和函授教育，为新中国建设培养了大批优秀人才。

"文化大革命"十年动荡，成人高等教育事业中断，直到"文化大革命"结束后，改革开放政策实施推动了其恢复发展。1977 年 8 月，邓小平在科学和教育工作座谈会上的讲话中谈到"教育还是要两条腿走路。就高等教育来说，大专院校是一条腿，各种半工半读的和业余的大学是一条腿"①。因此，以职工、干部为主要教育对象的成人高等教育，被党和国家视为实现国民经济调整的一个重要措施。普通高校成人高等教育开始恢复发展。1980 年，国务院批转教育部《关于大力发展高等学校函授教育和夜大学的意见》，指出发展高等教育应贯彻两条腿走路的方针，采取多种形式办学，高等学校除办好全日制大学外，还应根据自己学校情况积极举办函授教育和夜大学。1983 年，国务院办公厅转发教育部《关于职工大学、职工业余大学、高等学校举办的函授和夜大学毕业生若干问题的请示》，对高等学校本科或专科毕业学历的毕业生，其使用、见习期和工资待遇等进行了规定。1984 年，教育部、财政部联合颁发《关于成人高等学校一九八四年由省、市、自治区统一招生考试的通知》，开始实行由省、市、自治区统一招生的新方法。同年，教育部发出《关于重新研究函授部、夜大学发展规模的通知》，要求各院校根据本校情况，结合教育部提出的原则意见，修订发展规模，尽可能多办专科，多办社会上急需专业，使人才培养与社会经济发展相适应。这些文件推动了高等学校函授教育与夜大学的恢复与发展，人才培养规模逐年增加，管理制度逐步完善，中央及省级教育行政部门的成人教育管理机构逐步形成。

随着成人高等教育的发展，国家更加重视相关政策制度建设，促进改革发展，加强规范管理，发展与规范并存。1987 年，国务院批转国家教委《关于改革和发展成人教育的决定》，明确指出"成人教育是我国教育事业的重要组成部分。在整个教育事业中，它与基础教育、职业技术教育、普通高等教育同等重要"，还提出"普通高等学校要大力发展函授、夜大学"。同年，国家教委颁发《普通高等学校函授教育暂行工作条例》，这是我国函授教育史上第一个带有法规

---

① 《邓小平文选》第 2 卷，54 页，北京，人民出版社，1994。

性质的综合性指导文件，明确提出"函授毕业生必须达到高等学校同类专业、同层次毕业生相应水平"的质量一致性原则。1990 年，国家教委颁发《关于普通高等学校成人教育治理整顿工作的若干意见》，提出了办学中存在的问题，明确了治理整顿的相关要求。1993 年，国务院办公厅转发国家教委《关于进一步改革和发展成人高等教育的意见》，要求成人高等教育必须加大改革力度，加快发展步伐。1994年，国家教委印发《普通高等学校函授教育评估基本内容和准则》《普通高等学校函授教育评估指标体系(试行)》《普通高等学校夜大学评估基本内容和准则》《普通高等学校夜大学评估指标体系(试行)》四个文件，加强对函授教育和夜大学的检查与评估。此时，大多数的普通高校都建立了成人教育学院，进入较好的发展时期。成人高等教育评估工作的开展，促进了成人高等教育的规范发展。

进入 21 世纪，我国普通高等教育招生规模不断扩大，高等教育进入了大众化时代，成人高等教育进入提高质量的转型发展期。2007 年，教育部颁发《关于进一步加强部属高等学校成人高等教育和继续教育管理的通知》，要求各校结合自身的定位、特色和学科优势，科学合理地确定办学类型、层次和专业；并要求各校从 2007 年秋季开始停止招收成人脱产班和高等教育自学考试社会助学脱产班；现代远程教育试点高校要充分利用现代信息技术，逐步将函授教育过渡到现代远程教育。2016 年，教育部印发《高等学历继续教育专业设置管理办法》，对普通高等学校学历继续教育专业设置提出了明确要求。2018 年，教育部办公厅印发《关于开展高等学校继续教育发展年度报告工作的通知》，进一步加强规范管理，提高人才培养质量。这一时期，成人高等教育人才培养规模继续保持较快的增长，但同时也伴随着出现了生源质量不高、办学管理混乱等影响人才培养质量的问题。从政策制定来讲，这一时期，政策文件出台较少，落后于成人高等教育发展需要，在一定程度上影响了其改革发展。

改革开放 40 年来，普通高校成人高等教育是我国成人教育事业的中坚力量，是我国高等教育重要组成部分和推进全民学习、终身学习的有力支撑，为推动我国高等教育大众化、提高劳动者学历层次和技术技能水平、推进国家现代化建设做出了重要贡献。

(二)网络教育(现代远程教育)

21 世纪，信息技术快速发展，并在经济社会改革中发挥着重要作用，国家也越来越重视信息技术在教育系统中的应用。1998 年，国家在《面向 21 世纪教育振兴行动计划》中提出"实施'现代远程教育工程'，形成开放式教育网络，构建终身学习体系"。1999 年 3 月 25 日，教育部首批批准清华大学、北京邮电大学、浙江大学、湖南大学四所普通高等学校开展现代远程教育试点，现代远程教育试点工作正式启动。截至目前，教育部先后共批复支持 69 所普通高校和中央广播电视大学(现更名为国家开放大学)举办网络教育或开放教育。由此，网络教育、开放教育走上了历史发展舞台。在现代远程教育试点过程中，试点高校拥有完整的办学自主权，即"自主办学、自主决定招生专业、自主制定招生计划、自主招收学生、自主授予学历学位"。

随着现代远程教育不断推进，网络教育办学规模不断扩大，部分高校办学规模甚至超过了自身的办学能力，出现了不规范的办学行为，影响了人才培养质量。2002 年，教育部办公厅印发《关于现代远程教育校外学习中心(点)建设和管理的原则意见》(试行)，加强对校外学习中心(点)的管理。同年，教育部印发《关于加强高校网络教育学院管理提高教学质量的若干意见》，规定"高校网络教育学院要以在职人员的继续教育为主。要减少并停止招收全日制高中起点普通本专科网络教育学生"。同时，还明确建立高校网络教育学院年报和年检制度，保障现代远程教育高校办学质量。2004 年，教育部办公厅印发《关于对现代远程教育试点高校网络教育学生部分公共课实行全国统一考试的通知》，进一步加强网络教育的规范管理，确保网络教育人才培养的质量。2006 年，教育部办公厅印发《关于进一步加强高校网络教育规范管理的通知》，进一步明确了网络教育的定位——非全日制教育，同时，对网络教育规范办学提出了明确要求。这些政策的出台进一步明确了网络教育发展定位，加强了对网络教育招生、教学、考试、校外学习中心（点）的规范管理，建立了网络教育学院年报年检制度和网络教育部分公共课程的全国统考制度，保障了网络教育办学质量。同时，教育部在政策制定中明确提出各试点高校要立足本校实际，建立本校网络教育质量标准，使我国现代远程教育由自主发展走向了规范发展的道路，办学主体的办学行为进一步得到监管。2014 年，国务院取消"利用互联网实施远程高等学历教育的教育网校审批"，在一定程度上讲，网络教育进入了后试点时代。

网络教育相较于函授教育和广播电视教育等其他远程教育形式，更具开放性、灵活性、交互性、资源共享性，更能满足当前学习者个性化、终身化的学习需求。网络教育以覆盖面广，全方位为各类社会成员提供教育服务的优势，积极推进人力资源开发；推进信息技术与教育教学的深度融合，推动人才培养模式改革；搭建各类资源开放共享服务平台，扩大优质教育资源覆盖面，推进教育公平、均衡发展。

二、广播电视大学与开放教育

成立于 1958 年的天津红专广播函授大学是我国第一所以广播函授为主要教学手段的远程教育高等学校，最早利用电视作为教学传媒的是 1960 年成立的北京电视大学，其后于 20 世纪 60 年代初成立的有沈阳广播电视大学、哈尔滨广播师范大学、哈尔滨电视大学、上海电视大学、广州广播电视大学等。从 1960 年到 1966 年，北京电视大学共培养出 8 000 多名毕业生和 50 多万人次的单科结业生。

　　"文化大革命"十年动荡，广播电视大学办学中断。直到 1978 年，在邓小平同志的倡导和批示下，中央广播电视大学开始筹建。1979 年，国务院批转教育部、中央广播事业局《关于全国广播电视大学工作会议的报告》，就中央广播电视大学的性质、组织领导、招生对象、招生办法以及编制、经费和设备等问题进行了规定。同年，中央电大和全国 28 个省、自治区、直辖市电大同时开学，通过广播电视技术开展远程教育。到 1980 年底，广播电视大学体系已初步形成。同时，中央电大和地方电大形成了分级管理、分工协作的运行管理机制。电大管理制度不断完善，建立了学生学籍管理、毕业生分配等相关管理制度。人才培养规模逐步扩大，根据统计，1983 年，在学规模已突破 40 余万人。

　　为了充分发挥广播电视教育的优势，推进广播电视大学发展，1987 年，国家教委印发《关于广播电视大学专业设置审批权限的暂行规定》。1988 年，国家教委颁布《广播电视大学暂行规定》，对广播电视大学的性质与任务、设置原则和标准、审批程序、各级电大的职责、电大的教学和管理体制进行了明确的规定，这是一段时期内电大教育发展的重要政策依据。1995 年，国家教委办公厅印发《关于广播电视大学招收高等专科"注册视听生"试点工作的实施意见》，开展人才培养模式改革。1996 年，国家教委同意中央电大举办"专升本"教育试点。同年，国家教委电教办印发《关于加强广播电视大学系统建设的意见》，提出要增强系统意识。

　　信息技术的发展以及在教育教学中的广泛应用，推动了广播电视大学转型发展，逐步转入开放大学发展新时期。为贯彻落实《面向 21 世纪教育振兴行动计划》，实施"现代远程教育工程"，1999 年，教育部办公厅印发《"中央广播电视大学人才培养模式改革和开放教育试点"项目研究工作实施意见（试行）》，对招生注册、教学和教学管理、考核工作以及毕业验印等方面进行试点改革。2005 年，教育部办公厅印发《关于建设中央广播电视大学现代远程教育公共服务体系的通知》，明确中央电大现代远程教育公共服务体系的任务是为高等学校现代远程教育提供校外教学支持服务，同时也可为教育行政部门、办学机构提供专项的现代远程教育教学支持服务。2010 年，国务院办公厅印发《关于开展国家教育体制改革试点的通知》，明确提出要"探索开放大学建设模式"，确定由北京市、上海市、江苏省、广东省、云南省五省市及中央广播电视大学承担改革试点任务。2012 年，教育部陆续批准成立国家开放大学和北京、上海、江苏、广东、云南开放大学。2016 年，教育部印发《关于办好开放大学的意见》，对办好开放大学的指导思想、基本原则、主要目标、重点任务和保障措施做了全面、详细的阐述，提出 12 项重点任务，强调要适应经济社会发展新需求，运用现代信息技术发展新成果，探索具有中国特色、体现时代特征的开放大学办学模式，满足全民学习、终身学习需要，推动建设学习型社会，到 2020 年，初步建成中国特色开放大学体系。

经过 60 年的建设和发展，全国电大逐步发展成为一个遍布全国城乡的办学网络、世界上规模最大的远程教育办学系统。广播电视大学系统为各行各业培养了大批应用型的专门人才，在推进高等教育大众化、促进教育公平等方面发挥了重要作用，成为我国高等教育的重要力量、提升国民素质的重要渠道和学习型社会建设的重要生力军。

三、高等教育自学考试

我国高等教育自学考试制度酝酿于 1978 年，当年，教育部颁布《关于业余高等教育的考核办法》，提出"建立定期的考核制度，自学的人们可以到国家指定的高等学校或其他单位参加考核，证明已经达到国家规定的大学毕业水平的，由高等学校发给证书，各单位使用时应按同等毕业生对待，用其所学"。1979 年，教育部出台《自学考核办法》，提出自学考试制度的概念与实施办法，意味着高等教育自学考试制度的萌芽。1981 年，国务院批转教育部《关于〈高等教育自学考试试行办法〉的报告》，高等教育自学考试制度正式建立。《高等教育自学考试试行办法》对考试对象、报考手续、考试办法、组织领导、毕业生的使用和待遇等做出了原则性规定，并决定在北京、上海、天津试行。

1983 年，国务院批准成立全国高等教育自学考试指导委员会，规定了全国高等教育自学考试指导委员会任务、人员组成等。同时，全国高等教育自学考试指导委员会全体会议通过了《关于设立专业委员会的意见》和《关于制定专业考试计划的意见》。此外，1986 年，国家教委转发全国考委《关于开考本科阶段自学考试有关问题的几点意见》。高等教育自学考试制度的建设，进一步满足了当时人们的学习需求，1981 年高等教育自学考试报考人数为 4 000 人，而到了 1986 年，全国高等教育自学考试报考者共计 300 万人。在高等教育自学考试相关政策制度的推动下，相关实践逐步推进，办学体系基本形成，到 1986 年全国 30 个省、直辖市、自治区先后建立了省一级的高等教育自学考试委员会。

为进一步推动高等教育自学考试发展，1988 年，国务院颁发《高等教育自学考试暂行条例》，以国家最高行政立法的形式确立了高等教育自学考试制度，对高等教育自学考试的性质、任务、考试机构、开考专业、考试办法、考籍管理、社会助学、毕业生使用与待遇、考试经费、奖惩等都做出了明确的规定。1989 年，国家教委发出《关于在军队举办自学考试的批复》，同意成立中国人民解放军自学考试委员会，负责全军的高等和中等教育自学考试工作。1995 年，国家教委印发《关于高等教育自学考试社会助学工作的意见》，推动自学考试社会助学工作的健康发展。1999 年 1 月 1 日，《中华人民共和国高等教育法》开始施行，其中第二十一条明确规定："国家实行高等教育自学考试制度，经考试合格的，发给相应的学历证书或者其他学业证书"，以法律的形式确立了高等教育自学考试制度，以及它在我国高等教育基本制度中的重要地位。

进入 21 世纪，我国经济社会发展环境发生了巨大变化，高等教育也在快速发展，2002 年毛入学率就达到了 15％。随着社会转型发展、经济体制改革加快，以及普通高校扩招和各类高等学历继续教育的发展，高等教育自学考试面临全新的发展环境，报考人数开始下滑，专业结构等与社会发展需求不相适应的矛盾渐显。1999 年，中共中央、国务院《关于深化教育改革，全面推进素质教育的决定》提出"完善自学考试制度，形成社会化、开放式的教育网络，为适应多层次、多形式的教育需求开辟更为广阔的途径，逐渐完善终身学习体系"。2003 年，教育部印发《关于进一步加强高等教育自学考试工作若干问题的意见》，提出"高等教育自学考试是我国高等教育的重要组成部分，在建立终身教育体系的进程中处于重要的地位。在满足社会对接受高等教育的巨大需求中，自学考试仍具有不可替代的作用"。此外，在国家教育事业发展"十一五""十二五""十三五"规划纲要中，都强调了自学考试制度是终身教育体系的一个重要组成部分。新时期，在成人高等教育和网络教育办学规模不断扩张、教学管理有待进一步规范的环境下，高等教育自学考试以严格的规范管理、坚持教考分离，人才培养质量得到保证，受到社会和用人单位的认可。

高等教育自学考试制度是我国教育制度的重要改革与创新，是我国高等教育的重要组成部分，在改革发展中，它逐步成为我国高等教育的开放制度。高等教育自学考试制度的改革发展，丰富了学习选择渠道，满足了人们对灵活学习的客观要求，推动了高等教育的大众化。

四、农村综合改革与农民教育

早在 1949 年 12 月，教育部就发布了关于开展当年冬学工作的指示，继承解放区的冬学工作经验，利用冬季农闲时间对农村广大干部群众进行思想政治教育和文化教育，提高农民知识水平，服务农村经济社会建设。此后，国家出台了系列政策，推动农民教育发展。至 1965 年，全国农业中学、职业中学猛增到 6 万多所，掀起农民教育发展高潮。

"文化大革命"时期，农民教育受到严重破坏。1978 年改革开放以后，全国的工作重点开始转向经济建设，农村的经济体制改革也随之展开。随着农业的全面恢复和发展，农村成人教育进入了一个崭新的发展时期。1978 年，国务院发出《关于扫除文盲的指示》，提出要在大力普及小学教育的同时，继续开展扫盲教育。1982 年，农牧渔业部印发《关于加强农民技术教育的通知》；同年，教育部印发《县办农民技术学校暂行办法》；1983 年，中共中央、国务院印发《关于加强和改革农村学校教育若干问题的通知》；1988 年，国家教委、农业部联合下发《关于改革农村广播电视学校管理体制及有关问题的意见》；1990 年，国家教委印发《全国农村教育综合改革实验区工作指导纲要（试行）》。这些政策的制定与出台有力地推动了农村成人教育发展。1992 年，国务院印发《关于积极实行农科教结合，推动农村经济发展的通知》，提出实行农科教结合，即在政府统筹协调下，使农、科、教等各有关方面形成强大合力，以促进农业和农村经济发展为目标，以推广先进农业科学技术为动力，以加强农村教育特别是职业技术教育和适用技术培训为基础，实现农业和农村经济的全面振兴。1995 年，国家教委印发《关于深入推进农村教育综合改革的意见》，提出了农村教育综合改革的主要任务。经过多年的改革与发展，我国农村成人教育已经由单纯的扫盲发展成为实用技术培训、职业教育和社会文化生活教育。

进入 21 世纪，农村产业结构不断调整、农村经济增长方式发生转变，农民文化水平不断提高。同时，在城镇化发展和新农村建设的背景下，农村劳动力向非农产业和城镇转移，新型职业农民正在形成。为此，国家加强了对农村成人教育改革发展政策的制定。2001 年，教育部印发《关于中等职业学校面向农村进城务工人员开展职业教育与培训的通知》。2002 年，教育部印发《关于进一步加强农村成人教育的若干意见》，提出"十五"期间，力争年培训农村劳动力达到 1.5 亿人次，使全国农村劳动力的年培训率提高到 35％以上，其中乡镇企业职工年培训率提高到 40％以上，每年为进入非农产业就业的 800 万农村劳动力提供转移前培训，对农村新增劳动力普遍进行就业前培训。2003 年，国务院印发《关于进一步加强农村教育工作的决定》，提出坚持为"三农"服务的方向，大力发展职业教育和成人教育，深化农村教育改革。同年，农业部、劳动和社会保障部、教育部等六部委联合制定颁布了《2003—2010 年全国农民工培训规划》，明确了农民工培训的任务目标以及保障举措等。2005 年，教育部印发《关于实施农村实用技术培训计划的意见》，提出"2005—2007年，要在现有培训规模的基础上，努力扩大培训规模。全国农村实用技术培训人数逐年增长 1 500 万人以上，农民培训率逐年增长 5 个百分点以上，争取到 2007 年农村劳动力实用技术培训人数达到 1 亿人次，农村劳动力年培训率达到 35％以上，每个农户有一个劳动力通过培训掌握 1～2 项实用技术，农民家庭人均收入有明显提高，促进贫困农户摆脱贫困"。2006 年，农业部、财政部印发《关于组织实施新型农民科技培训工程的通知》。2008 年，国务院下发《关于解决农民工问题的若干意见》，着重提出搞好农民工就业服务和培训。2008 年，中共中央公布《关于推进农村改革发展若干重大问题的决定》，提出发展农村教育，促进教育公平，提高农民科学文化素质，培育有文化、懂技术、会经营的新型农民。2018 年，中共中央、国务院印发《关于实施乡村振兴战略的意见》，提出大力培育新型职业农民，加强农村专业人才队伍建设。

改革开放 40 年来，农村成人教育政策制度进一步健全、体系进一步完善、开展力度进一步加强，已成为培育新型职业农民、推进实施乡村振兴战略、构建和谐社会必不可少的重要组成部分。

五、城市综合改革与学习型城市建设（含社区教育）

20 世纪 90 年代中后期，受经济社会发展和终身教育思想的影响，我国学习型城市建设开始起步。此时，我国颁布了一系列关于推进终身教育发展的相关政策，但是专门针对学习型城市建设的政策文件并未出台。1986 年，上海市普陀区率先成立了真如镇社区教育委员会，之后社区教育作为学习型城市建设的中坚力量，逐步在各地得到发展。2000 年，教育部职成司印发《关于在部分地区开展社区教育实验工作的通知》，指出社区教育是在一定领域内利用各种教育资源，开展旨在提高社区全体成员整体素质和生活质量，服务区域经济建设和社会发展的教育活动，是实现终身教育的重要形式和建立学习化社会的基础。同年，中共中央办公厅、国务院办公厅转发民政部《关于在全国推进城市社区建设的意见》，提出"组织开展丰富多彩、健康有益的文化、体育、科普、教育、娱乐等活动"。

在终身教育思想的影响下，我国学习型城市建设不断推进，上海、北京、大连等城市率先提出建设学习型城市。上海市于 1994 年建立了全国第一所社区学院——上海金山社区学院。进入 21 世纪，国家开始启动社区教育实验工作，2001 年确定了 28 个全国社区教育实验区。

2002 年，党的十六大报告在论述实现全面建设小康社会宏伟目标中提出了"形成全民学习、终身学习的学习型社会，促进人的全面发展"。这是党中央的正式文件中首次提出建设学习型社会。此后，我国的学习型城市建设进入新阶段，社区教育发展也进一步推进。2006 年，国务院出台《关于加强和改进社区服务工作的意见》，提出"推进社区文化、教育、体育服务。……统筹各类教育资源，充分发挥社区学院、市民学校的作用，积极创建各种类型的学习型组织，面向社区居民开展多种形式的教育培训和科普活动，建立覆盖各类人群的多渠道、全方位的社区学习服务体系"。2010 年，教育部办公厅印发《社区教育示范区评估标准（试行）》，推进社区教育深入发展。同时，青岛、太原、珠海等城市开始建设学习型城市，学习型城市建设进一步推进。在社区教育方面，初步建立了社区教育管理体制和运行机制；社区教育资源得到了有效整合，社区教育培训网络初步形成；创建了一大批学习型家庭、学习型企业等学习型组织；各类社区教育培训活动广泛深入开展，社区居民参与学习的比例有了很大的提高，较好地满足了社区居民不断增长的多样化的学习需求，为提高居民综合素质和社区建设水平做出了重要贡献。

随着我国经济社会发展方式的转变和城镇化进程的加快，学习型城市建设在经济社会发展中的地位越来越重要，社区建设需要进一步加大。2011 年，国务院办公厅印发《社区服务体系建设规划（2011—2015 年）》，提出健全新型社区管理和服务体系，强化社区服务体系和信息化建设。2014 年，教育部等七部门联合印发《关于推进学习型城市建设的意见》，提出了"构建终身教育体系，促进各类教育融合开放""广泛开展城乡社区教育，推动社会治理创新"等七项重要任务。2016 年，教育部等九部门联合出台《关于进一步推进社区教育发展的意见》，提出"到 2020 年，社区教育治理体系初步形成，内容形式更加丰富，教育资源融通共享，服务能力显著提高，发展环境更加优化，居民参与率和满意度显著提高，基本形成具有中国特色的社区教育发展模式。建设全国社区教育实验区 600 个，建成全国社区教育示范区 200 个，全国开展社区教育的县（市、区）实现全覆盖"的总体目标。根据教育部职业教育与成人教育司 2016 年 7 月29 日发布的"关于《教育部等九部门关于进一步推进社区教育发展的意见》的相关情况"，教育部已遴选设立 122 个全国社区教育实验区和 127 个全国社区教育示范区。

学习型城市建设进一步满足了城市居民的终身学习需求，促进了人的全面发展；进一步推动了城市经济发展、产业结构升级；有效服务了新型城镇化建设，促进了城市建设管理创新；进一步提升国家核心竞争力和社会文明程度。

六、老龄化社会与老年教育

1983 年，山东省率先创立了全国第一所老年大学，标志着我国老年学校教育迈出了第一步。随后广州、长沙、哈尔滨等城市也相继开办了老年大学。1988 年，中国老年大学协会成立，老年学校教育有了进一步发展。

20 世纪末，我国逐步进入了老龄化社会，对我国社会主义现代化进程产生了全面而深远的影响。党和国家高度重视老龄工作，积极推动老年教育发展，国家"十三五"规划明确要求开展应对人口老龄化行动。《中华人民共和国老年人权益保障法》规定，"国家发展老年教育，把老年教育纳入终身教育体系，鼓励社会办好各类老年学校"。《国家中长期教育改革和发展规划纲要（2010—2020 年）》也明确要求"重视老年教育"。党的十九大报告提出，构建养老、孝老、敬老政策体系和社会环境，推进医养结合，加快老龄事业和产业发展。这为新时代中国特色养老事业指明了方向。

然而，在老年教育政策制定方面，直到 2016 年国务院办公厅印发《老年教育发展规划（2016—2020 年）》，才出现了老年教育专门政策文件。之前很长一段时期，关于老年教育的发展，只是在相关老龄事业发展文件中提及，并未对老年教育的形式、内容、体制等做具体规定。《老年教育发展规划（2016—2020 年）》则对新时期加快发展老年教育、扩大老年教育资源供给、创新老年教育体制机制、提升老年教育现代化水平做出了具体部署。该文件提出了扩大老年教育资源供给、拓展老年教育发展路径、加强老年教育支持服务、创新老年教育发展机制和促进老年教育可持续发展五项重点任务；围绕主要发展目标和发展任务，提出了五项重点推进计划：一是社会主义核心价值观培育计划；二是老年教育机构基础能力提升计划；三是学习资源建设整合计划；四是远程老年教育推进计划；五是老有所为行动计划。

发展老年教育是积极应对人口老龄化、实现教育现代化、建设学习型社会的重要举措。老年教育的发展，进一步满足了老年人多样化学习需求，提升了老年人生活品质，推进了社会和谐发展。

第四节　终身教育政策发展的特点

一、以服务经济社会发展为主题

各类终身教育政策始终紧扣我国经济社会发展步伐，不断调整政策方向与重点，不断推进自身的改革发展。20 世纪 80 年代，"文化大革命"结束不久，经济社会发展百废待兴，社会主义现代化建设急需各类人才。因此，国家制定系列政策，加快推进以成人高等教育为主的终身教育恢复与发展，为经济社会发展多出人才、快出人才。20 世纪 90 年代，社会主义市场经济确立，经济社会改革深入发展，人才需求量大，政策内容在注重规模扩大的同时，提出了提高人才培养质量的要求，为社会主义现代化建设多出人才、出好人才。21 世纪，随着我国经济社会发展方式的转变和高等教育大众化发展，政策内容也聚焦到转型发展、提高质量的主题上来，聚焦到更好地服务经济社会转型发展和人的全面发展、综合素质的提高上来。

二、以满足多样化学习需求为主要任务

改革开放 40 年来，各类终身教育政策的制定更加注重满足社会公众多样化学习需求。改革开放初期，我国各类终身教育主要以面向在职职工开展"文化、技术补课"为主，随着我国经济社会的发展

和教育领域综合改革的深化，由"文化、技术补课"逐步延伸到提高学历层次和技术技能水平，再到人的全面发展、终身学习，教育内容日益多元。同时，推动建立了包括成人高等教育、开放教育(广播电视教育)、高等教育自学考试、网络教育、职工教育、社区教育、老年教育等多元化教育体系，拓展了学习机会，丰富了学习渠道。受教育人群除了在职从业者之外，还包括农民工、新型职业农民、军人等所有人群，满足了不同人群的学习需求。

三、以教育信息化为重要支撑

教育信息化是近年来我国各类终身教育政策的重要内容，也是推进各类终身教育政策发展的重要支撑。国家出台了教育信息化发展规划等重要文件，推动建立继续教育数字资源建设规范和标准，探索建立国家继续教育优质数字资源开放共享模式和运营机制，为各类学习者提供优质数字教育资源。推进教育模式改革，开展现代远程教育，采用信息化手段不断完善成人函授教育和高等教育自学考试；举办开放大学，探索中国特色高水平开放教育模式。促进教学模式的改革和创新，构建了基于现代信息技术的以学生为中心、灵活多样的混合式教学模式，探索了弹性学制和学分制管理的教学管理模式。推进信息化终身学习公共服务体系建设，加快学习型社会建设步伐。

四、以坚持本土化发展为主要方向

改革开放 40 年来，我国各类终身教育发展坚持"两条腿走路"的方针，终身教育政策建设以成人高等教育等学历继续教育政策发展为重点，不断进行拓展和延伸。学历继续教育政策等各类政策的制定与出台，既是我国终身教育理念发展的体现，又推动着我国终身教育实践发展。近年来，我国为加速发展终身教育，在党和国家的国民经济社会发展规划等宏观政策文件中都提出了构建学习型社会，把它提高到一项国策来推动，进一步加强了终身教育与国家、社会发展的紧密性，特色鲜明、意义深远。推动各类教育的纵横衔接与沟通，是终身教育政策化过程中的重要内容，更是我国终身教育发展的重要使命，因此，搭建能沟通与衔接各种教育形式的人才培养"立交桥"，推动终身教育发展是当前政策建设的重要任务。

总之，终身教育的发展，涉及国家经济社会发展的各个方面，它与民族的复兴、国家的崛起、经济社会发展水平的提高和人的综合素质的提升紧密相连。改革开放 40 年，在各项政策的保障与指引下，终身教育取得了重要的发展成就，为我国高效而公平的教育体系建设、为推进我国教育现代化贡献了重要力量。展望未来，需要立足我国经济社会改革发展实际，加强终身教育立法建设，进一步完善基础制度，充分调动各方力量，深入推进成人继续教育的改革发展，以完善我国终身教育体系，为中国教育现代化做出重要贡献。

第二章

普通高校继续教育

继续教育是面向学校教育之后所有社会成员的教育活动，特别是成人教育活动，是终身学习体系的重要组成部分。普通高校继续教育是普通高校面向社会成员开展的成人教育活动，是我国高等教育的重要组成部分，也是高校履行人才培养、社会服务、科学研究和文化传承功能的重要渠道。普通高校开展的继续教育包括高等学历继续教育和非学历继续教育，本章所指的普通高校继续教育主要是高等学历继续教育。

根据教育部公布的数据，截至2017年5月31日，全国有高等学校2 914所，其中普通高等学校2 631所(含独立学院265所)，成人高等学校283所。2 631所普通高等学校大都基于学校自身优势，面向地区和行业开展了形式多样的继续教育。

第一节　普通高校继续教育的发展

普通高校继续教育在"文化大革命"期间受到很大的影响，发展几乎停滞。改革开放以来，普通高校继续教育事业逐渐恢复，规模不断壮大，体系逐步健全，为数以千万计的各类社会成员提供了多种形式、多种类型的高等学历继续教育、职业技能培训和社会文化生活教育的机会，在提高国民素质、加快经济建设人才培养和提升社会成员科学文化素养等方面做出了重要贡献，缓解了社会成员普遍增长的教育需求与教育资源相对不足的矛盾，形成了中国特色的高等学历继续教育体系，加快了高等教育大众化进程，成为我国高等教育体系的重要组成部分。

一、普通高校继续教育的发展历程

改革开放以后，我国普通高校继续教育经历了恢复发展、快速发展和内涵发展三个阶段，逐渐形成了多元化的办学和服务体系。

（一）恢复发展期（1978—1985 年）

"文化大革命"十年，我国教育遭受了严重的摧残，普通高校继续教育的发展基本停滞，函授教育、夜大学基本停办。改革开放以后，大批因受"文化大革命"影响而无法正常接受高等教育的人有着强烈的学习愿望，而普通高等教育能够提供的全日制教育入学机会又相对较少，因此快速恢复普通高等学校继续教育就成为当时特定历史条件下的必然选择之一。为了快速恢复发展普通高校继续教育，政府及教育行政部门在积极引导、政策保障、机构设置等诸多方面进行了努力。

1980 年 9 月，国务院批转教育部《关于大力发展高等学校函授教育和夜大学的意见》，指出发展高等教育应该贯彻两条腿走路的方针，采取多种形式办学，高等学校除办好全日制大学外，还应根据本校情况积极举办函授教育和夜大学。受此文件影响，我国高等学校开始大力设立继续教育机构，积极举办函授教育和夜大学，发展学历补偿性质的普通高校继续教育。从举办高校来看，1980 年全国有 93 所普通高校举办函授教育、夜大学，1985 年达到 591 所，其中有 331 所举办了函授教育，有 410 所举办了夜大学教育。从在校生规模来看，1980 年函授教育、夜大学的在校生规模为 188 736 人，1983 年则达到了 264 527 人。

　　在引导普通高校大力发展继续教育的同时，国家教育行政部门也通过积极的政策调整和完善，激励广大求学者积极参加高校继续教育。《关于大力发展高等学校函授教育和夜大学的意见》对接受高校继续教育的学历、学位授予做了进一步规定，指出国家承认高校继续教育学历，并按规定择优授予学位；在职人员的函授和夜大学毕业生，在工作使用、评定职称和进行套改等问题上，与全日制高等学校毕业生同等对待。该文件还解决了函授教育和夜大学纳入高等教育事业计划的问题。1983 年，国务院办公厅转发教育部《关于职工大学、职工业余大学、高等学校举办的函授和夜大学毕业生若干问题的请示》，对普通高校继续教育毕业生的待遇问题给予进一步明确规定，明确高等学历继续教育毕业生必须达到全日制高校同类毕业生水平，享受同等待遇。这就从政策激励和保障方面充分调动了学习者参加高校继续教育的积极性和主动性。

　　为了推动高等学历继续教育的发展，国家教育行政部门建立了专门的机构予以保障。除 1982 年 8 月在原工农教育局基础上成立成人教育司外，1984 年 8 月教育部增设高等教育三司，专门管理成人高等教育业务。

　　(二)快速发展期(1986—1997 年)

　　得益于前期恢复发展的一系列政策引导和具体措施，我国普通高校继续教育进入了快速发展阶段，集中体现在参与高校、办学规模的快速发展，以及政策体系的不断完善。

　　1986 年 12 月，我国第一次全国成人教育工作会议由国家教委、国家计委、国家经委、劳动人事部、中共中央组织部和全国职工教育管理委员会联合召开。该次会议的主要任务是研究成人教育的改革和发展问题，讨论和修改《关于改革和发展成人教育的决定》，以及成人教育的若干制度和条例。1987 年 6 月，国务院批转国家教委《关于改革和发展成人教育的决定》。该文件对成人教育的地位、意义、主要任务、重点工作、保障制度等进行了全面规定，是我国成人教育发展历史中具有举足轻重地位，并且发挥了巨大作用的综合性文件。

在第一次全国成人教育工作会议精神指导和《关于改革和发展成人教育的决定》文件强力支撑下，普通高校继续教育大胆探索，形成了专科、本科、专升本等多种层次并存，函授教育、夜大学等多种形式并举的办学格局。1986 年普通高等学校举办函授教育的有 199 所，举办夜大学的有 270 所，同时举办函授、夜大学的有 172 所，在校生规模达到 56.31 万人。到 1997 年，全国有普通高等学校 1 020 所，成人高等学校 1 107 所，普通高等学校大都开展了形式多样的继续教育。

随着我国普通高校继续教育的快速发展，国家教育行政部门也相应调整、完善相关政策，引导、保障普通高校继续教育的发展。1986 年 2 月，成人高等教育全国统一招生制度确立，由国家教委统一组织命题、统一考试时间、统一评分标准；省级教育行政部门组织统一考试、统一评卷、确定最低控制分数线；各校进行招生录取。这一制度一直延续到今天。1987 年 2 月，《普通高等学校函授教育暂行工作条例》由国家教委颁布，这是我国函授教育发展过程中第一个带有法规性质的综合性指导文件。1993 年 1 月，国务院办公厅转发国家教委《关于进一步改革和发展成人高等教育的意见》，这是我国第一个全面指导成人高等教育的政策性文件。1995 年 3 月，《中华人民共和国教育法》由八届全国人大三次会议通过，规定了国家实行成人教育制度，从法律上保障了包括普通高校继续教育在内的继续教育事业的发展。

总体来说，在该阶段我国普通高校继续教育快速发展，突出表现在举办高校的数量和办学规模上，满足了广大社会成员的学习需求，培养了数以千万计的各类人才，提高了人口素质。伴随着办学的急速发展，我国普通高校继续教育也产生了许多的问题，集中表现在办学质量的下降和部分学校的办学权转移，严重影响了普通高校继续教育的质量声誉。随着普通高校全日制教育扩招的开始，这一外部因素和上述的内部动因，促使我国普通高校继续教育转入了以创新发展、内涵发展为主题的新阶段。

（三）内涵发展期（1998 年至今）

自 20 世纪末开始的普通高校继续教育内涵发展，有着深刻的内涵和多元的实践形式。不仅仅体现在规模发展的同时，更加注重质量建设；也体现在办学形式的调整与创新，成人脱产班的停办以及现代远程教育的创新发展都是内涵建设与创新发展的产物；更体现在普通高校继续教育冲破了学历补偿教育的藩篱，从终身教育、终身学习的角度切入，成为国家现代教育体系的重要组成部分。

从规模发展角度看，1999 年普通高等学校函授教育、夜大学在校生规模达到 1 326 483 人，成人脱产班在校生数为 287 632 人，共计 1 614 115 人。到 2016 年，成人本专科在校生规模为 584.4 万人。

内涵发展阶段的特征集中体现在加强普通高校继续教育的规范管理和办学引导。1999 年 5 月，教育部颁发《关于高等学校以函授、夜大学方式举办本专科教育的意见》，对普通高校举办高等学历继续教育的办学资格、办学条件、范围和专业、备案手续、检查与监督进行了规范。同年 11 月，《关于普通高等学校函授、夜大学本专科专业设置的补充意见》颁布。2004 年，教育部下发通知，全国成人高校招生统一考试在每年的秋季举行，被录取的新生于第二年春季入学。2007 年 4 月，教育部下发《关于进一步加强部属高等学校成人高等教育和继续教育管理的通知》，除规定自当年起部属高校停止招收任何形式的成人脱产班外，更规定现代远程教育试点高校要逐步将函授教育过渡到现代远程教育，基于现代信息技术支撑的高等学历继续教育的融合创新发展开始在普通高校中进行探索和实践。2016

年 11 月，教育部发布《高等学历继续教育专业设置管理办法》，加强对高等学历继续教育专业设置的统筹规划与宏观管理，引导高校做好专业与课程体系建设，完善人才培养方案，增强人才培养的针对性和适用性，不断提高人才培养质量。

为建立健全高校继续教育质量保障体系，形成政府依法管理、学校依法自主办学、社会各界依法参与和监督的格局，提升继续教育治理体系和治理能力现代化水平，基于"管办评分离"原则，2018年，教育部启动了高校继续教育发展年度报告工作，委托北京师范大学开发了"全国高校继续教育发展年度报告工作平台"，并具体承担年度报告工作，探索建立我国高校继续教育质量保障运行机制，引导普通高校重视继续教育办学质量的提升。

为了应对新时期继续教育的发展，国家教育行政部门也在努力探索成立继续教育专门机构，以推动继续教育的发展。2012 年，教育部设立继续教育办公室，挂靠在职业教育与成人教育司，由一名副司长具体负责，下辖远程与继续教育处、成人教育培训处和农村成人教育处三个处室，后在机构调整过程中调整为高等继续教育处、城乡社会教育处。其中的高等继续教育处是专职负责全国高校继续教育、自学考试的规划和监管的机构。

二、普通高校继续教育办学形式的发展演变

在长期发展过程中，普通高校继续教育形成了多种类型的办学形式，函授教育、夜大学（业余）教育、成人脱产班、高等教育自学考试、现代远程教育等多种办学形式为成人学习者提供了多样性的选择。随着国家政策的不断调整，不同办学形式逐渐发生变化，并呈现出相互融合的趋势。

（一）函授教育

函授教育是在职人员利用业余时间自学邮寄的教材，辅以校外函授辅导站组织系统的集中面授辅导和就地委托辅导的办学形式。

函授教育以信函的方式开创了远程教育的先河。

函授教育起源于 19 世纪 60 年代英国的大学推广运动。早期的函授教育并没有面授这一教学环节，直到 20 世纪 20 年代后才增加了面授教学。我国的函授教育肇始于 20 世纪初。1902 年，蔡元培等人在上海成立了中国教育会，编教科书并以通信教授法刊行丛报，成为中国函授教育的起源。1914 年，商务印书馆在我国创设了函授学社，成为我国最早的函授学校。1951 年，中国人民大学创办了高等函授教育，新中国高等函授教育开始起步。其后，东北师范大学、北京师范大学、东北财经学院等开展了高等师范函授教育、高等财经函授教育，后来逐步扩大到理、工、农、医、文、财经、政法、师范和体育等各类高等学校。

函授教育是我国开展历史最为悠久的高等学历继续教育形式，曾为学历补偿做出了巨大贡献。但是，随着高校继续教育办学类型的多样化和普通高等教育的持续扩招，尤其是随着现代信息技术在高校继续教育领域中的广泛运用以及由此产生的新型继续教育办学形式，作为第一代远程教育的函授教育目前面临着巨大的挑战和发展困境，突出表现在：函授教育近年在生源的竞争、资源的多样化、教育模式和教学手段的变化、师资的紧缺、工学矛盾等方面较之现代远程教育面临更多的难题，局限性日益突出。

（二）夜大学（业余）教育

夜大学教育是为解决我国高等教育人才断层的问题应运而生的，是在职从业人员利用夜晚、周末、假期等业余时间在高校内部接受教育，以面授为主、自学为辅的一种办学形式。

中国夜大学的办学历史要追溯到新中国成立初期，1950 年中国人民大学夜大学正式招生，这是新中国成立之后最早举办的一所夜大学。1953 年，夜大学成为我国高等教育改革的一项重要内容。

"文化大革命"期间，夜大学教育曾经一度全部停办，1973 年后个别高校开始恢复夜大学办学。"文化大革命"结束以后，夜大学教育逐步恢复。

夜大学的学生要通过全国统一的成人高等教育招生考试录取。近年来，在普通高等教育扩招的形势下，夜大学教育相对于普通高等教育发展增幅减小。甚至出现了部分高校与社会机构合作、办学地点迁至校外甚至外地的现象，给夜大学教育的教学质量和管理带来了新的问题。

（三）成人脱产班

成人脱产班是从 1993 年开始的高校学历继续教育形式，是为了满足社会需求举办的一种学历教育形式。成人脱产班的学生也通过全国统一的成人高考入学，主要对象为高考落榜生以及部分从业人员，在校内进行脱产全日制学习，在管理模式、教学管理、校园文化等方面与高校普通全日制教育相近。

2007 年，教育部停止了直属高校成人脱产班，2008 年全国普通高校都停止了成人脱产班招生。目前只有独立设置成人高校可按一定招生计划举办成人脱产班。

（四）高等教育自学考试

高等教育自学考试制度是我国高等教育基本制度之一，是以个人自学为主、社会助学和国家统一考试相结合的一种高等教育形式。学习者根据国家规定的专业教学大纲和拟定的课程计划，自主学习，按时参加考试；在通过教学计划规定的全部理论和实践课程的考试后，就可以获得相应专业的学历证书。

1978 年 2 月，五届全国人大一次会议的《政府工作报告》中提出，要建立适当的考核制度，业余学习的人们经过考核，证明达到高等学校毕业生同等水准的，就应该在使用上同等对待。这是关于自学考试制度在政府文件中的最早萌芽。此后教育部专门对此进行调研，并在 1978 年 4 月起草了《关于建立业余学习高等学校专业考核制度的初步意见》，并在当年的全国教育工作会议上征求意见。1980 年 10 月，北京市人民政府正式颁发《关于建立高等教育自学考核制度的决定》，并于 11 月成立了北京市高等教育自学考试委员会，北京市的高等教育自学考试制度在全国率先建立。

1981 年 1 月，国务院批准了教育部《高等教育自学考试试行办法》，并在北京、上海、天津进行试点。这标志着高等教育自学考试制度在全国的正式确立。1983 年 5 月，国务院批准成立全国高等教育自学考试指导委员会，同意逐步在全国推广，高等教育自学考试由试点阶段进入推广阶段。1988 年 3 月，国务院颁布《高等教育自学考试暂行条例》。

为满足广大考生的学习需求，一部分承担自考助学的院校和机构在 20 世纪末开始举办脱产形式的助学班。2007 年，教育部要求直属高校停止举办自考助学脱产班。2008 年，教育部停止了所有普通高等学校的自考助学脱产班。

30 多年来，高等教育自学考试制度把个人自学、社会助学与国家考试有机结合，充分整合社会教育资源，形成了个人通过自主学习获得高等教育学历文凭的育人模式，为我国经济社会发展培养了大批专门人才。

(五)现代远程教育

普通高校现代远程教育(又称网络教育)是普通高校继续教育领域起步最晚但发展速度最快的办学形式。现代远程教育是相对于函授教育、广播电视教育等传统远程教育形式的新型远程教育形式，它以互联网为代表的现代信息技术为支撑，探索构建基于数字化环境下的教育教学模式。现代远程教育具有多种实践形式，在基础教育、高等教育、职业教育、继续教育等领域被广泛运用。

普通高校现代远程教育缘起于现代远程教育试点工程，从 1999 年第一批试点工作启动，普通高校现代远程教育发展已有 20 年时

间。如今普通高校现代远程教育主要面向广大在职从业人员，开展
以成人继续教育为主的学历和非学历教育，为社会培养应用型、复
合型和创新型高层次专业人才，办学层次主要为高起本、专升本和
高起专。在试点之初，对于普通高校现代远程教育的办学定位并没
有完全集中于在职从业人员的继续教育，所以有部分高校以远程教
育形式招收了一些全日制的在校生。2002 年 7 月，教育部先后以司
函、部文的形式发布《关于进一步明确高校网络教育学院的主要任务
和工作思路，调整 2002 年秋季招生计划的紧急通知》《关于加强高校
网络教育学院管理，提高教学质量的若干意见》，提出了"尽可能减
少招收全日制高中起点普通高教本专科学生的数量"以及"要减少并
停止招收全日制高中起点普通本专科网络教育学生"的要求。经过调
整，普通高校现代远程教育的办学定位转向了在职人员的继续教育。

三、普通高校继续教育发展现状

经过改革开放 40 年的发展，普通高校继续教育已经发展成为我
国教育体系的重要组成部分，更成为我国构建终身教育体系，建设
学习型社会的重要力量。

（一）主要成绩

多年来，高等学历继续教育作为我国高等教育的重要组成部分，
以其鲜明的办学优势和特色，在提高全民族素质和文化水平，建立
终身教育体系，构建学习型社会，服务经济社会发展等方面已经和
正在发挥越来越大的作用。

1. 构建了系统、多元的继续教育办学体系

随着社会经济、技术的发展，普通高校继续教育已形成了多形
式、多层次、多渠道的高等学历继续教育办学体系。一是普通高校
继续教育已覆盖了管理学、经济学、教育学、文学、法学、工学、
理学、农学、医学、哲学、历史学等十二大学科门类；二是建立了

课程进修、专业进修、高中起点专科、高中起点本科、专科起点本科、在职研究生课程进修班、大学后继续教育等比较完整的继续教育办学层次；三是形成了高等学历继续教育脱产班、夜大学教育、函授教育、现代远程教育、高等教育自学考试等多种继续教育办学形式；四是采用了夜校学习、面授辅导、远程交互学习以及线上与线下相结合的混合式学习等多种继续教育教学形式。高等学历继续教育的发展，为社会成员提供了丰富多样、灵活方便的高等教育学习机会，基本满足了社会各类人群多样化的学习需求。

2. 为高等教育大众化做出了重大贡献

按照美国著名教育学者马丁·特罗对高等教育发展阶段的界定，高等教育毛入学率达到 15%～30% 是高等教育大众化的一个重要量化特征，也是一个基本的前提条件。高等学历继续教育的迅速发展，强有力地支持了高等教育毛入学率的稳步提高，使我国高等教育大众化量化指标提前实现。改革开放以来，我国形成了高等学历继续教育和普通高等教育协调发展的格局，高等学历继续教育规模逐渐扩大，质量逐步提高，管理日趋规范，成为我国高等教育的重要组成部分。高等学历继续教育增加了人们接受高等教育的机会，与普通高等教育一样，在传播人类先进文化，提高广大劳动者职业素质、知识水平和学历层次，促进社会稳定，推动生产力的发展等方面，起到了举足轻重的作用。

高等学历继续教育多年来形成的相对独立且完善的教育体制、管理体系和教育网络，是高等教育和社会发展的重要资源，是我国各层次人才特别是实用技能型人才的培训和培养的主渠道。相对精英教育而言，大众化的高等教育更加关注社会与经济的发展，重视培养复合型、应用型人才，着眼于全面提高公民的素质和能力，这与高等学历继续教育的人才培养目标的定位是一致的。高等学历继续教育根据不同职业或岗位的人才培养规格及人才素质要求科学设置课程，制订教学计划，坚持"按需培养，学以致用"，依托"双师型"教师队伍，培养了大批可用、实用人才，有力地促进了经济社会的发展。高等学历继续教育具有招生对象广泛、学习方式灵活、办学主体多元的突出特点，在数量规模、办学形式等方面为高等教育大众化提供了充分必要的支持。

高等学历继续教育面向社会发展和经济建设的实用性及亲和性，保证了高等教育大众化进程在快速推进中的稳定与和谐。近几年来，普通高等教育的毛入学率得到较大提高，但随之而来的普通高等教育毕业生就业问题，以及未取得普通高等教育入学资格的适龄青年的培养与教育问题，已成为社会关注的焦点。另外，我国高等教育的发展要面对以下一些重要问题：长期精英教育制度下形成的在职（岗）人员学历偏低的历史问题；个人对高等教育不断增长的需求和普通高等教育优质资源有限供给之间的矛盾问题；地区之间高等教育资源不平衡问题；等等。这些问题的解决不但对高等教育大众化进程本身，而且对社会经济发展与稳定都是十分重要的。而高等学历继续教育多方面、多角度解决或缓解了高等教育发展中的教育自身和社会热点问题：一是为未取得普通高等教育入学资格的学生创造了接受高等教育及就业的机会，既提高了他们自身的从业能力，也为就业政策和对策的研究实施及各产业部门发展和开拓更多的岗位，争取了宝贵的时间；二是提高了在职人员的能力和业务水平，从而促进了劳动者素质的提高；三是以较少的投入通过充分整合利用各种教育资源，满足了更多民众对高等教育的需求；四是通过函授教育、现代远程教育等方式将优质的高等教育资源输送到了教育相对落后、资源相对匮乏地区。

综上，高等学历继续教育不但为高等教育大众化做出了实际的贡献，而且弥补了普通高等教育发展中的缺憾，是我国高等教育不可缺少的一支力量。它在一定程度上解决和克服了教育及社会发展面临的种种新问题和困难，使我国高等教育由精英教育阶段向大众化教育阶段的发展进程更为迅速平稳。

3. 为国家经济建设培养了数以千万计的合格人才

作为高等教育的重要组成部分，改革开放以来普通高校继续教育为国家科技进步、经济建设和社会发展培养了数以千万计的合格人才，为中西部和东北经济欠发达地区培养了大批社会急需而又能留得住且用得上的实用型、复合型和技能型人才。

高等学历继续教育采取了能够使个人理想与工作实践有机结合的灵活办学形式，为在职人员提供了良好的深造机会。在 1999 年之前，我国的高等教育属于精英教育，高等教育入学率不足 10％。而 1992 年之前，高等教育入学率尚不足 4％，能够接受高等教育的人十分稀少。从总体上看，当时我国各行各业从业人员中绝大多数人未接受过高等教育。科学技术的快速发展、实际工作的需要，使他们感到系统补充专门理论和专业知识迫在眉睫，又苦于工作压力及其他矛盾，无法进入普通高校深造。面向在职人员开展的高等学历继续教育，办学形式不拘一格，并以函授、业余为主，恰好解决了这些从业人员难于脱产学习的实际困难，理论与实践相结合的教育教学方式，也加快了学以致用及将知识转换成生产力的进程。广大从业人员通过接受高等学历继续教育，使整体的素质水平和业务能力得到提高，从而大大提高了工作效率和工作质量。

高等学历继续教育通过函授、卫星、现代远程网络等方式将城市和东部优质高等教育资源扩散到农村和边远地区，为中西部地区、边远贫困地区培养了大批人才。高等学历继续教育办学服务体系既具有完整的系统性，又具有充分的开放性，不仅对教育内部各类教育形式开放，而且对社会开放，使原本比较紧缺的教育资源发挥出了更大的社会效益，有利于满足教育欠发达地区对各类应用型人才的需求，有利于科学和知识的普及，尤其对西部地区的贡献更大。

（二）面临的挑战

尽管我国普通高校继续教育取得了快速发展，并在发展中逐渐完善了办学和服务体系，但是随着我国教育领域综合改革的持续推进，我国普通高校继续教育面临着一系列发展中的问题。对这些问题的梳理和明确，是推动我国普通高校继续教育综合改革的关键。

1. 定位不明确

一些高校没有根据新时期继续教育内涵和任务的变化调整发展思路，还按照学历补偿的传统思路办学。部分高校没有将继续教育作为履行高校四大职能的重要途径以及学校人才培养体系的重要组成部分，继续教育在高校中处于边缘地位，甚至被视为创收的手段。

2. 质量问题突出

缺乏科学、完善的质量标准和评价标准体系；专业设置、课程体系建设与学习者、经济社会发展实际需求存在一定脱节；与现代信息技术的融合不深入，教学资源形式单一，教学方法落后；函授教育、夜大学教育的投入严重不足，主要教学环节得不到保障，办学质量与学校的定位、品牌不匹配。

3. 尚未建立适应终身学习的灵活开放的学习制度

学年制仍然是基本学习管理制度，学分制未能真正实行；招生考试和毕业评价制度单一僵化，未能提供多样化的选择；多入口、多出口、各级各类学习成果之间的沟通衔接制度尚未形成，人才成长通道不畅通。

4. 继续教育管理体制和管理制度不健全

国家层面跨部门协调机构缺失，各级教育行政部门中没有单独设置的专门管理机构，多头管理、力量分散、监管缺位的问题十分突出；各机构、部门之间职责不明确，管理权过度集中，高校缺乏办学自主权；行业组织建设滞后。

为破解制约普通高校继续教育发展的瓶颈和问题，必须深化普通高校继续教育综合改革，推动内涵式发展，努力创建适应新时期经济社会发展和人的全面发展的普通高校继续教育新局面。

(三)发展建议

1. 引导高校明确继续教育办学定位

普通高校继续教育办学层次、类型要与学校定位相适应，人才培养质量要与学校的地位、声誉相匹配。普通本科院校、高等职业院校和具有行业背景高校实现错位发展。

2. 推进各类高等学历继续教育融合发展

引导高校加强优质数字化资源和信息化平台建设，按照先校内、后校外，先资源建设、后社会办学的原则，积极创造条件，逐步推动各类高等学历继续教育统一培养目标、统一质量标准、统一资源配置、统一教学过程和学籍管理、统一证书，实现各类高等学历继续教育的有机融合，分步整合函授教育、夜大学教育、现代远程教育等办学类型及相关政策，建立统一的高等学历继续教育制度。

3. 大力提升继续教育信息化水平

高校要加快继续教育教学、管理和服务平台建设，建立基于信息化、全过程的继续教育管理模式。要建设包括招生、收费、学籍管理、课程学习、考核与评价、毕业和校外学习中心学习支持服务管理等信息化综合管理系统。要建立学生个性化学习电子档案，以课程作业、学习记录、平时考核等过程性评价为主，逐步形成过程性评价与终结性考核相结合的学习评价机制。要加强数字化学习环境建设，注重参与式、讨论式、案例式教学。要加强学习过程跟踪服务，健全导学、督学、助学制度，建立基于大数据分析的质量监控、跟踪、反馈、对外发布等制度。要建立以学生自主选课学习为中心，线上与线下结合的学习支持服务模式，要利用网络、移动终端、面对面等多种方式，为学生学习提供全过程的学习支持服务。

4. 建立灵活开放的学习制度和多样化入学制度、多证书制度，扩大省级教育行政部门对继续教育工作的统筹

改革成人高等教育全国统一招生考试，实行多元录取招生考试制度；落实《国家中长期教育改革和发展规划纲要（2010—2020 年）》关于"推进和完善学分制，实行弹性学制"的部署，停止学年制的教学管理制度，全面落实学分制；推进高校不同类型继续教育以及不同高校之间的资源共享、课程互选、学分互认，促进本科与高职、职前与职后、学历与非学历、全日制与非全日制教育沟通衔接，搭建人才成长"立交桥"。

5. 推进普通高校继续教育专业和课程体系改革

结合经济社会转型、产业调整升级以及学习者职业发展、创新能力提升等多样化需求，由高校根据学校自身的学科优势自主推动专业和课程体系建设，加强特色专业、精品课程的建设，推动专业设置与产业需求、课程内容与职业标准和岗位能力、教学过程与实践实训相结合。创新课程体系，建立课程标准，开展课程认证，及时更新课程内容，引入新理论、新知识、新技术和新方法，强化实践环节，重视高新技术、职业技能、实习实训等教学内容建设。

6. 加强普通高校继续教育质量保障

国家教育行政部门要尽快组织制定普通高校继续教育质量保障标准，并积极建设和培育质量保障机构，完善质量保障体系。形成高校自评为主、教育行政部门监管、行业监督、专业评估机构参与的多元化继续教育质量保障机制。引导高校加强内部质量保障，严格质量标准，加强自检自评，多元评价监督。

第二节　现代远程教育试点

现代远程教育是基于以互联网为代表的现代信息技术，以现代教育思想和学习理论为指导，充分发挥网络的各种教育功能和丰富的网络教育资源优势，向师生提供网络教和学的环境，传递数字化内容，开展以学习者为中心的远程教学的一种教育形式。

自 1999 年 3 月以来，教育部共批准 69 所普通高校和中央广播电视大学开展现代远程教育试点工作。现代远程教育试点工作推进了中国远程教育由第一代的函授教育、第二代的广播电视教育向基于计算机、卫星、多媒体和互联网的网络教育的转化，探索建立了适合在职人员随时随地远程自主学习和终身学习的教学及支持服务系统。现代远程教育学习方式灵活多样，能够有力支持自主化、个性化学习的实现，使学习者可以方便地获得优质的教育资源和学习支持服务。现代远程教育正成为普通高校继续教育融合发展的大趋势。

一、现代远程教育试点工作源起

我国现代远程教育试点工作萌芽于 20 世纪 90 年代后期。当时，以互联网为代表的现代信息技术的迅猛发展，在世界范围内给远程教育带来了前所未有的机遇和挑战，中国一些普通高校提出并开始尝试以双向交互卫星电视和计算机网络为技术基础的现代远程教育。1996 年 2 月，清华大学校长王大中教授明确提出在清华大学开展现代远程教育的设想。1998 年 7 月李岚清副总理对教育部致国务院的《关于报请批转〈关于发展我国现代远程教育的意见〉的请示》做出批示："远程教育是利用现代信息技术，发展高素质教育的一种教育方式，是一件很大的事。我们应作为一项重大工程来研究实施。"①
1999 年 1 月 13 日，国务院批准了教育部制定的《面向 21 世纪教育振兴行动计划》，提出"实施'现代远程教育工程'，形成开放教育网络，构建终身学习体系"的任务，并将其作为"行动计划"的重点之一。

为落实《面向 21 世纪教育振兴行动计划》，推进现代远程教育工程，积极发展高等教育，教育部决定支持若干所高校建设网络教育学院，开展现代远程教育试点工作。1999 年 3 月，教育部正式启动"现代远程教育工程"。1999 年 5 月，教育部发布《关于发展我国现代远程教育的意见》，明确提出以电子信息技术为基础的现代远程教育，必将使教育领域产生深刻变革，促进教育现代化；同时明确了我国现代远程教育发展的指导方针、目标、任务及实施步骤。

借鉴国际上以独立设置的开放大学和在普通大学中开办远程教育来发展现代远程教育的方式，国家教育行政部门也设置了两种发展我国现代远程教育的途径：一是遴选部分普通高校开展现代远程教育试点，自 1999 年至今共批准了 69 所高校（后来在院校调整中有些高校进行了合并）开展试点（见表 2-1）。69 所试点高校以"985""211"高校为主，其中"985"高校 35 所，"211"高校 29 所，其他重点高校 5 所；理工类高校 26 所，综合类高校 23 所，师范类高校 7 所，外语类高校 3 所，农林类高校 3 所，医药类高校 3 所，财经类高校 3 所，艺术类高校 1 所。二是依托广播电视大学探索独立设置的开放大学。先是于 1999 年开展"中央广播电视大学人才培养模式改革和开放教育试点"项目研究，经过十余年探索后，于 2012 年起正式批准建设了 6 所开放大学。

---

① 《中国大学现代远程教育》编委会：《中国大学现代远程教育》，10 页，北京，中央广播电视大学出版社，2008。

表 2-1 教育部批准开展现代远程教育试点的普通高校

年度	批准学校	文件号
1999	清华大学	教电厅〔1999〕1 号
1999	浙江大学	教电厅〔1999〕2 号
1999	北京邮电大学	教电厅〔1999〕3 号
1999	湖南大学	教电厅〔1999〕4 号
2000	北京大学	教高厅〔2000〕1 号
2000	中国人民大学、北方交通大学、北京外国语大学、天津大学、复旦大学、同济大学、东南大学、无锡轻工业大学、山东大学、中山大学、四川大学、重庆大学、西安交通大学、北京理工大学、东北农业大学	教高厅〔2000〕8 号
2000	北京中医药大学、北京语言文化大学、北京广播学院、华中师范大学、兰州大学	教高厅〔2000〕9 号
2000	北京师范大学、东北大学、上海交通大学、华中科技大学、华南理工大学	教高厅〔2000〕12 号
2001	华东师范大学、石油大学、厦门大学、中南大学、西南交通大学、西南师范大学	教高厅〔2001〕1 号
2001	福建师范大学	教高厅〔2001〕2 号
2001	哈尔滨工业大学	教高厅〔2001〕4 号
2001	中国农业大学、南开大学、吉林大学、东华大学、中国地质大学、武汉理工大学	教高厅〔2001〕7 号
2002	北京科技大学、对外经济贸易大学、北京航空航天大学、中央音乐学院、大连理工大学、中国医科大学、东北财经大学、上海外国语大学、上海第二医科大学、华东理工大学、南京大学、郑州大学、武汉大学、华南师范大学、电子科技大学、西南科技大学、西南财经大学、四川农业大学、西北工业大学、西安电子科技大学、陕西师范大学	教高厅〔2002〕2 号

续表

年度	批准学校	文件号
2002	中国科学技术大学	教高厅函〔2002〕5 号
2003	东北师范大学	教高厅函〔2003〕15 号
2006	中国石油大学（北京）	教高厅函〔2006〕16 号
2008	中国地质大学（北京）	教高厅函〔2008〕3 号

二、现代远程教育试点历程

自 1999 年至今的 20 年间，我国现代远程教育试点经历了三个主要的发展阶段：快速发展阶段、规范管理阶段、政策调整阶段。

（一）快速发展阶段（1999—2002 年）

1999 年 3 月教育部批准清华大学等四所高校开始首批试点后，至 2002 年 7 月是现代远程教育试点工作快速发展时期。这期间试点普通高校数量迅速增至 66 所（不含中央广播电视大学），招生规模扩大到 27 万多人（见表 2-2），建设了 1 968 个校外学习中心，专业数达到 141 个，开发课程 8 557 门。

表 2-2　1999—2002 年现代远程教育试点工作发展情况

年度	当年批准试点高校数量（所）	当年试点高校总数（不含中央电大）（所）	招收学生数（人）
1999	4	4	4 657
2000	26	30	21 216
2001	14	44	183 427
2002	22	66	274 092

在此期间，教育部对各试点高校给予了充分的支持，各试点高校享有较大的办学自主权。2000 年 7 月，教育部办公厅发布《关于支持若干所高等学校建设网络教育学院，开展现代远程教育试点工作的几点意见》，对试点工作的主要任务、试点高校的基本条件、试点

高校的管理方式等提出了明确的要求，指明了现代远程教育的办学定位和目标，指出高校现代远程教育要以在职从业人员的继续教育为主，充分发挥远程教育的优势，为在职从业人员更新知识、增强技能、不断学习、不断提高提供良好服务。

试点初期，各试点高校充分发挥各自优势和充分的办学自主权，在教学、管理、技术和服务模式等网络教学各个方面进行了初步的探索，办学形式多种多样，呈现百花齐放的态势。试点高校开发使用了大量的多媒体教学资源，逐步形成了网络环境下的教学与管理方式，同时吸引了大量社会资金投入现代远程教育，促进了高校信息化建设。

（二）规范管理阶段（2002—2013 年）

在现代远程教育发展的初期阶段，少数试点高校没有摸清现代远程教育规律和方向，在发展过程中出现了一些不容忽视的问题。如：有的试点高校照搬传统教育模式，招收部分全日制学生；少数试点高校思想观念不适应，管理制度不健全，办学条件相对滞后，优秀教育资源相对缺乏；个别试点高校定位不明确，疏于管理，出现了一些引起学生、社会和教育行政部门高度关注的问题。

为了规范试点高校的办学行为，促进现代远程教育健康发展，保证办学质量，2002 年 7 月，教育部高教司发布《关于加强高校网络教育学院管理，提高教育质量的若干意见》。这一文件的发布，标志着现代远程教育试点工作进入规范管理的新阶段。文件要求各试点高校"提高认识，进一步明确高校网络教育学院的主要任务"，在规范招生工作管理、加强教学过程管理、严格考试管理、加强教学管理制度建设等几方面"采取切实有效措施，保证网络教育学院的教学质量"。

这一时期，教育部先后制定了有关远程教育的方针、政策、制度和措施，加强了网络学院管理、校外学习中心（点）管理、招生管理、毕业证书和电子注册管理，建设了远程教育公共服务体系，建立了远程教育质量监管系统，实行了年报年检和抽查制度。其中，重点出台了一系列文件对招生管理和校外学习中心（点）管理进行严格的规范。加强招生管理的文件有教电〔2003〕369 号《教育部办公厅关于严格现代远程教育招生工作管理的紧急通知》，教高厅〔2004〕9 号《教育部办公厅关于做好 2004 年现代远程教育试点高校网络教育招生工作的通知》，教高〔2005〕2 号《教育部关于做好 2005 年现代远程教育试点高校网络高等学历教育招生工作的通知》；加强校外学习中心（点）管理的文件有教高厅〔2002〕1 号《教育部办公厅关于印发〈关于现代远程教育校外学习中心（点）建设和管理的原则意见〉（试行）的通知》，教高厅〔2003〕2 号《教育部办公厅关于印发〈现代远程教育校外学习中心（点）暂行管理办法〉的通知》，教高司函〔2003〕173 号《关于规范现有现代远程教育校外学习中心（点）管理工作的通知》，教高司函〔2004〕141 号《关于加快对现有现代远程教育校外学习中心（点）清理整顿工作的通知》。

这一时期通过一系列的规范政策和管理措施，国家教育行政部门逐渐建立了年报年检制度、网络统考制度等质量保障制度。

年报年检对象为普通高校网络教育学院、中央电大开放教育试点项目及公共服务体系，主要包括学校自检、年报、抽查和年检 4 个关键步骤，省级教育行政部门对校外学习中心（点）进行检查评估。从 2003 年开始，教育部组织力量设计开发了网上年报年检系统，采用信息化手段开展年报年检工作，实现年报年检的网上申报、自动统计分析和网上评审。年报年检系统和教学评估系统在现代远程教育质量监管体系建设及信息管理中起着极其重要的作用，为现代远程教育基本要素分析、质量管理分析、质量监管系统项目研究内容分析提供了标准化的基础数据，为教育部科学决策提供了依据和有力支持。2003 年 1 月，教育部办公厅下发《关于对现代远程教育试点学校网络教育学院开展年报年检工作的通知》，决定对试点高校的现代远程教育实行年报年检。在随文件一同下发的现代远程教育试点高校自查要点中，将办学定位、招生、考试、教学方式、教学资源、校外学习中心(点)等纳入检查范围。年报年检制度在实施的过程中不断完善，逐步形成了学校自检、学校撰写并提交自评报告、教育部审查年报材料、专家组实地检查抽查、做出年检结论的运行机制。针对年检不合格的高校，国家教育行政部门会根据其问题的严重程度采取限期整改、复检，乃至停止招生的处理措施。截至 2017 年 12 月，已有十几所高校在年报年检中被发现问题而受到教育行政部门的处理，有的高校至今尚未恢复招生。经过十余年发展，年报年检已经成为我国现代远程教育一项较为成熟的质量监管制度，规范了试点高校的办学行为；基于年报年检所建立的现代远程教育基础数据库，成为教育行政部门监控现代远程教育办学的管理基础，提高了管理的科学性和规范性。

为探索完善"宽进严出"的新型人才培养模式，进一步加强现代远程教育的规范管理，确保人才培养质量，2004 年 1 月，教育部办公厅下发《关于对现代远程教育试点高校网络教育学生部分公共课实行全国统一考试的通知》，对统考对象与组织实施进行了初步规定。同年 6 月，教育部成立了第一届全国高校网络教育考试委员会。同年 11 月，教育部发布《关于开展现代远程教育试点高校网络教育部分公共基础课全国统一考试试点工作的实施意见》，对统考的组织实施进行了详细规定，标志着我国现代远程教育"宽进严出"新型人才培养模式的基本建立。2005 年 1 月，第一届全国高校网络教育考试委员会下发《试点高校网络教育部分公共基础课统一考试试点工作管理办法》，随同公布了考点设置和管理办法、考试安全保密规定、阅卷工作管理办法、违纪处理办法、考试过程应急预案 5 份文件，基本建立起了组织严密、要求严格、纪律严明、考风端正、信誉良好的网络教育统考组织和管理制度。2006 年 8 月，在总结 2006 年 3 月和 6 月两次网络教育统考的基础上，教育部下发了《关于做好现代远程教育试点高校网络教育部分公共基础课全国统一考试工作的通知》，对统考工作的组织管理和制度建设、统考收费管理工作以及统考组织和实施的信息化等做了进一步详细规定。至此，我国高校现代远程教育确立了完善的网络教育统考制度。网络教育统考作为落实"宽进严出"政策、提升人才培养和办学质量的一项重要举措，有力地促进了我国现代远程教育质量的提升。

（三）政策调整阶段（2014 年至今）

在前期规范管理和引导内涵建设的基础上，针对现代远程教育的探索逐渐深入，呈现出释放办学活力和加强事中事后监管的改革取向，而这些改革的推动都通过政策调整予以引导。

1."利用互联网实施远程高等学历教育的教育网校审批"制度的取消

2014 年 1 月，国务院下发《关于取消和下放一批行政审批项目的决定》，取消了交由教育部实施的"利用互联网实施远程高等学历教育的教育网校审批"，距这一审批项的正式确立刚好十年。2004 年 6 月，在国务院公布的《对确需保留的行政审批项目设定行政许可的决定》中，将"利用互联网实施远程学历教育的教育网校审批"设定为行政审批项目。这一制度调整理顺了国家和高校之间的关系，在高校办学自主权的释放上设置了充分的制度空间，为高校现代远程教育的发展提供了更加广阔的空间，为其他非试点高校进入现代远程教育领域提供了政策上的支持。

2."校外学习中心（点）审批"制度的取消

2015 年 10 月，国务院下发《关于第一批取消 62 项中央指定地方实施行政审批事项的决定》，将交由省级教育行政主管部门的"校外学习中心（点）审批"取消。该项审批制度于 2003 年确立，2003 年 3

月，教育部办公厅印发《现代远程教育校外学习中心（点）暂行管理办法》，对校外学习中心（点）的性质、职能做出了详细规定，初步提出了校外学习中心（点）的建设标准，规定建设依托单位必须具有独立法人资格，并对管理服务人员、软硬件条件等做出了相对明确的规定，对校外学习中心（点）设立的程序与省级教育行政部门的监管等做出了规定。

3.2016 年 11 月《高等学历继续教育专业设置管理办法》的出台

《高等学历继续教育专业设置管理办法》第十一条规定：普通本科高校、高等职业学校须在本校已开设的全日制教育本、专科专业范围内设置高等学历继续教育本、专科专业。这意味着试点高校如果没有开设全日制专科专业，则不能再进行专科层次的人才培养，同时也意味着试点高校在《普通高等学校本科专业目录》《普通高等学校高等职业教育专科专业目录》和《高等学历继续教育补充专业目录》范围之外设置的专业不能再继续招生。之前试点高校可在本校已设置专业范围内根据社会需求自主设置专业，以及在提交专业论证报告并报教育部备案后，可以举办社会急需的、专业目录之外的专业等专业设置宽松政策进一步收紧。

以上三项政策的出台，对高校现代远程教育的影响是深远的，办学审批权的取消为高校现代远程教育的普及发展奠定了基础，现代远程教育可能走出试点高校的范围，成为不同类型高等学历继续教育整合发展的动力；学习中心（点）审批权的取消、新的专业设置管理办法使得高校现代远程教育很可能打破既有的路径依赖，走向新的增长点。

三、现代远程教育试点现状

20 年来，现代远程教育试点从起步到发展壮大，经历了快速发展阶段、规范管理阶段，目前进入了政策调整阶段。时至今日，同济大学、湖南大学、清华大学已经停止现代远程教育学历教育招生多年，中山大学从 2017 年起停止招生，北京大学、武汉大学、哈尔滨工业大学从 2018 年起也停止招收现代远程教育学历教育学生。

（一）成绩与经验

1. 创新了基于信息化的人才培养模式

试点高校综合运用各种媒体，采取多种导学助学策略，开展基于网络的分组讨论、问题导向、任务驱动、情景教学、协商互动等多种模式的自主学习；教师导学和学生自主学习相结合，突出实践性、互动性和适应性，促进教师转变角色，成为学生学习的指导者、帮助者；线上与线下、异步与同步、分散与集中相结合，为学习者提供灵活选择；还搭建了贯穿教学全过程的学习支持服务系统，促进学习者保持学习动力，提高学习效果。试点高校依托校外学习中心（点）和公共服务体系构建了学生校外学习支持服务体系，为学生提供培养方案、课程评价策略、导学、助学、促学等学术性支持服务，以及咨询、技术支持、人性化学习过程服务、资源等非学术性支持服务。

2. 探索实践了面向社会需求和市场办学的新机制

试点高校和企业合作探索实践了新的运作机制，在办学过程中大力引进企业技术、资源和资金，许多面向行业的高校与行业企业共建课程资源，在国家没有任何资金投入的情况下，多方筹措资金建设海量学习资源、功能多样化的教学和学习平台，开展办学和服务。有些高校在与行业企业合作过程中，由单纯承接企业培训项目的简单合作转向帮助企业进行人力资源调研，参与企业人力资源建设规划的战略合作层面，形成了人力资源咨询与培训承接一体化的校企合作模式。在面向社会需求开展人才培养的过程中，试点高校根据岗位需求加强专业课程体系建设，以岗位技能为中心，注重教育的专业性、实践性和知识的实用性。如北京大学医学网络教育学院根据护理职业的 13 项典型工作任务大力推动护理专业的专业课程体系改革，开发了相应的课程。改革后的专业课程体系由公共必修课、专业必修课和选修课组成，其中公共必修课适当压缩，专业必修课的设置从工作岗位和工作任务出发，依据护理典型工作任务以及护理职业发展规律进行架构和设置。

3. 推动了优质教育资源建设及向全社会辐射

通过实施"新世纪网络课程建设工程"和"网络教育精品课程建设"，建设了 320 门优秀网络课程及资源库，评审出 209 门国家级网络教育精品课程，以及系列精品资源共享课和精品视频公开课。以精品课程评审为龙头，带动了网络教育资源建设水平的整体提升。启动实施"网络教育资源共享平台建设""数字化学习港与终身学习社会的建设与示范""网络教育数字化学习资源中心建设""高校继续教育数字化学习资源开放和在线教育联盟建设""e 行动计划"等系列项目，构建资源共享的新机制，整合网络教育精品课程及相关学习资源，建设资源公共服务平台和覆盖全国的资源整合及服务网络，面向社会开展优质网络教育资源的网上开放和共享应用服务，完善终身学习的支持服务体系，有效地推动了优质教育资源在行业与地区内的共享。

4. 建立了相对完善的质量监管体系

随着试点工作的深入，各级教育行政部门和试点高校逐渐认识到加强质量管理的重要性，以现代教育的质量和人才培养为核心，普遍建立了现代远程教育质量保障体系，从网络教学的各个流程进行规范，抓招生、毕业等关键环节的控制，并加强教学过程的保障。从外部质量保障体系来看，教育部建立了"高等学校网络教育质量监管系统""中国远程与继续教育网""网络教育阳光招生服务平台"，实施网络教育统考制度和年报年检制度，逐步出台完善现代远程教育规范管理的政策与措施，建立了现代远程教育的信息化质量监管平台和机制，逐步完善了外部质量监管体系。从高校内部质量保障体系建设来看，有些高校结合自身发展情况积极探索和实践，总结出各具特色的质量管理模式。如北京大学医学部、东北财经大学、中国石油大学(华东)等高校将 ISO 质量管理的理念和方法引入远程教育质量管理中，对整个体系的发展、运行进行有效控制，有效提升了质量管理和教学服务水平。

5. 促进了高等教育的信息化、现代化

试点高校充分运用计算机技术、网络通信技术和多媒体技术等现代信息技术的最新成果，按照远程教育理念，形成了天网技术和地网技术相结合、实时技术与非实时技术相补充、单向传播媒体和双向传播媒体共存的多种技术解决方案，构建了基于现代信息技术的以学生为中心、灵活多样的混合式网络教学模式，开发了一大批优质的数字化学习资源，实现了现代信息技术和教育的融合，甚至进行了信息技术支撑下教育与服务创新的探索。试点高校在远程教育领域的这些探索和实践，也通过多种方式服务和影响校内全日制教育的教育教学，加快了高校信息化建设步伐，大大提高了试点高校的信息化水平。

6. 丰富了促进学习型社会建设的有效途径

试点高校面向社区、行业、企业和部队等开展学历教育和非学历教育协调发展的试点工作，促进了全民学习、终身学习的学习型社会建设，进一步完善了终身教育体系建设。试点高校注重发挥学科和师资优势，整合各类教育资源，积极参与当地学习型社区、学习型城市建设的实践，如：北京师范大学牵头成立了全国教师教育网络联盟，发挥卫星网、因特网和师范院校综合资源优势，对全国的中小学教师开展职后远程继续教育；中国农业大学等农业院校成立了全国农业网络联盟，积极面向农村开展远程教育。

（二）面临的挑战

1. 办学定位不适应新阶段的新要求

少数试点高校办学倾向于学历继续教育，对非学历继续教育重视不够，重视经济效益，忽视社会效益，重视规模扩张，忽视办学质量和教学过程管理。个别试点高校甚至把网络教育看成创收的途径，轻视办学基本条件和资源建设投入，影响了人才培养质量和网络教育的社会形象。有些高校网络学院办学和校内教育脱节问题突出，重视社会办学忽视校内服务，部分高校未将现代远程教育纳入学校人才培养规划和校内教学质量评价体系。

2. 资源开放共享程度相对较低

从整体来看，资源建设的速度、质量和多样性方面还远不适应新形势下远程教育的发展：许多资源媒体形式变化了，但内容仍是传统面授教材的翻版；缺乏基于成人学习特点的教学设计，真正适合成人业余自主学习的优质教学资源相对短缺；教学资源结构不平衡，非学历继续教育资源短缺问题尤为突出；数字化资源共建共享开放程度不高，开放共享的有效机制尚未建立；适应多渠道、多终端、多种学习方式的优质资源匮乏，数字化资源的有效利用率较低，对资源使用缺乏过程和量化的监管。

3. 人才培养质量不适应新常态的发展要求

缺乏国家层面的质量保障标准，网络教育相关课程标准、学分标准、教学和学习评价标准、教学规范细则等有待建立和完善；缺乏多元、科学的质量标准和完善的质量保障、评估体系，没有出台网络教育学院及校外学习中心（点）的评估办法和标准。教育行政部门以审批为主的前置监管模式虽然逐渐被打破，但对过程的监管力度还不够而且长效机制尚未完全建立；缺乏独立的行业监管和第三方评估。高校内部质量保障体系有待进一步完善，个别试点高校照搬普通全日制教育的专业设置、课程体系、教学内容和教学方法，缺乏针对成人业余学习特点的教学设计；高水平优质师资短缺，对主讲教师、辅导教师的岗前培训、专业化培训不够；学生上网学习率较低，教学过程管理和监控亟须加强，提供的学习支持服务不到位，学习评价以总结性评价为主，对学习过程的评价不够。

4. 现有政策体系已不适应新时期的要求

现有政策体系注重入口和出口，在管理、教学等过程性关键环节缺乏基本制度设计。以学籍管理制度为例，目前的学籍管理制度并不适应弹性学制和从业人员在职学习的要求，更不适应构建终身教育体系和建设学习型社会的要求。2014 年国务院取消现代远程教育行政审批项后，办学机构和社会大众急切希望教育主管部门能够尽快出台对应政策以进一步引导现代远程教育的发展，但时至今日仍没有制定完成。高校现代远程教育下一步的发展方向不明晰，相当一部分有条件、积极性高的非试点高校不知该如何发展。现代远程教育促进教育公平、高等教育大众化的红利尚未得到充分释放，已经成为当前我国现代远程教育发展的最大瓶颈。

（三）发展建议

1. 推动现代远程教育与其他继续教育形式融合发展

实现传统成人高等教育在信息技术推动下的整体改革和转型发展，尤其是逐渐实现不同类型学历继续教育的融合发展，实现教学手段的信息化，充分运用现代信息技术开展混合式教学，满足不同学习者的学习需求。现代远程教育试点高校要充分利用现代信息技术手段，建立质量标准体系，率先推进函授教育、夜大学教育和网络教育等不同类型学历继续教育的融合，逐步统一政策和入学标准，统一教学过程与毕业要求、证书样式；建立完善基于信息化的招生、教学、学习支持服务、考试、毕业及教学管理模式，全面提升教学和管理的信息化水平。

2. 推动学校继续教育管理体制改革

试点高校要设立继续教育专门管理机构，加强继续教育制度建设，对全校继续教育工作实行归口管理。要合并校内各类学历、非学历继续教育办学机构，代表学校统一组织对外开展学历和非学历教育，统筹负责校内学历继续教育办学业务。承担学历继续教育教学的专业院系（所）要健全继续教育教学管理部门（岗位），在学校继续教育办学机构的组织下做好相应的教学、管理和服务工作。专业院系（所）和有关部门要在学校继续教育管理机构和办学机构的统一组织、管理和监督下举办学历和非学历教育。此外，试点高校要完善继续教育与校内全日制教育的专业、课程、师资等资源共建共享机制。

3. 推进专业和课程体系改革

试点高校要紧密结合科学技术进步、经济社会转型、产业调整升级以及学习者职业发展、创新能力提升等多样化需求，加强专业和课程体系建设，推动相关专业设置与产业需求、课程内容与职业标准和岗位能力、教学过程与实践实训相结合。要根据专业建设要求，创新课程体系，建立课程标准，开展课程认证，及时更新课程内容，引入新理论、新知识、新技术和新方法，强化实践环节，重视高新技术、职业技能、实习实训等教学内容建设。要与行业企业共建专业和课程标准，建立开放共享的继续教育课程体系。

4. 创新教学及支持服务模式

试点高校要充分利用现代信息技术，创新学生自主选课学习，教师导学、督学、助学和全程跟踪服务的教学及支持服务模式。要根据专业课程的需要，建立网络教学和面授教学、自主学习和协作学习、个性化学习和师徒传承学习、理论学习和实践实训学习等相结合的混合式教学模式。要加强数字化学习环境建设，积极开展翻转课堂、在线学习、移动学习、虚拟实验等教学活动。要注重参与式、讨论式、案例式教学。要建立以学生自主选课学习为中心，线上与线下相结合的学习支持服务模式。要利用网络、移动终端、面对面等多种方式，为学生学习提供全过程的学习支持服务。

5. 加强质量保障和监管

试点高校要建立健全校内继续教育质量保障标准，推进以提高职业能力和综合素质为导向的继续教育人才培养、教学及质量标准体系的建设。教育行政部门应尽快健全现代远程教育多元评价监管机制，引导建立试点高校严格自律、教育行政部门监管、行业监督、专业评估机构参与的多元化继续教育质量监控评价机制。

6. 完善现代远程教育政策保障

一是尽快对高校现代远程教育试点进行全面评估。从 1999 年启动试点开始，经过 20 年的发展，高校现代远程教育仍然处在试点阶段，与 2000 年《关于支持若干所高等学校建设网络教育学院，开展现代远程教育试点工作的几点意见》中关于"本项试点期限为 4—5 年"的规定严重不符，应该尽快组织对高校现代远程教育试点的全面评估，让高校现代远程教育转入常规发展。二是为回应数字时代现代远程教育发展以及 2014 年国务院取消现代远程教育办学行政审批，教育部应该制定清晰的新时期我国高校现代远程教育发展规划，充分释放现代信息技术在高校继续教育乃至教育领域的红利。

第三节　现代远程教育公共服务体系

现代远程教育公共服务体系是 21 世纪我国现代远程教育发展过程中出现的新生事物。它是在教育部直接领导和支持下，为适应远程教育多元化的快速发展、国家教育信息化发展战略、现代教育服务业的发展和终身教育体系与学习型社会建设的需要，在我国远程教育领域进行的一项重要的实践创新。

一、现代远程教育公共服务体系建设背景

20 世纪末，在"现代远程教育工程"启动初期，教育部领导就提出依托广播电视大学建设现代远程教育公共服务体系的构想与要求。

到 2005 年，教育部批准的试点高校已达 67 所，在校生约 82 万人，已呈现多元化、快速发展态势，高校校外教学支持服务和教育质量保证等面临巨大挑战。鉴于我国地域辽阔、人口众多、教育经费总体匮乏的国情，高校依托社会力量建立的校外学习中心（点），暴露了一些矛盾和问题，给主办学校监管带来很大困难和很高的成本，更影响办学主体集中精力抓课程资源建设和教学过程。

从国家层面看，各校自建校外学习中心（点），不仅造成重复建设和资源浪费，而且难以形成集约高效、信息技术支撑水平高、具有统一标准和规范的现代远程教育校外教学支持服务体系。因此，充分利用现代信息技术和国家已有的远程教育资源，构建一个为众多开展远程教育的学校和学习者，提供校外教学支持服务的公共服务体系的需求应运而生。

二、现代远程教育公共服务体系建设发展历程

（一）国家政策的推动

1999 年 8 月，教育部有关部门转发中央广播电视大学《关于广播电视大学贯彻落实〈面向 21 世纪教育振兴行动计划〉的意见》，明确提出广播电视大学在我国现代远程教育体系中承担的主要任务，除举办现代远程高等专科、本科教育和中等专业教育，举办岗位培训、继续教育等各种非学历教育以外，还要为普通高校以及其他教育机构开展现代远程教育提供教育资源、教学管理和学习支持服务。同年 10 月，教育部部长陈至立在中央电大 20 周年校庆大会上明确指出，要改革、完善和发展广播电视大学教育教学系统，更好地发挥广播电视大学在教育资源优化配置等方面的优势，努力实现与其他各级各类教育的资源共享和协调发展，包括要为普通高校以及其他教育机构开展现代远程教育提供教育资源、教学管理和学习支持服务。可见，广播电视大学承担"办学和服务"双重任务，依托广播电视大学建设现代远程教育公共服务体系为普通高校开展现代远程教育服务，这是国家教育行政部门对广播电视大学由来已久的规划和要求，更是适应我国远程教育发展需要的一种重要决策。

　　为建设好现代远程教育公共服务体系，教育部多次组织专家充分论证了建设现代远程教育公共服务体系的必要性和紧迫性，深入分析了广播电视大学现代远程教育发展的经验和优势，进一步研究了主要依托电大系统这一国家资源建设现代远程教育公共服务体系的可行性。经过充分的酝酿和论证，2001 年 12 月，教育部批准"中央广播电视大学现代远程教育校外教学支持服务体系建设试点项目"立项。中央电大公共服务体系开始建设基层学习中心、开发公共服务平台、与试点高校网络教育学院合作、承担课程考试服务等工作。2003 年 3 月，经教育部批准，中央电大成立专设机构——奥鹏远程教育中心(简称"奥鹏中心")，具体负责公共服务体系的建设、管理和运行。"现代远程教育校外教学支持服务体系"经过 3 年试点，在公共支持服务的内涵、支撑平台建设、服务模式、管理体制和运行机制等方面试点取得阶段性成果，并于 2005 年通过了教育部组织的专家组验收。2005 年 4 月，教育部办公厅下发《关于建设中央广播电视大学现代远程教育公共服务体系的通知》，我国第一个面向全国的现代远程教育公共服务体系正式进入全面运作阶段。随着我国现代远程教育事业的发展，2007 年，教育部又批准弘成科技发展有限公司(简称"弘成教育")、知金教育咨询有限公司(简称"知金教育")分别联合有关高校开展"现代远程教育公共服务体系建设试点"项目。

（二）公共服务体系自身建设

公共服务体系的建设与发展，不仅拓展了我国现代远程教育和继续教育的发展模式，影响了我国现代远程教育的发展格局，而且在促进资源共享、探索学历与非学历沟通、学分互认与转换的实践方面发挥着独特的作用，所取得的经验和成果已得到社会各方的认可与赞誉。实践证明，建设公共服务体系是国家实施现代远程教育工程的战略选择，公共服务体系的重要价值在于教育服务模式、资源配置和开发共享模式的创新，同时可以发挥遍布全国的支持服务体系的优势和依托远程学历或非学历教育服务的基础，为我国学习型社会建设服务。公共服务体系协助试点高校开展网络教育，对规范管理起到了重要作用，对新形势下如何搭建一个终身学习的公共平台做了有深远意义的尝试。

根据教育部办公厅《关于建设中央广播电视大学现代远程教育公共服务体系的通知》，中央电大公共服务体系的任务是为高等学校现代远程教育提供校外教学支持服务，同时也可为教育行政部门、办学机构提供专项的现代远程教育教学支持服务。试点工作开展以来，经过多年的运营与发展，奥鹏中心在公共服务体系建设、服务模式创建、体制和机制改革以及开拓社会化服务的新领域等方面积累了较丰富的经验，服务范围从学历教育拓展到非学历教育，服务水平不断提高。经过十多年的发展，奥鹏中心的业务范围从最初单一的网络学历教育服务，扩展到职业教育、教师教育等领域，业务内容从原有的承接合作高校网络教育学院委托的网络教育非学术性支持服务发展到专业共建、资源共建共享、学分互认等更深层次的支持服务。以中央电大公共服务体系十多年实践为基础总结提炼的教学成果"现代远程教育公共服务体系的构建与实践"获 2014 年国家级教学成果二等奖，标志着公共服务体系作为高校远程教育服务的全新模式已经逐渐得到社会认可，成为我国远程教育发展格局中的一支中坚力量。

自 2001 年试点启动、发展至今，我国公共服务体系的生态环境发生了很大改变。国家教育的宏观指导思想及政策形势发生了变化，各类远程与继续教育有了新的发展，现代服务业快速成长，在线教育蓬勃兴起，信息技术发展迅速并在各类教育中有了更深入的应用。同时，公共服务体系自身的建设也进入新的阶段。

"公平而有质量的教育"是党中央对教育事业提出的新要求，也是中国教育砥砺前行的新坐标。党的十九大提出了"办好学前教育、特殊教育和网络教育""完善职业教育和培训体系，深化产教融合、校企合作""支持和规范社会力量兴办教育""办好继续教育，加快建设学习型社会，大力提高国民素质"等新任务。新时期教育发展任务不仅为公共服务体系的发展提供了新的空间，也对公共服务体系提出了新的要求。在内外环境的多重变化影响下，公共服务体系需要探索新的定位、内涵和发展优势。

为适配新时期发展需求，以奥鹏中心为代表的现代远程教育公共服务体系以提升质量为行动纲领，积极推进公共服务体系的战略转型，主动服务国家战略发展需要，提升为终身教育体系和学习型社会建设服务的实力以及应对教育市场变化的能力，探索公共服务体系的新发展。

三、现代远程教育公共服务体系发展现状

(一)奥鹏中心

1. 建设公共服务体系，协助试点高校开展网络教育

奥鹏中心是中央电大具体负责公共服务体系建设、管理、运行的专设机构，实行企业化管理，运用市场机制整合各类教育资源。奥鹏中心引入 ISO 9001 质量管理体系，并通过了权威部门认证。依托广播电视大学系统几十年远程教育实践经验的庞大体系基础，通

过其遍布全国的办学网络，奥鹏中心建设了由总部、管理中心/运营中心、学习中心组成的覆盖全国城乡社区的三层架构网络服务体系。经中央电大批准，奥鹏中心在部分省级电大设立奥鹏管理中心，负责对本区域学习中心的管理、指导和检查；采用连锁加盟方式主要在各级电大设立学习中心，按照协议为试点高校网络教育学院及其他远程教育办学机构和广大学习者提供支持服务。奥鹏中心充分利用信息技术，构建了服务多家高校、众多学习者的网络服务平台，实施了基于网络的、面向学习者的一站式服务模式；利用专业化的服务队伍，以第三方服务的方式支持众多办学单位开展远程教育，为高校远程教育的发展提供了一种创新性、第三方、社会化服务的模式。

截至 2017 年 12 月，奥鹏中心已在全国 31 个省、自治区、直辖市建设了 1 862 家学习中心，25 家运营中心，初步形成了中国首个"统一品牌、统一形象、统一模式、统一管理、统一考评"的远程教育公共服务体系。服务试点高校 47 所，占全国试点高校的 68%；累计服务远程学历学生 200 余万人；涵盖 11 个学科、400 余个专业、11 000余门课程，数字化资源总量近 40TB。

2. 发挥信息技术优势，创建公共支持服务新模式

奥鹏中心自成立之初就投入大量的精力致力于软件研发。目前有一支近 200 人的研发队伍，在远程教育系统的用户需求、产品研制、系统测试和运营维护等方面具有丰富的实践经验，其百万级用户量、海量资源存储、系统监管维护等方面都是其他单院校远程教育系统所无法企及的。

(1)搭建一站式远程教学管理服务系统。在现代远程教育理念指导下，奥鹏中心建成了集招、教、考、服、管各项功能于一体的大型现代远程教育开放平台，可容纳多院校、多教学项目、多教学模式、多种办学层次，实现对数千家学习中心及数十万学生的管理与

服务。2017 年，在原有自主研发的远程教学管理系统（OES）、继续教育云平台（OPEN2U）、MOOC 中国平台（MOOC2U）基础上，进行智能教育云平台（OCES）开发，满足多结构、多元化的在线教育支持服务，为教师和学生搭建了基于互联网的混合式学习环境。以"开放共享、强交互、重协作"为设计理念的 OCES 平台，为院校提供了完整的教学教务管理系统。该系统有 30 多个模块，覆盖了教学管理服务全部业务流程，有效支撑多类型、多结构、多用户的系统应用需求，有效地促进了教育信息化与教育教学的深度融合。随着时代的发展和科技的进步，OCES 在技术创新方面正在进行积极的探索与应用，将实施人脸识别、图像识别、文字识别、语音识别、语言处理、自然语言、知识图谱等多项 AI 技术的集成，研发并推出智能图片处理、论文查重、智能助教等多项智能化应用，为在线教育的教学效果、管理规范、服务效率提供更好的支持与辅助。

（2）形成多渠道、多媒体、智能化、自助化的全天候服务模式。奥鹏中心为学生提供了电话、短信、邮箱、论坛、微信、在线客服等多个服务渠道，形成了多渠道、多媒体的立体化服务体系，并探索深化智能机器人服务，推进智能化、自助化服务模式，持续提升服务能力与服务效率，优化学生服务体验。一是建设了远程接待系统。提供 7×24 小时全国统一客户服务热线：400-810-6736。远程接待服务能力达到万级座席规模，搭建了业内最先进的 VOIP 通信系统及多媒体呼叫中心，并与高校的服务体系实现有机联结。远程接待系统在改善服务质量、提高顾客满意度、降低提供优质服务的成本等方面取得了显著的成效，于 2009 年、2013 年两次获得业内唯一的"中国（亚太）最佳呼叫中心"大奖。二是打造移动服务体系，提升学习体验。随着移动技术的发展和移动设备的普及，网络教育的用户需求和学习行为也在逐渐发生改变。奥鹏中心一直致力于优化学生服务，为提高学生的学习价值，研发并成功上线多款移动产品，为学生提供移动学习和支持服务。如"微学吧"是基于微信开发的移动学习平台，与 PC 端学习平台数据互通，为学生提供移动学习、信息查询、关键任务与活动提醒、移动咨询与交流互动等服务，截至 2017 年底，已有 53 万学生通过微学吧进行学习或获取服务。奥鹏中心还在一站式远程教学服务系统的基础上增加了移动座席服务，借助微信平台为学生提供移动支持服务，持续完善服务功能，同时以微信期刊、线上与地面活动相结合等多种形式开展与学生的交流互动。目前微信服务已经成为奥鹏中心重要的学生服务渠道。三是探索智能服务和自助服务模式，提供智能机器人客服服务，研发覆盖 PC 端和移动端的学生自主学习和自助服务功能，提升服务效率和服务效果。自助服务的快速便捷特性获得了学生的广泛欢迎，截至 2017 年底，自助服务的占比已经超过了人工服务，占总咨询服务量的 60% 以上。

（3）深化技术应用，探索大数据运营服务实践创新。通过已有数据基础进行深度分析，能够客观、量化地评估教学质量，并为教学质量的优化提供坚实的决策依据，为系统化的教育治理提供支持。奥鹏中心集中优势技术力量，成立了大数据实验室，建设了大数据平台，积极探索远程教育领域的学习分析与大数据应用，从经验主义尝试转变为以客户需求为导向的大数据支撑的运营模式，通过对用户过程行为数据的收集与分析，提升对学生、学习中心、高校的服务质量。一是开展学生学习数据分析模型研究，通过实时展示学生学习动态和多维度对比分析，构建中国网络教育学生画像；同时研发了单院校、省运营中心和终端学习中心数据端口，直观呈现学生的学习状态，实时查看学生动态，多维度（如时间、区域、课程资源、批次、层次、专业等）提供对比效果，为高校、运营中心、学习中心开展相关业务提供数据支撑和业务决策依据。二是应用先进的数据分析可视化工具，逐步完善数据报表体系，加强了考试身份验证、在线学习与作业完成等方面的分析，支撑公司质量战略；建立了学生学习积极度评价模型，按照学生的学习积极性程度提供个性化的支持服务，提高了学生从被动学习向主动学习的转化率；优化了日报/月报体系和自主分析平台，更好地支撑具体工作的开展。目前大数据分析服务已经逐渐开始为学历继续教育以外的业务提供支撑。

3. 创新考试服务模式，保障考试服务质量

奥鹏中心完成了所有学习中心的学习和考试环境的标准化建设，包括教育部网络教育统考考点，采用政府监管与体系自检、现场考试与远程监控相结合的方式，实现立体化质量动态监控，建设了学习测评信息系统，在题库建设、大规模网上机考、网上阅卷、数据安全等方面创新考试组织管理与技术服务模式，确保考试流程的规范和服务质量的稳定，保障考试的公平、公正及数据安全。

(1) 强化考试服务与组织管理。严把考试质量关，明确规章制度与规范要求，不断完善考试组织管理体系，强化信息化过程监管与支持，确保考试安全。一是完善规章制度，规范考试组织。探索符合远程学历教育考试特点的业务规范，并不断优化考试服务流程，建立了一整套规章、制度，确保了远程学历课程考试安全、规范运营。二是组建"考点考务领导小组"，为考试的顺利实施提供组织保障，引导、提升学习中心领导对考试的重视程度，让学习中心老师快速明确自身工作职责，从而更好地保障考试的顺利进行。三是上线并实施考生"身份证阅读器"身份认证系统。目前，体系内所有学习中心已实现身份证阅读器全覆盖，为确保考试的公平公正提供了有力技术保障。为保障学习中心在身份证刷卡过程操作的规范性，在管理制度中新增了对考生二代身份证阅读器电子签到和网络视频监控等违纪行为的认定和处理规定，严格核查身份证电子验证过程。四是严肃考风考纪管理。为确保各项考试的顺利组织与实施，制定

了各项考务管理办法及规定。根据相关管理办法及规定，做好考前宣传、考中监管、考后核查工作，强化考点考试安全意识。提出考试九律，要求学习中心严格按照要求组织考试，严禁擅自组考、点外设点、提前拆卷、擅自变更考试时间或地点、各种形式替考、逃避考前验证、使用无效证件、携带相关资料、使用电子设备。五是加强考前培训，强化考试巡考力度。对学习中心工作人员开展考前培训，确保其了解考试安排和组织工作要求。同时，与高校合作强化考试过程监管，通过安排巡考人员，实地检查学习中心考试组织实施工作，监督学习中心按照考试要求实施细则及考试管理办法，认真规范地完成考试组织工作。

（2）为统考和其他社会化考试服务。教育部于 2004 年决定对试点高校网络教育学生的部分基础课实行全国统考，奥鹏中心承担了试点高校网络教育部分公共基础课统一考试、网络课程考试考务工作。在教育部、全国高校网络教育考试委员会办公室以及中央电大考试中心的领导下，于 2005 年开始局部试点，2006 年开始在全国范围内普遍推开，每年实施 3 次正式考试。奥鹏中心还将考试服务系统推广至其他社会化考试中，如为国资委班组长岗位能力资格考试提供专项服务。在考试服务方面，每年组织 600 万课次以上的课程考试服务，每年提供平均约 200 万课次的统考服务，及每年近 30 万人次的社会化认证的考试服务，累计服务逾千万人次。

4. 依托国家项目与课题，探索多元化服务模式

通过教育部"数字化学习港与终身学习社会的建设与示范""数字化学习示范中心建设"以及科技部"数字教育公共服务示范工程"等项目、课题和工程的联动，奥鹏中心在完成国家有关课题的同时，建设了 100 个奥鹏示范学习中心，带动了其他学习中心的建设，提升了公共服务体系总体服务质量和发展水平。公共服务体系的服务对象由高等学历教育的求学者拓展到有不同学习需求的各类社会人

群，服务范围深入到更加广泛的社区、乡镇、企业等广大学习者身边，服务内容涵盖了学历与非学历继续教育的各个领域。

此外，奥鹏中心还承担、参与了科技部"学习资源数字出版关键技术与应用示范""教师信息技术能力与职后培训应用示范"、国家发展改革委"支持 IPv6 的移动学习终端研发及产业化"、工信部"国产基础软件在数字教育领域的适配研究及重大应用示范"等国家项目，以及北京市经济信息化委"远程教育学习云"、市发展改革委"继续教育平台"、市科委"面向海外的中国文化展示传播服务平台研发及应用"等北京市重大项目。目前，奥鹏中心正在开展国家发展改革委大数据重大专项"互联网教育公共服务大数据重大创新示范应用"，建设教育大数据公共服务平台，研发应用教育大数据技术，为学习者提供精准化、个性化的教学服务；发挥奥鹏中心公共服务领域优势，汇聚、开放、共享更多的优质教育资源，提供更好的教学服务；为政府、各类教育机构、企业、教师、个人学习者等提供基于教育大数据的管理、质量考核与评价、教学效果跟踪、诊断与指导等个性化服务，为政府决策提供参考，提升教育服务与管理质量。

5. 适应全民终身学习，开拓公共支持服务新领域

(1)拓展服务范围，开展继续教育信息化建设与教师教育。继续教育信息化的必要性已经得到广泛认可，很多学校正面临着试点院校十几年前同样的问题。公共服务体系参与继续教育信息化改造，能够迁移网络教育服务的成熟经验，避免重复建设与资源浪费，为规范继续教育信息化过程中的管理、提高校外学习中心服务质量、促进办学单位集中精力做好教学改革提供保障。2015 年 1 月，国内 37 所网络教育试点高校和奥鹏中心共同发起成立了"MOOC 中国"联盟。截至 2017 年底，加盟单位已达 131 家。联盟致力于推动信息技术与教育的有机融合，打造满足多种教育类型、支持教学与管理全流程、可按需定制、可共享互通的互联网＋教育公共服务平台，面

向行业化、区域化、国际化的社会发展需求，积极探索、创建与之相适配的人才培养方向，做政府想做、社会需要做、单个高校无法做的事情。联盟开放平台的建设为大批高校的信息化建设提供开放接口和样板工程，避免了不必要的重复建设与资源浪费，能够充分发挥众多合作伙伴以及品牌的优势，通过整合现有资源，开发名师、名校优质资源，实现成员机构之间的共建共享。奥鹏中心教师教育业务自开展以来发展迅速，目前教师教育资源总量已超过 15TB，课程数量达 5 000 门以上，年培训人次 100 万以上，年培训教师项目涉及全国近 30 个省、自治区、直辖市，在教育部开展的培训效果匿名评估中名列前茅。奥鹏中心教师教育逐步凸显了在移动学习、混合式培训、基于实践的学习、培训自主选学、研究性学习等方面的特色优势，进一步推进以学习者需求为导向的教师教育互联网学习；以"口袋中的教师研修社区"为研发应用理念，开发"同学"APP（远程培训学习管理工具）、"师训宝"APP（混合式培训学习管理工具）、"教师秘书"APP（服务于一线教师日常校本研修的移动应用工具），实现了 PC 端、手机端、Pad 端学习进度同步更新，成为业内首家一站式全流程完全支持教师移动端学习的培训机构，为广大中小学教师提供了便捷、灵活的移动应用服务支持。

（2）适配区域发展需要，积极探索区域服务模式。数字化学习港和数字化学习示范中心的建设，有效地推动了北京、辽宁等区域性公共服务体系和终身学习服务平台的建设。天津电大、沈阳电大、长春电大、大连电大都在当地政府主管部门主持下，积极建设为学习型城市服务的区域性公共服务体系。奥鹏中心在方案设计、平台建设、技术支持和协调管理等方面积极帮助这些区域性公共服务体系发展，并利用与高校合作的优势为地方提供短缺的教育资源，同时帮助地方的优质资源在全国范围推广应用，做到优势互补、共同发展。奥鹏中心还主动服务区域继续教育发展需要，根据区域特色提供个性化解决方案。2015 年，在北京市教委指导下，特别针对北京地区高校需求专门设立了"奥鹏教育公共服务体系支持北京高校继续教育综合平台建设项目"，实施了对北京市属普通高校继续教育信息化建设、数字化课程资源设计的扶持试点，与 15 所市属院校达成合作，定制开发特色 MOOC 课程 34 门。项目实践过程得到了北京市教育主管部门的指导，得到了北京地区高校的大力支持与配合，在促进北京地区高校继续教育信息化建设的互融互通、解决优质资源快速积累与共享、探索混合式教学模式等方面都取得了较好的成果，得到北京市教委的高度认可。项目产生了积极的社会影响与示范效应，奥鹏中心于 2016 年与辽宁省 22 所高校达成合作；与山东高校在线继续教育联盟共享联盟资源，面向当地市场开展针对性服务；与陕西 MOOC 联盟实现信息共享与对接。这些项目的推进为奥鹏中心在服务地方教育需求、建设区域公共服务体系模式探索方面积累了宝贵的经验。

（二）知金教育

知金教育咨询有限公司成立于 2006 年。作为教育部批准的现代远程教育公共服务体系试点运营机构，知金教育与北京大学、北京理工大学、北京外国语大学、武汉大学、山东大学、南开大学、四川大学、西安交通大学、西南大学等全国 20 余所"985""211"重点院校建立了长期稳定的合作关系，为合作高校提供招生、教学教务、学生管理等一站式支持与服务。知金教育业务目前已覆盖北京、上海、山东、广东等 20 多个省份，共建立 30 多个数字化学习中心，累计服务学生达几十万人。自成立以来，知金教育始终以"传知识、授技能、明德理"为使命，坚持技术创新与理念创新并举、学历教育与职业教育互融、线上学习与线下学习互补、国内教育与国际教育并行，为政府、高校、行业、企业及个人提供一系列教育培训、项目研发、定制化课程等教育服务方案。

1. 持续提升助学支持服务水平

知金教育对助学工作非常重视，要求各学习中心把办学院校的规章、制度和要求作为中心助学的基本准则。为保证学生准时入学、准时注册、准时选课，各学习中心的导学工作细致严密。学前以实施招生过程导学、结合开学典礼导学以及通过发放学生手册、学习包，介绍学校及专业特色、教学管理规定、教学计划等帮助学生了解远程学习的特点和方法，熟悉整个教学环节和实施过程以及如何使用平台获取学校的教学管理信息和开展学习。学习过程中将辅导老师与班主任有效结合起来，有关学生选课指导、作业安排、学习进度由班主任给学生提供支持和指导，辅导老师在考前给学生提供面授辅导和答疑，有效建立了完善的助学服务体系。

2. 通过多种评价体系完善质量监管

2017 年，知金教育在原有的评价体系的基础上，进一步建立完善了 ISO 质量评估体系、内部审核及专项检查相结合的评估体系、满意度评价体系、学生回访工作体系。通过多种常态评价体系互通评价，进一步地规范了知金教育的办学服务行为。

3. 信息化建设提升服务能力和水平

2017 年，知金教育在信息化方面初步取得了阶段性的成果。如在系统平台建设方面，知金教育结合自身实际，大力推进集网络管理、支持服务等功能于一体的继续教育信息化平台建设，包括学历服务平台、微学历平台、知金学吧支持服务平台。在资源信息化方面，在原有成教信息化资源、中小企业资源建设共享的基础上，积极整合优化平台和资源，开展了多种教育模式的探索，形成了成教信息化项目、中小企业现代远程与继续教育公共服务、移动互联实训平台等项目，这些都很好地顺应了"互联网＋"时代的发展潮流。

（三）弘成教育

弘成教育 2007 年获批开展现代远程教育公共服务体系建设试点

项目，迄今已有 10 余年之久。通过不断实践和研究，弘成教育总结了丰富的公共服务体系的运营管理经验，构建了一套标准化的运营管理模式，为合作高校提供了一个覆盖全国重点区域的公共服务平台和体系。随着校外学习中心（点）审批权的放开，弘成教育不断打破原有服务区域限制，进行了全国性的业务拓展。截至 2017 年底，弘成教育公共服务体系累计建设 130 余个数字化学习中心，与 20 多所高校开展了合作，招生专业 210 余个，服务学员超过 22 万人。

1. 强化学习中心标准化建设

弘成教育公共服务体系注重对各地学习中心的标准化建设与管理，开发了"公共服务体系业务管理系统"，用于业务数据的采集、跟进、统计和分析，并基于该系统组织实施关键业务流程，实现内部业务的规范管理。该系统完成了与多家网络教育学院学生基本信息和学籍信息的数据同步，与呼叫系统的学生信息的数据同步，与第三方支付系统的联机对账，支持通过移动终端录入学生信息，扩展数据来源，提高数据准确性，确保数据完整性、统一性、及时性。

此外，通过总结远程教育服务实践经验，弘成教育形成了专业的系列指导手册，并通过专职培训部门，进行全面细致的培训，包括岗前基本素质、行业认知、服务规范、技术管理工具应用、学生学习过程体验、不同院校的招考政策等，使每名教师都达到远程教育从业人员的必要标准，为持之以恒给学员提供良好的服务奠定坚实的基础。

2. 共建共享课程资源，助力教育公平

近年来，弘成教育一直致力于整合并建设各种优质教育资源，并联合中国人民大学、江南大学等 11 所"985""211"高校组建课程资源联盟，将2 300多门授权课程聚集于网络平台，供其他院校共享。这些课程内容涵盖文、理、工、医、法、教育、管理、经济、艺术等多个学科，其中国家级精品课程超过百门。武汉科技大学、渤海大学、山西大学等 19 所高校也纷纷加入资源联盟，长期从平台上引进资源，开展线上教学。

2017 年，弘成教育还聘请顶级名师助力高校打造思政、双创等专业课程体系。严格依据教材，充分运用教学特色，精心提炼知识框架；多元教学活动，多样互动手段，让课堂生动活泼。同时，采用"实践＋翻转课堂"教学策略，将理论热点和学习疑点作为教学重点，运用小组展示、课堂讨论、主题演讲等多样化教学形式提升学生学习兴趣，培养学生素质和主动学习意识。

3. 加快技术研发，提供专业服务

2017 年，弘成教育成教信息化综合解决方案实现优化升级，由软件平台、运维服务、课程资源、招生服务四部分组成。不仅可以进行线上线下混合式教学管理，学习体验也更加多元交互。既能按照课程目录顺序学习，也能够按照学习活动快速完成学习任务；学习过程中还可随时与师生进行讨论，记录学习笔记。同时，新增了课程设计和教学活动辅导等功能，大大减轻了教师的辅导工作量。

2017 年，弘成教育易考通在线测试系统实现了计算机自动选题、灵活组卷、智能阅卷、自动核分等功能，使教师从传统的线下考试的繁重工作中解脱出来，使考试更加标准化，更能客观、真实、全面地反映教学的实际效果，有利于促进教学质量的提高，大幅降低考试成本。该系统可同步承载 10 万余考生的在线考试业务。据统计，弘成教育易考通在线测试系统累计服务 80 余所院校，每学年完成数百万人次作业考试。

第三章
中国广播电视大学与
开放大学

通常所说的广播电视大学，指由中央广播电视大学和省、自治区、直辖市(计划单列市)广播电视大学(通称省级广播电视大学)及其分校(工作站)组成的远程教育办学和教学系统。广播电视大学和我国的改革开放同时起步，40 年来，"广播电视大学系统在创新中开拓前进，走过了不平凡的历程，成为高等教育的重要力量，提升国民素质的重要渠道和学习型社会建设的重要生力军，为人的全面发展和国家现代化建设做出了重要的贡献。广播电视大学建成了覆盖城乡的远程教育办学系统；形成了社会各界广泛参与的开放办学模式；培养了各行各业大批应用型的专门人才；发挥了缩小教育差距、促进教育公平的重要作用"，"广播电视大学的实践，探索了在区域差别大、发展不平衡的条件下实施远程教育的可行做法，探索了现代信息技术与教育资源紧密结合的有效途径，初步形成了中国特色的远程教育办学体系"。[①] 根据《国家中长期教育改革和发展规划纲要(2010—2020 年)》提出的"办好开放大学"的要求，广播电视大学正以"探索开放大学建设模式试点"为契机，全力推进广播电视大学系

①　刘延东：《努力办好中国特色开放大学》，转引自《适应新要求 承担新使命 努力办好中国特色开放大学》，载《中国远程教育》，2012(8)。

统转型发展，争取到 2020 年初步建成中国特色开放大学体系。

第一节　广播电视大学的成立

一、广播电视大学的创办过程

创办利用现代化教学手段面向全国开展远程开放教育的广播电视大学，是邓小平于 20 世纪 70 年代末在领导科技战线和教育战线的拨乱反正期间，恢复高考制度后亲自做出的一个发展我国教育事业的重要决策。广播电视大学是在中国走向改革开放的历史转折进程中应运而生的，改革开放的总设计师邓小平开启了开放大学在中国的发展进程。

1977 年 7 月 21 日，在中国共产党第十届三中全会上，邓小平恢复中共中央副主席、国务院第一副总理等领导职务。他自告奋勇分管科技和教育工作得到中共中央同意，开始在科技战线和教育战线拨乱反正。8 月 4—8 日，邓小平主持召开有 33 位专家和教授参加的科学和教育工作座谈会，并于 8 日做了《关于科学和教育工作的几点意见》的讲话。在谈到教育制度问题时，他指出："教育还是要两条腿走路。就高等教育来说，大专院校是一条腿，各种半工半读的和业余的大学是一条腿，两条腿走路。"①根据邓小平关于改革高等学校招生制度的指示精神，"文化大革命"期间中断的高考制度得到恢复。

1977 年 10 月 12 日，国务院批转教育部《关于 1977 年高等学校招生工作的意见》。仅仅一周之后的 10 月 19 日，邓小平在会见来华访问的英国前首相爱德华·希思时，谈到中国恢复教育的艰难和人才短缺的严重问题。希思介绍了英国利用电视等现代化手段办开放

---

①　《邓小平文选》第 2 卷，54 页，北京，人民出版社，1994。

大学的情况，告诉邓小平英国开放大学有 20 多万名学生。邓小平当即表示，我们要利用电视手段来加快发展我国的教育事业。10 月下旬，根据邓小平的有关指示精神，在国务院副总理方毅的直接督促下，教育部、中央广播事业局会同国家计委、国家经委、邮电部、四机部、商业部、全国科协等部门，就开办电视教育、筹办电视大学问题交换了意见，并成立了电视教育领导小组。12 月 19 日，教育部、中央广播事业局联合举办的英语、数学、电子技术基础电视教育讲座在北京电视台（1978 年 5 月 1 日更名为中央电视台）面向全国开播。这些电视教育讲座带有明显的试验性质，同时又是筹办广播电视大学论证工作的组成部分。

1978 年 2 月 3 日，教育部、中央广播事业局向邓小平、方毅送交《关于筹办电视大学的请示报告》。该报告认为，办好电视教育是多快好省发展教育事业，满足群众学习要求，培养和造就大批又红又专的人才，加速实现四个现代化的一项重要措施，要尽快上马。在开办电视教育讲座的基础上，尽快筹办电视大学，已是势在必行。同时指出，办好一所面向全国的广播电视大学，需要调动各方面的力量，充分发挥中央和地方两个积极性，统筹规划、全面安排、合理分工、搞好协作。与该报告一并提交的还有《关于开办电视大学的初步设想》等附件。2 月 6 日，刚刚结束对缅甸、尼泊尔两国的访问，当天下午才乘专机回到北京的邓小平审阅了报告，并亲笔批示"同意"。

作为科技战线和教育战线拨乱反正的重要成果，全国科学大会和全国教育工作会议先后于 1978 年 3 月和 4 月举行。1978 年春因此被称为"科学的春天""教育的春天"，广播电视大学正是这个春天孕育的新生事物。方毅在全国科学大会上的报告中强调，科学技术人才的培养，基础在教育。他首次公开提出，"要积极举办电视大学"。4 月 22 日，邓小平在全国教育工作会议上的讲话中谈到教育事业必须同国民经济发展的要求相适应时说："我们不但要看到近期的需要，而且必须预见到远期的需要；不但要依据生产建设发展的要求，而且必须充分估计到现代科学技术的发展趋势。"他指出，"要研究发展什么样的高等学校"，并特别强调"要制订加速发展电视、广播等现代化教育手段的措施，这是多快好省发展教育事业的重要途径，必须引起充分的重视"。① 这是邓小平提出的发展中国教育事业的重要方针，明确了发展中国教育事业的战略指导思想，也为广播电视大学筹办工作指明了方向。

有必要了解的背景情况是，邓小平曾于 1978 年 4 月 8 日将英国前首相希思 3 月 19 日给他的来信批转方毅和教育部部长刘西尧："请你们考虑，是否需要请希思帮助做点什么？我需要对他有个答复。"希思此信是专为向邓小平进一步介绍英国开放大学，并表示"十分乐于在这件事上提供任何帮助"。随信寄来的英国开放大学简介，指出"联合王国开放大学已被称作是英国教育在本世纪中最重要的创举"。教育部党组于 4 月 18 日专为此事向邓小平递交了报告，认为英国开放大学"在教学组织和管理方面的一些做法是可以借鉴的，现代化教学手段是应当引进的"。刘西尧在全国教育工作会议上的报告中，更加具体地阐述了最高领导层的意图："大力发展电视、广播、函授、夜校等业余学校，在厂矿企业、财贸部门、研究设计机构和农村积极发展业余教育，使大量的在职干部、工农兵群众和上山下乡知识青年，通过这些途径达到中专或大学水平。""要大抓电视教育，已经办起来的讲座，要听取意见，总结经验，加以改进，同时积极筹办电视大学。"② 作为落实全国教育工作会议精神的重要任务，广播电视大学筹办工作迅速取得进展。教育部和中央广播事业局联合召开全国广播电视大学筹备工作会议，并正式通知全国积极筹备成立广播电视大学。

---

① 《邓小平文选》第 2 卷，108 页，北京，人民出版社，1994。
② 刘西尧：《在全国教育工作会议上的报告(摘要)》，载《人民教育》，1978(6)。

1978 年 11 月 26 日至 12 月 3 日，教育部、中央广播事业局在北京召开全国广播电视大学工作会议。方毅在讲话中指出，要用现代化的手段来提高整个中华民族的科学文化水平，这个现代化的手段最好就是电视大学，比如英国的开放大学。他强调，电视大学在提高整个中华民族科学文化水平中会起很大的作用，很可能会超过正规大学。电视大学肯定有很强大的生命力，大家一定要支持这个新生事物。与会代表一致表示，一定要抓紧时间，在中央各部门以及各省、自治区、直辖市的大力支持下，做好筹办工作，争取把广播电视大学尽早办起来。1978 年 12 月 20 日，教育部和中央广播事业局联合印发《关于抓紧做好中央广播电视大学开学准备工作的通知》，同时印发了《中央广播电视大学试行方案》。

1978 年 12 月 18—22 日，中国共产党十一届三中全会在北京举行。全党工作的着重点开始转移到社会主义现代化建设上来，中国由此进入改革开放和社会主义现代化建设的历史新时期。全会结束仅仅 20 天后，也就是 1979 年 1 月 11 日，国务院批转教育部、中央广播事业局《关于全国广播电视大学工作会议的报告》，并在通知中指出："举办广播电视大学，是我国高等教育事业发展中的新事物，对于扩大高等教育的规模，提高广大群众的科学文化水平，加速培养大量又红又专的人才，将会起重大作用。"国务院要求各省、自治区、直辖市革命委员会和国务院各部委、各直属机构"大力支持广播电视大学的筹办工作，切实解决工作中的问题，注意总结经验，努力把广播电视大学办好"。《关于全国广播电视大学工作会议的报告》指出：广播电视大学的特点是采用现代化的教学手段，进行远距离教学。我们国家地广人多，师资缺乏，要求学习的人数众多，利用广播电视进行教学，有着广阔的前景。随着我国电子技术的发展，电视播放条件将会逐步完善。在发射直播电视卫星之后，覆盖面将遍及城乡各地，可以开设专用的教育电视频道，广播电视大学开设的课程和播出的时间都可以大大增多，更便于不同学习要求的群众参加学习，它的作用也必将越来越大。

1979 年 2 月 6 日，中央广播电视大学和 28 所省、自治区、直辖市广播电视大学同时开学，中央电视台向全国实况转播开学典礼。国务院副总理王任重在讲话中说，举办广播电视大学是提高广大群众的科学文化水平，扩大高等教育事业规模，加速培养各种专业人才的一个好办法，也是把现代化手段引进教育领域的一项措施。他希望各地、各部门和各有关方面共同努力把它办好，大家都来做办好广播电视大学的促进派。2 月 8 日，中央广播电视大学通过中央电视台正式播出电视课程，数学家华罗庚主讲第一堂课"高等数学绪论"。

二、教育发展史上具有中国特色的伟大创造

创办广播电视大学，是在中国发生历史性转折的进程中，党和国家最高领导层为发展我国教育事业而做出的重要决策。随着持续 10 年的"文化大革命"结束，特别是作为拨乱反正突破口的高考制度恢复，人民群众学习科学文化知识的热情如井喷般迸发出来，但在"文化大革命"中遭受重创的高等教育尚未恢复元气，不可能完全满足人民群众接受高等教育的需求，面临巨大压力的高等教育必须尽快找到有效缓解这个矛盾的路径。而在党和国家最高领导层看来，着眼于社会主义现代化建设全局，必须尽快扩大高等教育规模，培养更多专门人才，但基于"穷国办大教育"的基本国情，应该探索多快好省发展高等教育的新路子。同时，中国的独特体制使得广播电视大学能够在很短时间内完成论证和筹办过程。广播电视大学的筹办过程首先是个政治动员的过程，也是作为当时的重要政治任务推进和完成的。而以 1978 年 5 月开始的真理标准大讨论为发端的思想解放运动，以及成为其中重要组成部分的教育问题大讨论，更为广播电视大学的创办注入了强大的推动力。

　　邓小平亲自倡导和批准创办广播电视大学，在中国教育史上揭开了远程教育发展的新篇章，李岚清认为"堪称教育发展史上具有中国特色的伟大创造"。他指出：邓小平同志恢复工作后决定立即恢复高考，大学开始招生。但那时百废待兴，积压多年的许多高中生仍无法进入高校就读，于是决定创办广播电视大学，使具有同等学力的青年，经过电大的学习和参加成人高考，取得大专学历。这在当时为这一大批青年的补课起了重大作用，做出了历史贡献。电大教育的成功实践，为我们提供了一种投资少、见效快、覆盖面广的新的教育模式。① 陈至立指出：发展广播电视教育，是邓小平同志在改革开放初期为了尽快改变"文化大革命"后我国教育事业落后局面，与恢复高考、大量派遣出国留学生同时做出的高瞻远瞩的战略决策。邓小平同志敏锐地意识到利用电视等现代化手段开创新的远程开放教育模式，是扩大高等教育事业规模，多出人才，快出人才，提高全民族科学文化水平的一条捷径。正是在这种背景下，邓小平同志亲自倡导并批准创办了广播电视大学。事实证明，广播电视大学为许多青年提供了接受高等教育的机会，在培养社会急需的专门人才方面做出了历史性贡献。②

　　世界上第一颗实验性通信卫星和商业性通信卫星先后于 1963 年和 1965 年发射成功，而利用通信卫星发展电视教育，在国际上也是 20 世纪 70 年代后期才始现端倪。为了解决广播电视大学的播课手段问题，在当时国家财政状况极为困难的情况下，邓小平决定向国外购买一颗通信卫星。1979 年 5 月 17 日，邓小平在谈到从美国购买先进科技产品发展电化教育时指出，原确定的电化教育方针不变，购

---

　　① 李岚清：《李岚清教育访谈录》，438～439 页，北京，人民教育出版社，2003。

　　② 陈至立：《充分发挥现代远程教育在建设人力资源强国中的重要作用》，见中央广播电视大学校长办公室：《高瞻远瞩的战略决策——广播电视大学备忘录》，2 页，北京，中央广播电视大学出版社，2008。

买的电视设备要以彩色电视为主，要覆盖全国。可以看出邓小平对教育现代化的重视和不惜代价加速教育现代化进程的决断。

创办广播电视大学得到了党中央、国务院领导集体的高度重视和强力支持。方毅受邓小平委派，全程督促和指导了筹建工作。从1978 年底至 1979 年底不到一年的时间内，国务院副总理方毅、王任重、王震分别出席第一次全国广播电视大学工作会议、中央广播电视大学首次开学典礼和第二次全国广播电视大学工作会议并讲话，国务院两次以国发文件批转两次全国广播电视大学工作会议的报告，这在我国高等教育发展历史上是绝无仅有的。1981 年 11 月，国务院批准将促进广播电视大学及短期职业大学发展列为我国第二批世界银行教育贷款计划项目。项目的主要目标是利用贷款增加广播电视大学的录制节目能力，建立一批学习中心，并在一些大城市建设教育电视发射台，以提高广播电视大学教学质量和管理工作水平，同时扩大招生规模。该项目贷款总金额 8 500 万美元，其中中央广播电视大学和 28 所省级广播电视大学贷款项目总计 4 940 万美元。

从广播电视大学创办过程可以看出，党和国家最高领导层关于创办广播电视大学的决策，初衷就是要办中国的开放大学。我国广播电视大学的创办，显然受到 20 世纪 60 年代以来在世界范围兴起的开办开放大学的潮流的影响，尤其从英国开放大学的实践中得到了多方面的启示。同样不能忽视的是，中国早就在这个领域进行了探索。20 世纪 50 年代末至 60 年代初，我国的天津、北京、沈阳、哈尔滨、上海、广州等中心城市曾经开办过广播电视大学。虽然这些城市广播电视大学办学规模不大，在许多方面也有明显的局限，而且其探索过程由于 60 年代中期开始的"文化大革命"而中断了，但它们在远程教育发展史上的地位是不能否认的。创办面向全国的广播电视大学，从"两条腿走路"发展高等教育的方针到学校的管理体制、办学模式、教学方式及教学管理制度等方面，都可以看出其中的渊源关系，包括定名为"广播电视大学"也体现了其历史传承。

《中央广播电视大学试行方案》指出，中央广播电视大学是面向全国的以电视和广播为主要教学手段的高等学校，由教育部、中央广播事业局直接领导。教学方面由教育部负责，演播技术方面由中央广播事业局负责。各省、自治区、直辖市可建立广播电视大学，其方针、任务、办学方案、课程设置、教学计划等，都由各省、自治区、直辖市根据情况自行考虑决定。凡转播中央广播电视大学课程的，与中央广播电视大学建立业务联系，设置相应的工作机构。该文件还对课程设置、教学工作、培养目标、招生和学籍管理、教学班的组织领导等事项做出了具体规定。从该文件可以得出以下几点看法：第一，广播电视大学创办时已体现出开放大学的开放办学和教学现代化两个基本特征，既学习借鉴了英国等国开放大学的经验，又总结继承了部分中心城市广播电视大学当年的一些做法，同时也体现出我国成人高等教育发展的特点，以及高等教育精英化阶段学历补偿教育的特点，在教学思想、课程体系、教学内容等方面较多是从普通高校直接移植过来的，可以说从一开始就存在后来所谓"同化"问题。第二，强调要发挥中央和地方两个积极性，这是基于我国国情的必然选择，为逐步形成统筹规划、分级办学、分级管理的广播电视大学系统，以及面向地方、面向基层、面向农村、面向边远民族地区的办学方向奠定了基础。教学班的设置与管理则体现了将学校办在社会中的思路，不仅方便了学生学习，使学生能够得到所在单位支持，而且依托当时的管理体制及职工培训体系，有效地调动和利用了社会资源。第三，创办时便在政府主导下与普通高校建立了合作关系，并开始形成在全国普通高校及科研院所遴选课程主讲和教材主编的特点。课程通过电视、广播面向全国公开播出，不但使课程和教材质量有了比较可靠的保证，和后来优质教学资源开放和共享的思路也是相通的。辅导教师则由教学班负责聘请兼职教师承担，体现了教师队伍专兼结合的特点。第四，根据"先上马后备鞍"的指导思想，广播电视大学从批准筹办到正式开学只用了一年时间，主要依靠行政力量自上而下强力推动和落实，整合利用教育系统、广播电视系统和全社会资源办学。但广播电视大学作为高等学校的许多基本问题特别是办学条件没有来得及解决，事实上当时也没有可能真正解决。

和我国的广播电视大学一样，英国开放大学的创办首先也是出自政治家的决断。但英国开放大学在提出构想后先是立法，6 年后才通过英国皇家法令正式成立并招生。各国的开放大学多是先由立法机构完成相关立法程序，确定学校的性质、法律地位、管理体制、办学自主权以及经费来源等问题。而在当时的中国，没有可能先行通过立法为广播电视大学提供必要的法律制度保障。广播电视大学主要是以政府"红头文件"为依据，依靠行政力量在很短时间内推向全国并迅速形成较大办学规模。

广播电视大学创办不久便遭逢一场"生存危机"。1979 年 4 月召开的中央工作会议提出对国民经济实行"调整、改革、整顿、提高"的方针，决定用 3 年时间认真搞好调整，同时进行改革、整顿、提高的工作。教育领域也按照这个方针部署进行调整和整顿，刚刚招收一届学生，各方面都还没有成型的广播电视大学，面临收缩以至于下马的危险。1979 年 11 月 29 日，国务院批转教育部、中央广播事业局《关于第二次全国广播电视大学工作会议的报告》，并在通知中指出："广播电视大学开办半年多来的事实证明，它是多快好省地培养人才的一种办学形式。各省、自治区、直辖市应加强对广播电视大学的领导，帮助解决工作中的实际问题。中央各有关部门应积极予以支持，抓紧落实应由本部门解决的问题，扶植广播电视大学苗壮成长。"该文件指出，中央关于举办广播电视大学的决定是十分正确的。在整个国民经济实行"调整、改革、整顿、提高"方针的情

况下，广播电视大学原则上是上而不是下，是进而不是退。正是在
国务院的直接关怀和扶持下，广播电视大学得以度过这次危机，进
入相对比较稳定的迅速发展阶段。

第二节　广播电视大学的发展

一、广播电视大学创办初期的实践探索

1979—1985 年是广播电视大学快速发展的时期。我国刚刚进入
改革开放的新时期，以经济建设为中心迫切需要培养大批专门人才，
而正在恢复发展的普通高校不可能接纳更多学生。数据显示，普通
高校本专科在校生 1978 年仅有 85.6 万人，1985 年也才达到 170.3
万人。刚刚创办的广播电视大学受到特别的重视和普遍的欢迎，办
学规模持续扩大，并在开放办学和教学现代化等方面进行了探索。

1983 年 3 月 2 日，邓小平在视察江苏、浙江、上海等地回北京
后同中央几位负责人谈话时指出："智力开发是很重要的。我说的是
包括职工教育在内的智力开发，要更好地注意这个问题。大专院校
要发展，近期不说发展一倍，也可发展半倍。现在我们是有这个能
力的。"①4 月 28 日，国务院批转了教育部和国家计委《关于加速发展
高等教育的报告》。该文件提出的发展计划分为两个部分：全日制高
校招生数由 1982 年的 31.5 万人增加到 1987 年的 55 万人，1987 年
在校生数达到 176 万人，比 1982 年增长 53%；采用其他形式举办的
高等教育，如广播电视大学、函授大学、夜大学等，招生数由 1982
年的 29 万人增加到 1987 年的 110 万人，增长 2.8 倍，在校生数由
1982 年的 64 万人增加到 1987 年的 237 万人。该文件提出的五条措
施之一是"大力发展广播电视大学、函授大学、夜大学，扩大招生规

---

① 《邓小平文选》第 3 卷，26 页，北京，人民出版社，1993。

模，加强国家急需的专业。百万人口以上的大城市，要逐步成立教育电视台，增加财经、政法和应用文科等科类的专业"。

1979—1985 年，广播电视大学招生数呈逐年上升趋势，不但在较短时间内扩大了高等教育规模，而且有效改善了其层次结构和地理布局。除 1981 年未招生外，6 年共招收正式生约 149 万人（其中全科生 107.7 万人，单科生 41.5 万人），自学视听生约 35 万人。1979 年和 1980 年，中央广播电视大学只开设了高等专科机械类、电子类和数学、物理专业；1982 年增设汉语言文学专业；1983 年增设经济类工业企业管理、工业会计、商业企业管理、商业会计、财政、金融、工业统计、物资经济管理等 8 个专业，这些专业当年招收全科生 23 万余人，单科生 18.7 万人，相当于新中国成立以来普通高校同类专业招生总数的 1.7 倍；1984 年增设土木建筑工程类、化学（含轻工）工程类，管理工程、化学专业和党政管理干部基础专修科；1985 年增设新闻学、图书馆学、档案学、法学等专业。这些增设专业多与政府部门、行业合作开设。地方广播电视大学除开设统设专业外，还自开了 60 多个专业。全国广播电视大学教职工由 1979 年的 0.92 万人增至 1985 年的 2.48 万人，其中专任教师由 0.39 万人增至 1.12 万人，另有兼职教师约 1.5 万人。

广播电视大学对开放办学和教学现代化进行了探索。除教学对象的开放外，在教学资源、教学组织、教学管理的开放等方面也进行了新的尝试。中央广播电视大学从全国普通高校及科研院所遴选优秀师资担任课程主讲教师和教材主编，不但使得广播电视大学适应社会教育需求适时推出新的专业和课程成为可能，而且全部课程通过中央电视台及地方电视台、广播电台公开播放，收看收听课程的不仅有广播电视大学正式生和自学视听生，还有普通高校学生和大批不以取得学历为目的的社会学习者。统筹规划、分级办学、分级管理的广播电视大学系统基本成型，并通过这个系统将办学网络延伸至基层、边远和民族地区，一些地方广播电视大学还进行了面向农村办学的探索。截至 1986 年 9 月，已建立了 35 所省级广播电视大学，540 个地(市)级分校，1 400 多个县级工作站，有 3 万多个基层教学班。此外，初步形成了与政府部门、行业合作办学的机制，整合利用各种社会教育资源促进事业发展，增强了广播电视大学对于社会教育需求的适应性，为行业系统培养了大批急需的专门人才。

广播电视大学自行组织入学考试，招收的正式生包括全科生和单科生，根据学习时间安排又可分为全脱产、半脱产和不脱产，后期以不脱产及半脱产为主。最能体现开放办学特点的则是自学视听生(最初称为自学收看生)。所谓自学视听生，是相对于经统一入学考试录取的正式生而言的。各地广播电视大学在教学组织和学籍管理等方面的具体做法不尽相同，基本特征是未通过统一入学考试，自行收看收听电大课程(有组班学习和分散学习两种情况)，考试成绩合格者可获相应学分及单科结业证书，修满规定学分者可获毕业证书。《中央广播电视大学试行方案》在"招生和学籍管理"条款中就提出了"自由收看者"的概念，并规定："自由收看者，学完单科或学完规定的课程，学满规定的学分，经向所在地区的广播电视大学指定的机构申请批准，到指定的教学班参加考试，成绩合格者，发给单科结业证书或毕业证书。"1985 年前，全国广播电视大学通过自学视听生形式培养了 5 万多名全科毕业生，31 万多名单科和多科结业生。据全国广播电视大学毕业生首次追踪调查，在前三届(82 届、83 届、85 届)毕业生中，自学视听生占 11.5％(其中组班学习者 9.1％，分散学习者 2.4％)。追踪调查小组后来送呈国家教委的情况汇报中还指出："大量的客观数据告诉我们，电大招收自学视听生是能够保证质量的。"

1983 年 7 月 16 日，教育部、劳动人事部印发通知，对广播电视大学学历及毕业生的使用和工资待遇等问题做了规定：各省、自治

区、直辖市广播电视大学学员，学完中央广播电视大学按照教育部
批准的教学计划开设的课程，经过合乎规定的考试，成绩合格，取
满规定学分，在学期间的思想品德和身体状况经办学单位按照学籍
管理办法鉴定合格，获得毕业证书者，承认其高等学校专科（或本
科）毕业学历。1985 年 3 月 20 日，教育部就广播电视大学学历问题
致函中华人民共和国驻美国大使馆，明确指出：我国的广播电视大
学是教育部的重点大学之一，规格为大学专科。许多在国外留学的
电大学生的学习实践证明，我国的广播电视大学的教学质量具有较
高水平。各省、自治区、直辖市广播电视大学是报教育部备案，经
政府批准成立的，他们颁发的毕业证明均有效，国家承认其毕业生
的学历。此函成为许多国家承认我国广播电视大学学历的主要依据。

　　广播电视大学创办初期的发展势头至 1986 年戛然而止。改革开
放以来，我国普通高等教育逐渐恢复，招生规模持续增长，多种形
式的成人高等教育也有很大发展，特别是高等教育自学考试制度实
施，高等教育承受的压力相对趋缓。国家有关政府部门开始强调成
人高等教育的计划管理，广播电视大学因其体量及不同于传统的成
人高等教育的一些做法而受到特别关注。1984 年 3 月 9 日，教育部、
国家计委印发的《关于加强成人高等、中等专业教育事业计划管理的
暂行规定》即已提出，广播电视大学"招收具有高中毕业文化程度，
学制为二年以上，培养目标相当于高等学校专科和本科毕业水平的
人数"，须纳入国家成人高等教育事业计划的范围。1986 年，国家教
委就广播电视大学招生政策做出三个重要决定：一是广播电视大学
不再可以自行单独组织全国统一招生考试和自行招生，从 1986 年开
始参加各类成人高等学校全国统一招生，并须按隶属关系和有关规
定，将招生计划报经国家教委正式纳入国家成人高等教育招生计划
后方可招生。二是为了加强对广播电视大学的宏观管理，使之切实
纳入国家的国民经济计划与教育计划的轨道，广播电视大学 1986 年

暂停招收自学视听生。三是根据国务院领导指示，从 1986 年开始在广播电视大学举办招收参加普通高等学校统一考试高中毕业生的普通专科班。

很多国家开放大学的发展历程都是充满曲折的，广播电视大学 1986 年的转折性变化有其必然性。有批评者认为主要是广播电视大学的教学质量出了问题。的确，随着办学规模的持续扩大，广播电视大学"先上马后备鞍"导致的问题逐步凸显出来，办学条件的改善和办学能力的提升滞后于扩大规模和保证质量的要求，尤其是 1984 年、1985 年开办的党政管理干部基础专修科引起较多非议。但不能忽视的是，其中可能还涉及成人高等教育中长期存在的"体制性障碍"及"制度性歧视"。开放大学于 20 世纪 70 年代末登陆中国有其特殊的社会历史背景，中国社会及中国教育显然没有真正准备好接纳这种与传统封闭式学校教育迥异的新的高等教育形式，中国教育发展的内部、外部环境都还没有可能为开放大学提供发展空间。中国的特有体制造就了广播电视大学，但当广播电视大学按照开放大学的理念和模式探索发展到一定阶段的时候，却又必然和现行体制特别是教育体制发生难以调和的冲突，可以认为是中国教育必然会出现的"排异反应"。

1986 年还有个重要事件是卫星电视教育频道开播及中国教育电视台成立。当时提出的目的一是解决普及九年制义务教育师资问题，二是扩大广播电视大学办学规模。国务院副总理兼国家教委主任李鹏在谈到其意义时说，电视大学办得不错……但是有一个问题，由于现在电大的课程是安排在白天播出，学员只能脱产学习。这次开通电视教育频道就较好地解决了这个问题。把晚上的时间给电视大学，可以使更多的在职职工和农民能够不脱产学习。卫星电视教育频道开通后，广播电视大学全年电视播课时间由 1 350 学时猛增至 3 898 学时。但广播电视大学此时正由开放走向封闭，并陷入持续多年的发展困境，甚至出现了"电大不电，远教不远"的现象。尽管卫星电视教育后来有了很大发展，但始终未能真正实现初衷。

二、广播电视大学的发展困境

1986—1998 年，通常认为是广播电视大学发展的第二个阶段，又被称为多种探索办学时期。而从探索开放大学发展道路的进程考察，这个阶段可以说是广播电视大学陷入困境和困境突围的时期。以 1992 年邓小平第二次视察南方和党的十四大的召开，以及 1993 年《中国教育改革和发展纲要》发布分界，前期的主线是陷入困境，后期的主线是困境突围。

1985 年 5 月 27 日发布的《中共中央关于教育体制改革的决定》指出："在新技术革命条件下，一系列新的科学技术成果的产生，新的科学技术领域的开辟，以及新的信息传递手段和认识工具的出现，对教育产生了重大的影响，发达国家在这方面的经验尤其值得注意。"并在最后强调："本决定着重解决的是学校教育体制改革的问题。有关干部、职工、农民的成人教育和广播电视教育是我国教育事业极为重要的组成部分，国家教育委员会应就改进和加强这方面工作，做出专门的决定。"1987 年 6 月 23 日，国务院批转国家教委《关于改革和发展成人教育的决定》。该文件提出，"广播电视大学和广播电视中等专业学校覆盖面大，教学手段先进，要发挥开放性的优势，在进一步办好本科、专科、中专等学历教育的同时，积极地为岗位培训、继续教育等提供教学服务"。由于缺乏配套措施的及时跟进，该文件提出的目标及许多政策措施未能真正落实。

1986 年是广播电视大学从开放走向封闭的"拐点"。国家教委在国民经济宏观调控的背景下，出台一系列整顿和调整成人高等教育的措施，其中就广播电视大学招生工作相继做出三个重要决定，对广播电视大学的发展产生了深远的影响。广播电视大学的招生受到严格控制，只能通过全国成人高考和普通高考，按照教育行政部门每年下达的招生计划招收学生，办学规模持续缩小。如 1991 年全国广播电视大学成人高等专科招生计划指标只有 8 万人，考生却达 40 万人，达到录取分数线的有 12 万人，实际录取 8.63 万人。1991 年全国广播电视大学高等专科（包括成人专科和普通专科）在校生 33.48 万人，仅相当于 1985 年在校生 67.36 万人的 49.7%。虽然广播电视大学在多种途径、多种形式办学方面进行了新的探索，包括积极开展各种非学历教育，但难以扭转其发展颓势，不少基层广播电视大学更被生存问题困扰。各种因素迫使广播电视大学向传统学校教育复归。

广播电视大学应对这种变局的思路和措施，可从两次全国广播电视大学校长联席会议见其端倪。1986 年 4 月召开的校长联席会议以提高广播电视大学教育质量为中心，提出要正确处理发展数量和保证质量的关系问题。这次会议是在国家教委决定暂停招收自学视听生的通知发出仅一周后召开的，自学视听生问题自然成为关注焦点。会议认为，自学视听生的成绩是主要的，方向是正确的，主流是健康的，主要问题是一个时期发展过快，超过了办学条件的实际承受能力，出现了不同程度的失控现象。并认为广播电视大学作为开放性大学，特别是卫星教育频道开通后，应该更好地把自学视听生制度贯彻好。1987 年 6 月召开的第二次校长联席会议则以"广播电视大学改革与自我完善"为主题，提出办学指导思想和办学模式要有四个转变，即半封闭式的办学方式向开放式转变，单一大专层次的学历教育向多功能转变，脱产半脱产学习为主向业余学习为主转变，单向职后教育向职前职后教育转变。会议主要讨论了办学和教学改革的办法和措施，就"搞好以教材建设为中心的教学改革"达成了共识。

广播电视大学 1986 年暂停招收自学视听生，并对自学视听生工作进行了整顿，自学视听生由 47 万余人减少至 29 万余人（包括全科和单科）。国家教委决定 1987 年继续停止招收自学视听生，而且从此没有再开"绿灯"。广播电视大学为恢复招收自学视听生进行了多方面的努力，有些地方广播电视大学经当地教育行政部门批准，一度以各种方式招收了少量自学视听生，都受到国家教委的批评和制止。国家教委颁发的《广播电视大学暂行规定》明确规定："广播电视大学举办的学历教育，学员须通过国家规定的入学考试，方能取得学籍。"关于自学视听生的争论后来在广播电视大学系统持续了很长时间。

广播电视大学创办初期，即有部分地方广播电视大学试招了少量应届高中毕业生。1986 年全国广播电视大学普通专科班首届招生3.3 万人，其后直至 2006 年停止招生，除北京、上海等少数广播电视大学外，普通专科班成为各地广播电视大学的重要办学类型。广播电视大学举办普通专科班，在不需要国家增加巨额投资的情况下有效地扩大了高等教育规模，为更多的高中毕业生提供了接受高等教育的机会，有助于缓解高中毕业生升学与就业的矛盾，特别是地方经济建设需要与人才缺乏的矛盾，而且由于广播电视大学具有较强的适应性和社会性，重点面向中小企业和县以下基层单位，培养地方急需的应用型专门人才，教学质量也比较可靠，因此受到了社会各方面的欢迎。举办普通专科班对广播电视大学的发展所起的作用是比较复杂的：一方面确实拓展了广播电视大学的办学功能，促进了广播电视大学作为高等学校的自身建设。在成人高等教育招生计划连年锐减，办学规模急剧收缩的情况下，一定程度上减缓了广播电视大学教育投资效益日渐跌落的趋势，并为一些濒临困境的基层广播电视大学提供了"生存空间"。另一方面，举办普通专科班也加剧了广播电视大学被普通高校"同化"的趋势，进一步削弱了广播电视大学的开放办学和教学现代化特色。

1988 年 5 月，已启动多年的《广播电视大学设置条例》拟制工作完成，最终出台的是国家教委 1988 年 5 月 16 日颁布的《广播电视大学暂行规定》。该文件指出，广播电视大学是采用广播、电视、印刷和视听教材等媒体进行远距离教学的开放性高等学校，是在教学上实行统筹规划、分级办学、分级管理的远距离教育系统。广播电视大学的主要任务是：举办以高等专科为主的学历教育，同时，为高等教育自学考试及社会各界的职业技术教育、岗位培训、专业培训、继续教育提供教学服务。该文件作为广播电视大学第一部也是唯一的一部政府部门规章，在《中华人民共和国教育法》和《中华人民共和国高等教育法》尚未出台的情况下，成为广播电视大学教育的最高规范性文件，对广播电视大学教育起到了规范和指导作用。但在国家法律体系中，其作为层级较低的政府部门规章，不可能解决广播电视大学立法问题。其出台时正值广播电视大学由开放转向封闭，因而更多地体现出当时的指导思想和管理要求，再加上缺乏配套的制度和措施，许多重要条款未能得到落实。比如该文件虽然明确指出广播电视大学是"开放性高等学校"，但其法律地位及办学自主权等问题一直没有解决。

　　这个时期出台的比较重要的政府部门规章，还有国家教委 1987 年 11 月 3 日印发的《关于广播电视大学专业设置审批权限的暂行规定》。其中规定：只有中央电大和省、自治区、直辖市及计划单列市电大可以设置广播电视大学的专业。中央电大应充分利用全国电视教育系统的优势，根据各地区、各部门对于培养高等专门人才的需要，设立通用性强、适应面广、相对稳定的专业科类，并通过这些专业科类的教学为地方广播电视教育提供可能的支持和服务。地方电大根据地方对于培养高等专门人才的需要，可设立中央电大统一开设的专业，亦可设立地方所需要的其他专业。中央电大的专业设置和地方电大本科专业设置的审批权归国家教育委员会。地方电大专科专业设置的审批权归各省、自治区、直辖市及计划单列市教育行政部门。中央和地方电大设立专业，均须按该文件要求办理申报手续。中央和地方电大设立专业，须同时拟制专业教学计划。地方电大所设的专业，如系中央电大统一开设的专业门类，则在教学计划课程总学分中，使用中央电大统开课程的学分不得少于 60％，其余可自行开课；非中央电大统一开设的专业门类，亦可使用中央电大或中国电视师范学院所开课程。

根据《广播电视大学暂行规定》，中央广播电视大学确定其 20 世纪 90 年代的主要任务是：继续深化改革，加强系统建设，进一步提高教育质量和办学效益，在稳步发展以高等专科教育为主的学历教育的同时，大力发展以岗位培训为主的非学历教育，开展以知识更新为目标的大学后继续教育，为各行各业的职业、技术教育和高等教育自学考试提供教学服务。同时提出，作为高等学校，要逐步把工作重点转移到教学上来，要通过两项改革建立两个运行机制：两项改革是以教材建设为重点的教学和教学管理改革、学校内部管理体制改革；两个运行机制是以教学为中心、教材建设为重点的科研和社会服务相结合的运行机制，主动适应经济建设和社会发展需求的办学机制，即按需办学机制。按照这样的思路，相关工作取得不同程度的进展，基本维持了广播电视大学系统的正常运行。广播电视大学的远距离教育理论研究及国际学术交流在这期间起步，这是我国远程教育学科建设的发端。

广播电视大学的非学历教育兴起于 1986 年，既有以在职人员为教学对象的各种层次的继续教育，又有各类从业人员上岗前、上岗后和转岗时所进行的岗位培训，还有农村实用技术教育以及大规模社会化培训。中央广播电视大学从 1986 年 8 月开始利用中国教育电视（卫星）举办非学历继续教育，影响较大的有与有关行业部委合作开办的工程师继续教育、会计师岗位专业知识培训、审计专业证书教育、对外经济贸易的理论与实践专题、会计电算化实用技术讲座等。地方广播电视大学也由单一专科层次学历教育转向多功能、多途径办学，大力开展非学历继续教育和岗位培训。1990 年，为配合国家教委"燎原计划"的实施，国家教委决定在中央广播电视大学内设立中国燎原广播电视学校，面向广大农村，为农业技术人才、回乡知识青年、乡镇党政干部、乡镇企业职工等提供电视教学课程（节目），以普及农业科学技术、经营管理知识，提高农村劳动者的政治思想和文化技术素质。许多省级广播电视大学及分校（工作站）也相继设立了燎原广播电视学校，积极推进农村实用技术培训。广播电视大学的中专教育在此期间也得到了较大发展。

三、广播电视大学的发展目标及突破路径

邓小平 1992 年初的第二次视察南方，推动了又一次思想解放运动。同年 10 月召开的党的十四大确立了邓小平建设有中国特色社会主义理论在全党的指导地位，提出要进一步解放思想，把握有利时机，加快改革开放和现代化建设步伐。我国改革开放和社会主义现代化建设出现新的局面，特别是《中国教育改革和发展纲要》的颁布实施，为广播电视大学的改革和发展带来新的机遇。

1993 年 2 月 13 日，中共中央、国务院印发《中国教育改革和发展纲要》，提出了我国教育事业 20 世纪 90 年代发展的目标、战略和指导方针。1994 年 6 月 14—17 日，党中央、国务院在北京召开改革开放以来第二次全国教育工作会议。7 月 3 日，国务院发布《关于〈中国教育改革和发展纲要〉的实施意见》，指出"各类大专层次的高等教育应适当扩大规模，注意充分利用电视、广播、函授等办学形式，为广大农村、乡镇企业以及中小型企业生产第一线培养人才"，"成人学历教育应向多样性、职业性方向发展。要充分利用各种远距离教学形式为中小城市、乡镇企业、农村以及边远和经济发展程度偏低地区服务"。《中国教育改革和发展纲要》发布后，广播电视大学开展了贯彻落实该文件的大讨论，主题是进一步解放思想，推进广播

电视大学的改革和发展。许多地方政府对广播电视大学提出了新的要求，希望加快改革和发展步伐，更好地为地方经济建设和社会发展服务。

1993 年 12 月 3 日，国务院副总理李岚清专门听取国家教委成人教育司、中央广播电视大学、中国教育电视台和北京市有关部门负责人关于成人教育工作的汇报。他指出：成人教育本来是非常开放的，利用现代化的工具可以培养很多人。大学要向开放型发展，成人大学倒要办成封闭的，效益就没有了。中国人这么多，又是发展中国家，又是穷国，我们的办学模式就要多样化，要让我们的人民能够通过各种渠道受到各种层次的教育。科学越发展，远距离教育越发达。它是将来科学发展的趋势，是进步的产物，不是权宜之计。12 月 5 日，李岚清为首都高校和全国重点高校党政领导干部做形势报告时指出：广播电视教育花钱不多，效益最好，覆盖面最广，十分重要，要继续办好。要继续发展开放式的教育，让更多的人有深造的机会。1994 年 1 月 27 日，李岚清到北京广播电视大学考察时又指出：当前能够接受普通高等教育的人只是少数，而社会需要各种层次的人才，这是中国目前的国情。成才的道路不该是普通高等学校这一个"独木桥"，而应当构筑多渠道成才的"阳关道"。我国成人教育（包括广播电视大学）目前面临的问题不是要削弱，而是要继续大力发展。

来自广播电视大学系统的呼声也越来越强烈。1994 年 1 月，浙江广播电视大学等 21 所地方广播电视大学领导联名写信给李岚清，建议从形成我国高等教育新格局的高度认识问题，采取面授为主的普通高校与非面授为主的、开放的现代远距离教育共同发展、互相补充的方针发展我国教育事业；建议国家教委确认广播电视大学的性质、地位，制定相应的法规、方针、政策，广播电视大学成人高等学历教育应实行完全学分制，坚持宽进严出；建议促进广播电视大学同自学考试联合与沟通；建议加强电大办学网络建设，提高高等教育规模效益。此前，时任中央广播电视大学校长也曾以个人名义致信国家教委领导，提出要以战略眼光看待广播电视大学，希望慎重考虑电大的问题，电大现在最需要的是扶持、完善和引导。信中特别谈到始终困扰广播电视大学发展的一个难题，即中央广播电视大学的性质归属及办学自主权问题。

1994 年 2 月 19 日，国务院总理李鹏在中南海召开教育界人士座谈会，听取对《政府工作报告（征求意见稿）》的修改意见。李鹏说：不要看不起电大，电大所起的作用是普通高校起不到的。要利用好电大，不能歧视电大，特别是待遇上要一视同仁。发展中国的高等教育要"两条腿走路"。而要"两条腿走路"，就应当支持电大。特别是在我们国家，电大在它的层次上是做出了贡献的，质量还是可以的。广播电视教育机动灵活，覆盖面广，应当继续加强，不仅仅是学历教育，而且还有非学历教育。今后这方面要越来越多。11 月 22日至 25 日，全国广播电视大学校长座谈会在北京举行，李岚清到会看望全体代表并发表讲话。他说：从现实情况来看，我们国家人多、地方大、经济比较落后，要办全世界最大规模的教育，单靠一种模式是不行的，要多种渠道、多种方式，其中电大就是一种多快好省培养人才的方式，这是实践已经证明了的。电视大学花钱少，覆盖面广，受教育的人多而且学生可以专门受教育，也可以业余学习，优越性很多。现在要进一步办好电视大学。

1995 年 4 月 4 日和 5 月 3 日，国家教委主任办公会议两次专题研究广播电视大学改革和发展问题。会议明确，进一步开放办学是电大的性质和特点，电大办学不能走普通高校的路子，要符合现代远距离教育和开放办学的要求，使更多的人参加学习。会议原则通过了国家教委电化教育委员会和中央广播电视大学提交的《关于广播电视大学贯彻〈中国教育改革和发展纲要〉的意见》，原则同意广播电视大学扩大开放办学和举办"专升本"教育，先进行招收"注册视听生"和举办"专升本"试点，在总结经验的基础上逐步推广。

1995 年 8 月 18 日，国家教委转发《关于广播电视大学贯彻〈中国教育改革和发展纲要〉的意见》，指出到 20 世纪末至 21 世纪初电大发展的总目标是：立足国情，适应经济建设和社会发展需要，扩大开放办学程度，发挥现代化教学手段的优势，为更多的求学者提供终身接受教育的机会和条件，提高广大劳动者素质，培训各类应用型人才，努力建设成具有中国特色的现代远距离教育开放大学。这是国家教育行政部门正式文件中首次明确提出广播电视大学发展的总目标是建设成具有中国特色的现代远距离教育开放大学。该文件还确定了以下主要任务：坚持面向地方、面向农村、面向基层，多层次、多规格、多功能、多种形式办学；努力办好学历教育；大力发展非学历教育；积极开展职业教育；全面贯彻国家教育方针，全面提高教育质量；加强电大自身的建设，完善统筹规划、分级办学、分级管理的体制，调动中央和地方两个积极性。1996 年 4 月在黄山召开的全国广播电视大学教育工作会议，主要成果是形成了广播电视大学贯彻《中国教育改革和发展纲要》的思路，简言之即所谓"一二二"：明确一个目标——建设具有中国特色的现代远距离教育开放大学；做好两大命题——开放办学和教学现代化；开展两项试点——"注册视听生"教育和"专升本"教育试点。

先后于 1995 年和 1996 年启动的"注册视听生"教育和"专升本"教育两项试点是广播电视大学重又走向开放的切入点和突破口。"注册视听生"教育是在当时情况下按照远程开放教育观念、办学思路设计的开放教育模式，"专升本"教育则使长期以来只能举办专科层次教育的广播电视大学提升了办学层次。尽管对这两项试点有些不同的看法和评价，但很显然，没有这两项试点，就没有几年后启动的"中央广播电视大学人才培养模式改革和开放教育试点"，其意义和影响同样应该在探索开放大学发展道路的进程中考察。

　　1995 年秋季开始试行招收的高等专科"注册视听生"主要有三个特点：一是与现行的电大专科教育及其他形式教育的招生、学籍管理和教学管理严格区分，学生以自学和收听、收看必要的广播、电视、录音、录像课为主，不组班教学，接受适当的教学辅导，实行完全学分制；二是必修课程实行全国统一考试，考试工作由国家教委自考办组织，中央电大参与（即所谓"教考职责分离"），由中央电大颁发国家教委统一印制的成人高等教育毕业证书；三是招生对象为具有普通高中、职业高中、技工学校和中等专业学校毕业证书的在职人员及社会青年，不允许招在校学生。招生重点面向基层，面向农村，面向边远地区。尽管试点在开放办学理念、办学模式等方面被认为未能明显超越广播电视大学创办初期，但还是受到了广播电视大学及社会求学者的欢迎。截至 1998 年，参加试点的省级广播电视大学由 1995 年的 15 所发展到 38 所。试点专业由 1995 年的 3 个发展到 9 个，全国广播电视大学试点累计注册学生 39 万人。广播电视大学通过试点对开放教育的办学、教学和管理模式进行了探索，扩大了开放办学程度，促进了教学现代化建设，增强了教学、管理、服务系统功能。

　　"专升本"教育试点由中央广播电视大学主办，在中央广播电视大学统一规划、统一管理的前提下，选择办学条件较好的省级广播电视大学设置教学班；招生对象为在职的大专毕业生，参加国家教委统一组织的"专升本"入学考试，学制一般为 2 年，由中央广播电视大学颁发国家教委统一印制的本科毕业证书。该项试点只开设了 3 个专业，自 1996 年起连续 3 年招生，国家教委下达的招生计划是每年 1 500 人，加上 1998 年国家教委批准在上海电视大学进行金融专业专升本开放教育试点，1998 年全国广播电视大学"专升本"教育在校生达到 5 700 多人。在此基础上，中央广播电视大学于 1998 年启动了和普通高等学校合作开展本科开放教育试点项目研究。

1994 年，广播电视大学还曾根据国家教委《关于进一步改革和发展成人高等教育的意见》，一度试办大学基础教育。不过，随着 1995 年启动"注册视听生"教育试点，还没有广泛开展起来就结束了。情况类似的还有 1998 年启动的高等职业教育试点，中央广播电视大学确定了 4 个试点专业，并与北京师范大学现代教育技术研究所合作开展远距离高等职业教育模式研究。随着 1999 年教育部启动"中央广播电视大学人才培养模式改革和开放教育试点"，也未能继续加以推进。

广播电视大学系统在广播电视大学陷于低谷时受到很大冲击，此时重又引起相关方面重视。1997—1998 年，国家教委电教办会同中央广播电视大学开展了一次广播电视大学教学评估。这次教学评估是广播电视大学创办以来对省级广播电视大学首次进行的教学评估，实际上为当时已开始进行论证，并于不久后启动的教育部"中央广播电视大学人才培养模式改革和开放教育试点"进行了思想发动，在办学条件等方面也做了相应准备。稍前开展的关于广播电视大学"异化"问题的讨论，则是广播电视大学对于自身发展历程的一次集体反思，涉及广播电视大学改革和发展的许多理论和实践问题。尤其是讨论发生在广播电视大学正以两项试点为切入点和突破口，探索开放性和教学现代化两大基本命题的转折进程中，对于转变观念、指导实践起到了积极作用。

20 世纪 90 年代后期，中国教育改革和发展的形势出现很多新的变化，计算机网络技术迅猛发展并在教育领域得到越来越广泛的应用。教育部讨论制定《面向 21 世纪教育振兴行动计划》，将 1997 年底开始酝酿的"现代远程教育工程"列为重点实施的六项工程之一，许多普通高校积极筹办网络教育学院，准备大规模进军现代远程教育领域。有设想认为广播电视大学是落后的和过时的教育形式，今后的主要任务应该是为普通高校开展现代远程教育提供服务，这给广播电视大学带来空前的压力。此外，《中华人民共和国职业教育法》于 1996 年 5 月经全国人大常委会审议通过并于同年 9 月 1 日实施，高等职业教育的超常规发展给各地广播电视大学带来不同程度的冲击。1998 年底开始研究普通高校扩招问题，并从 1999 年起大幅度扩大招生规模，我国高等教育以普通高校大规模扩招为标志进入大众化发展阶段，也使人们对主要开展学历补偿教育的广播电视大学的前景产生了忧虑。

1998 年，中央广播电视大学在教育部讨论起草《面向 21 世纪教育振兴行动计划》的过程中同步研究实施问题，并提出拟在"注册视听生"教育和"专升本"教育试点的基础上开展"开放教育试点"。1999年 3 月在沈阳召开的全国广播电视大学教育工作会议，主题便是研究广播电视大学贯彻落实《面向 21 世纪教育振兴行动计划》的实施方案，接近完成论证阶段工作的"开放教育试点"成为会议关注焦点。

四、中央电大人才培养模式改革和开放教育试点

教育部《面向 21 世纪教育振兴行动计划》及"现代远程教育工程"的实施，给广播电视大学带来了新的发展机遇和严峻挑战。根据建设成为中国特色现代远程教育开放大学的发展目标，广播电视大学迫切要求在新的层面继续破解开放性和教学现代化两大基本命题，加快改革和发展进程。以 1999 年启动的教育部"中央广播电视大学人才培养模式改革和开放教育试点"（简称"开放教育试点"）项目为标志，广播电视大学进入新的发展阶段。

1999 年 1 月 13 日，国务院批转教育部《面向 21 世纪教育振兴行动计划》，提出要"实施'现代远程教育工程'，形成开放式教育网络，构建终身学习体系"。8 月 20 日，国家教委电教办转发中央广播电视大学《关于广播电视大学贯彻落实〈面向 21 世纪教育振兴行动计划〉的意见》，提出要全面而有重点地推进广播电视大学教育的改革和发展进程，实现在 21 世纪初将广播电视大学建设成为具有中国特色的现代远程教育开放大学的总目标，以鲜明的办学特色和可靠的教学质量，在与普通高校以及其他教育机构共同构建能够体现终身教育思想的中国现代远程教育体系中发挥重要骨干作用。广播电视大学承担的主要任务是：举办现代远程高等专科、本科教育和中等专业教育，开展职业教育；举办岗位培训、继续教育等各种非学历教育，包括大规模社会化培训和再就业培训；举办师范教育和中小学教师继续教育；面向农民开展农村实用技术培训；为普通高校以及其他教育机构开展现代远程教育提供教育资源、教学管理和学习支持服务。此外，还提出了之后 3 到 5 年重点实施的 6 个项目和 6 个方面的重点工作。6 个项目是开放教育试点项目、课程资源建设项目、教学信息传输系统建设项目、学习支持服务系统建设项目、为"三农"服务项目、为终身化学习服务项目。6 个方面的重点工作是积极发展高等职业教育和中等专业教育，积极参与实施"跨世纪园丁工程"，深化以教学内容和课程体系改革为重点的教学改革，改革和完善电大系统的管理体制和运行机制，加强教学、管理和技术队伍建设，加强现代远程开放教育研究和国际合作。

1999 年 4 月 28 日，教育部办公厅印发《关于开展"中央广播电视大学人才培养模式改革和开放教育试点"项目研究工作的通知》，指出该项目是教育部组织实施的'现代远程教育工程'的重要组成部分，是中央广播电视大学改革人才培养模式、发展现代远程教育的重要实验。随文印发的《关于开展"中央广播电视大学人才培养模式改革和开放教育试点"项目研究工作的几点意见》指出：该项目旨在通过课题研究和试点工作，探索并构建广播电视大学在现代远程开放教育条件下专科教育和本科教育（专科起点）人才培养模式的基本框架以及相应的教学模式、管理模式和运行机制，为我国经济建设和社会发展培养大批高质量的、适应地方和基层需要的应用型高等专门人才。适时地开展该项目的研究，必将有力地推动全国现代远程教育工程的实施；有力地促进广播电视大学开放教育事业的发展，实现教育部提出的力争到 20 世纪末至 21 世纪初把广播电视大学建设成具有中国特色的、开展现代远程教育的开放大学的远景目标。试点项目研究工作由教育部高等教育司领导，中央电大、普通高校和地方电大共同组织实施，在本科和专科两个层次进行。专科起点本科开放教育试点由中央电大与普通高校实行校际全面合作，按照共同规划、统一管理、分工协作的方式开展。试点采取宽进严出和教考职责分离的方式，实行学分制。本科学生的课程成绩记录及获得的相应学分在注册后 6 年内有效；专科学生的考试成绩及获得的相应学分在注册后 8 年内有效。学生修满教学计划规定的学分，经中央电大审核后统一颁发国家承认的学历毕业证书。

截至 2006 年底，"开放教育试点"项目累计开设 31 个专科专业，18 个本科专业（专科起点），中央广播电视大学建设统设必修课程 350 门；44 所省级广播电视大学全部参加试点，设置教学点 3 175 个，考点 2 370 个，教学点近三分之二设在县及以下行政区域；累计招生近 380 万人，其中本科生近 142 万人，专科生近 238 万人；毕业生 163 万余人，其中本科毕业生近 57 万人；在读学生近 217 万人，其中本科生 83 万多人，专科生 133 万多人，约 78％的在读学生来自地市、县以下基层，西部地区的在读生约占 25.4％。横向比较，2005 年"开放教育试点"招生、毕业生和在读学生分别相当于同期全国普通高等教育总和的 12.0％、15.56％和 12.01％，占成人高等教育总和的 23.46％、21.91％和 29.44％，占全国现代远程教育试点学生总和的 71.24％、64.9％和 73.6％。通过实施"开放教育试点"，广播电视大学系统的办学条件得到明显改善。试点项目总结性评估时的数据显示，广播电视大学系统教职工总数达 8.5 万人，其中专任教师 4.8 万人（未含 3.8 万兼职教师），教学管理人员近 1.66 万人，技术人员 0.99 万人，科研人员 0.16 万人；固定资产增至 238 亿元，其中教学仪器设备 57.9 亿元；教学和办公用房面积分别达到 1 095 万平方米和 233 万平方米。

　　"开放教育试点"可以 2001 年至 2002 年开展的试点项目中期评估为界分为前后两期，前期较多外延的扩张，后期强调内涵的提升，并提出了"扩大开放，保证质量，强化特色，打造品牌"的指导方针。试点项目的主要成果是探索并形成了开放式人才培养模式，构建了天地人三网结合的教学环境，形成了适应成人在职学习的学导结合教学模式和系统运作教学管理模式，建立了整合社会优质教育资源、依托电大系统运作的一体化运行机制，培养了大批适合地方和基层需要的合格的应用型高等专门人才。2004 年 8 月，教育部决定以总结性评估的方式对"开放教育试点"项目进行全面检查、评价和验收。2007 年 12 月，教育部印发总结性评估结论，决定试点项目总结性评估予以通过：试点项目经过 8 年的探索实践，实现了预期目标，形成了中央电大开放教育人才培养模式的基本框架，以及相应的教学模式、管理模式和运行机制，为广播电视大学的发展奠定了基础，为国家现代远程教育的发展积累了经验；开放教育已经成为推进远程教育和继续教育发展的一种重要形式。

　　"开放教育试点"项目总结性评估后，广播电视大学的工作重点转向巩固和发展试点成果。中央广播电视大学先后出台《关于进一步加强开放教育教学工作，提高教学质量的若干意见》《2006—2010 年教学改革要点》及教学改革方案等并付诸实施。2008 年 2 月，教育部办公厅转发《中央广播电视大学"十一五"发展规划纲要》，明确提出要把全国电大系统建设成为国内一流的现代远程教育教学系统；中央电大作为教育部直属的高等学校，建设成为现代远程教育开放大学和国家远程教育中心；"十一五"期间实施电大系统推进工程、课程平台搭建工程、教学质量保证和学习支持服务强化工程、社会化公共服务体系推进工程、队伍素质提升工程、信息化校园建设工程等 6 项工程，实施证书教育推进计划、特定人群教育发展计划、中等职业教育发展改革计划、对外合作与交流计划、社区教育推展计划、电大文化建设计划等 6 项计划。

"开放教育试点"期间，广播电视大学在为特定社会群体提供学习机会方面进行了新的探索。如从 2004 年起，中央广播电视大学组织实施教育部"一村一名大学生计划"，通过现代远程教育方式，把高等教育延伸到农村，为农村第一线培养"留得住、用得上"的技术和管理人才。2002 年，中央广播电视大学与西藏大学合作成立中央广播电视大学西藏学院，依托广播电视大学办学网络，为西藏地区求学者提供接受高等教育和终身学习的机会。此外，还在新疆维吾尔自治区和内蒙古自治区开设了双语教学专业和课程。2004 年，中央广播电视大学残疾人教育学院成立，与中国残疾人教育联合会合作，面向残疾人开展学历教育和岗位培训。与部队合作，中央广播电视大学于 2000 年成立了八一学院，2001 年成立了总参学院，后来又于 2009 年成立了空军学院，依托军队建制或军事院校建立教学点和学习点，面向全军士官开展远程开放教育。

"开放教育试点"的预期目标之一，是为实现从以学历教育为主，到学历教育和非学历教育并重、为终身学习服务的转变打下坚实基础。试点期间，全国广播电视大学开展的非学历教育项目总数达到 511 个，年均培训近 200 万人。但随着开放教育办学规模的扩大及办学层次的提升，学历继续教育牵制了各级广播电视大学更多的注意力，如何通过开放教育试点推动非学历教育的发展没有受到足够重视，非学历教育总体看来未能取得大的突破。中央广播电视大学成立了社区教育研究中心，在各地设立了 56 个社区教育实验中心。不少省级广播电视大学增挂了社区大学牌子或建立了社区教育学院，部分省级广播电视大学成立了社区教育服务中心。许多地（市）县

（市）分校（工作站）也成为当地的社区教育机构。

"开放教育试点"是在广播电视大学系统原有管理体制的基础上开展的，试点最明显的变化是由原来的分级办学转向系统整体办学。广播电视大学创办时即强调要发挥中央和地方两个积极性，中央广播电视大学和省级广播电视大学都是独立设置的高等学校，两者之间是教学业务指导关系。中央广播电视大学举办全国统一开设的专业科类，省级广播电视大学举办面向本省、自治区、直辖市（计划单列市）统一开设的专业。中央广播电视大学统设专业实行"五统一"，即统一教学计划、统一教学大纲、统一教材、统一考试和统一评分标准。无论是统设专业还是自开专业，教学点管理、教学过程实施、学籍管理及毕业证书发放等均由省级广播电视大学负责。具有招生权和学历证书颁发权的省级广播电视大学，其办学权相对中央广播电视大学更为完整。"开放教育试点"采取的是项目协议方式，中央广播电视大学和省级广播电视大学通过签订协议明确各级试点单位的职责分工及权利义务关系。中央广播电视大学作为办学主体的地位得到加强，省级广播电视大学作为办学主体的地位及其办学权相应明显削弱。在有特定目标的试点项目中实行系统整体办学有其必要性，但开放教育由试点转为常规办学后，如何解决管理体制机制层面的矛盾，尤其是根据《中华人民共和国教育法》和《中华人民共和国高等教育法》，保证中央广播电视大学和省级广播电视大学真正享有法律规定的各项办学权利，成为广播电视大学改革和发展进程中难以回避的课题。

作为"现代远程教育工程"的重要组成部分，在现代远程教育公共服务体系的建设和发展进程中，广播电视大学系统率先进行了开创性探索。2001年12月，教育部高等教育司批准主要依托广播电视大学系统建设"现代远程教育校外教学支持服务体系建设试点项目"试点工作，并立项进行课题研究；2003年3月，又批准中央广播电视大学成立专设机构奥鹏远程教育中心，具体负责公共服务体系的建设、管理和运行。经过 3 年试点，教育部于 2005 年 3 月批准建设"中央广播电视大学现代远程教育公共服务体系"，标志着我国第一个面向全国的现代远程教育公共服务体系正式进入全面运作阶段。教育部决定首先启动中央广播电视大学现代远程教育公共服务体系建设试点，主要是考虑到广播电视大学作为"国家资源"可能发挥的现实和潜在的独特作用以及相应的工作基础，既可以作为在较短时间里加强高校现代远程教育规范管理的措施，又可以通过试点探索未来远程教育的发展模式和基本格局。中央广播电视大学现代远程教育公共服务体系进行的探索及其进展，是教育部"现代远程教育工程"实施中具有突破意义的体制机制创新成果。

中央广播电视大学于 2004 年 3 月开始实施教育部"国家现代远程教育资源库工程建设"项目。在此基础上，2008 年 3 月，中央广播电视大学牵头实施教育部"高等学校本科教学质量与教学改革工程"中的"网络教育数字化学习资源中心建设"项目，建设国家级数字化学习资源中心，2012 年 11 月通过项目结题验收。专家组认为，该项目的实施对于落实《国家中长期教育改革和发展规划纲要（2010—2020 年）》，加快发展继续教育，探索网络教育数字化学习资源共建共享机制和体系建设，构建优质教育资源信息化学习环境，推动国家教育信息化发展，促进教育公平，建设学习型社会具有重大意义。项目取得的主要成果，一是初步形成资源共享机制，二是整合海量数字化学习资源，三是初步建成资源公共服务体系，四是开展资源公共服务的初步实践。截至 2017 年底，数字化学习资源中心已在全国设立 249 个数字化学习资源分中心，集聚优质课程 5.1 万门。

"开放教育试点"时期在广播电视大学探索开放大学发展道路的进程中是个非常重要的阶段。广播电视大学的开放教育由试点转为常规办学，特别是通过试点对开放办学和教学现代化两大基本命题的探索，为实现将广播电视大学建设成具有中国特色的现代远程教育开放大学的目标积累了经验，奠定了比较坚实的基础。

第三节　开放大学建设试点与广播电视大学转型

一、"探索开放大学建设模式"试点的启动

广播电视大学 40 年发展历程的主线，是在中国特有国情条件下探索开放大学的发展道路，并且早就确定其发展目标是建设成为中国特色现代远程教育开放大学。可以说广播电视大学就是此前 30 多年开放大学在中国的"存在形态"，国际上也已普遍承认广播电视大学就是中国的开放大学，广播电视大学还以其超大办学规模被列为世界巨型开放大学之首，但广播电视大学作为开放大学的许多基本的和关键的问题长期以来没有解决。正如《国家开放大学建设方案》所指出的，由于体制和机制等方面的原因，这个系统的优势和作用还没有得到充分发挥，利用现代信息技术开展现代远程继续教育的能力不够强，水平不够高，办学模式、培养模式等也有待于进一步改革。中国社会发展及教育需求变化，教育改革特别是教育体制改革，信息技术的发展及其与教育深度融合的趋势，还有广播电视大学自身长期以来蕴蓄的变革能量，都要求广播电视大学战略转型，而且为其转型发展提供了强大动力。

2010 年 7 月 29 日，中共中央、国务院发布《国家中长期教育改革和发展规划纲要（2010—2020 年）》，提出了"到 2020 年，基本实现教育现代化，基本形成学习型社会，进入人力资源强国行列"的战略目标。其中"构建灵活开放的终身教育体系"部分明确提出要"大力发展现代远程教育""办好开放大学"。同年 10 月，国务院办公厅印发《关于开展国家教育体制改革试点的通知》，决定在部分地区和学校开展国家教育体制改革试点。其中"改革人才培养模式，提高高等教

育人才培养质量"专项改革试点中，包括"探索开放大学建设模式，建立学习成果认证和'学分银行'制度，完善高等教育自学考试、成人高等教育招生考试制度，探索构建人才成长'立交桥'"，试点单位为北京市、上海市、江苏省、广东省、云南省和中央广播电视大学。"办好开放大学"自此成为广播电视大学改革和发展的突出主题，开放大学在中国的发展历程以试点的启动为标志进入新的阶段。

根据国家教育体制改革领导小组和教育部的部署，在国家教育咨询委员会终身教育体制机制建设咨询组指导下，各试点单位就开放大学建设方案进行了论证和研制工作。中央广播电视大学形成的《国家开放大学建设方案》提出要建设一所以现代信息技术为支撑，面向全体社会成员开展学历继续教育和非学历继续教育，办学网络立体覆盖全国城乡，没有围墙的远程开放大学，即国家开放大学；主要任务是大力发展非学历继续教育，稳步发展学历继续教育，推进现代科技与教育深度融合，搭建终身学习"立交桥"；建设重点是网络平台建设、学习资源建设、师资队伍建设、学分银行建设；改革重点是办学模式改革、培养模式改革、评价模式改革、服务模式改革。2011 年 2 月，《国家开放大学建设方案》通过国家教育咨询委员会终身教育体制机制建设咨询组审议。5 月，教育部党组会议原则通过《国家开放大学建设方案》。

2012 年 6 月 21 日，教育部批复中央广播电视大学，同意在中央广播电视大学基础上建立国家开放大学。并指出：国家开放大学是教育部直属的，以现代信息技术为支撑，主要面向成人开展远程开放教育的新型高等学校。国家开放大学坚持非学历继续教育和学历继续教育并举。学校应以课程为单位建设学习资源，充分利用高校优质教育资源，促进学习资源的共建共享。积极推进"学分银行"建设，通过建立学习成果的互认和学分的累积、转换制度，探索搭建终身学习"立交桥"。同日，教育部批复北京市人民政府、上海市人民政府，同意北京广播电视大学、上海电视大学分别更名为北京开放大学、上海开放大学。国家开放大学和北京开放大学、上海开放大学都可以设置本科专业和授予学士学位。7月31日，国家开放大学、北京开放大学、上海开放大学成立大会暨揭牌仪式在北京人民大会堂举行。国务委员刘延东在讲话中强调，要以现代信息技术为支撑，整合共享优质教育资源，创新教育教学模式，办好中国特色的开放大学，为社会成员提供更加灵活便捷公平开放的学习方式和多层次多样化的教育服务，为建设学习型社会和教育强国、人力资源强国做出积极贡献。12月26日，教育部分别致函江苏省人民政府、广东省人民政府、云南省人民政府，同意江苏广播电视大学、广东广播电视大学、云南广播电视大学分别更名为江苏开放大学、广东开放大学、云南开放大学。其后，国家开放大学和5所地方开放大学陆续获得学士学位授予权。

"办好开放大学"是国家推进终身学习和学习型社会建设的重大战略措施，也是深化教育改革特别是教育体制改革的重要课题。正如刘延东所指出的，开放大学不是广播电视大学的简单翻牌，而是在新的历史起点上，教育适应经济社会发展和人的全面发展而进行的一次战略转型，标志着我国远程开放教育迈进了新的发展阶段。显然，广播电视大学战略转型必然是个充满改革阵痛的过程，所涉及的那些较深层次问题在试点过程中更趋尖锐，包括长期以来因为各种原因被有意搁置、掩盖或淡化的问题也越来越表面化。相关各方基于不同的认识和立场，以及不同的关切和诉求，对于试点所涉及的许多重要问题，包括试点的目标、任务以及需要通过试点解决的主要问题等，都有不同的理解、阐释及路径选择，有待于在试点进程中逐步形成共识和合力。

二、"探索开放大学建设模式"试点的推进

国家开放大学和5所地方开放大学揭牌成立后，"探索开放大学建设模式"试点工作进入全面推进阶段。经过持续数年的努力，试点在不少方面取得了阶段性成果，但也碰到了许多困难。我国教育改革和发展进程中较深层次的问题和矛盾，在试点中有多方面的体现。

2016 年 1 月，教育部印发《关于办好开放大学的意见》，对办好开放大学的指导思想、基本原则、主要目标、主要任务和保障措施做了全面阐述。该文件提出的主要目标是：到 2020 年，中国特色开放大学体系初步建成，现代信息技术应用更加成熟，优质教育资源更加丰富，学习条件更加先进，学习制度更加灵活，办学体系不断完善，基本满足多样化学习需求，为学习型社会提供重要支撑，为人力资源开发提供重要保障。同时，提出了办好开放大学的 12 项主要任务，并强调开放大学要以终身教育思想为引领，树立开放、灵活、优质、便捷的办学理念，充分运用现代信息技术，创新办学形式、组织模式和运行机制，努力办成服务全民终身学习的新型高等学校。《关于办好开放大学的意见》是教育部就办好开放大学及试点工作出台的第一份指导性文件，对"如何办好开放大学""什么样的开放大学才是好的开放大学"等问题做了回应。其出台前经历了较长时间的讨论修改过程，比较充分地听取和吸纳了相关各方的意见和建议，总体而言体现了所能达到的"最大公约数"，对开放大学建设和广播电视大学转型发展具有重要指导意义。

国家开放大学主要通过实施"1314 工程"推进试点工作。具体内涵为："一个核心"，即在各项改革建设工作中，深化教育教学改革，提升人才培养质量是核心；"三根支柱"，即通过努力，逐步形成立体覆盖全国城乡的办学组织体系，实现教育信息化，搭建起与现代大学治理结构相适应的基本制度框架，并视其为撑起国家开放大学大厦的三根支柱；"一条纽带"，即通过学分银行建设，搭建终身学习"立交桥"，促进各级各类教育纵向衔接、横向沟通；"四个着力点"，即非学历继续教育、学科专业和课程建设、师资队伍建设、科学研究。2016 年 12 月出台的《国家开放大学改革建设"十三五"规划》，提出要以问题为导向，以改革创新为动力，以重大项目为牵引，以提升能力、实力、水平、质量为工作目标，围绕关键领域、关键环节和要点，组织实施 7 大工程和 25 个计划，经费投入预算 15亿元，力争到 2020 年顺利实现《国家开放大学建设方案》预期的三大战略目标，即把国家开放大学建设成为我国高等教育体系中一所新型大学，世界开放大学体系中富有中国特色的一流开放大学，我国学习型社会的重要支柱。5 所地方开放大学在当地政府的支持下推进试点工作，并且在许多方面体现出不同的特色。

　　2017 年 10 月召开的"开放大学建设进展与成效研讨会"对开放大学的工作进行了总结和反思。会议认为，5 年来，国家开放大学和 5所地方开放大学根据"将开放大学努力办成服务全民终身学习的新型高等学校"的战略目标，对如何建设新型开放大学进行了实践探索，取得了重要进展：一是确立新型大学主体地位，加强开放大学的体系建设；二是紧贴社会需求，广泛开展合作，形成多层次、多中心的办学模式；三是推进信息技术在应用型人才培养和远程教育教学管理中的融合应用；四是大力推进科研发展，服务教学和专业建设；五是加强质量保障，促进开放大学可持续发展；六是推动学分银行建设，强化终身学习平台功能。会议同时指出开放大学建设过程中存在的问题，既有开放大学内部的认识问题、能力问题、质量问题、生源问题等，也有外部问题，包括政府重视不够、扶持政策缺乏以及相关的改革创新触碰到的体制机制问题等。

　　《国家中长期教育改革和发展规划纲要（2010－2020 年）》强调要建立高校分类体系，实行分类管理，引导高校合理定位，在不同层次、不同领域办出特色，争创一流。《关于办好开放大学的指导意见》明确指出开放大学要"努力办成服务全民终身学习的新型高等学校"，但现行管理体制以及试点缺乏配套政策支持，使开放大学按照这样的定位推进建设和发展碰到许多难以逾越的障碍。除国家开放大学和 5 所地方开放大学外，还有 39 所地方广播电视大学的更名问题尚未形成解决方案，影响了广播电视大学系统转型发展和中国开放大学体系建设进程，更重要的是相关体制机制问题有待解决。此外，地方开放大学和广播电视大学所属分校（工作站）在战略转型进程中的发展问题，以及开放大学的学习中心建设等问题，还没有引起足够的关注。

"办好开放大学"显然不只是要在广播电视大学基础上建立开放大学或者更名为开放大学。"开放大学建设"试点首先是个以问题为导向，通过持续推进和深化改革，在实践中探索问题解决办法和路径，或者为解决问题创造条件和提供动力的过程，预期的重要目标应该是整个广播电视大学系统的转型发展。有必要锁定的几个具体目标是：开放大学作为新型高等学校的基本建设，特别是教学基本建设取得实质性进展，按照学校宗旨、定位服务于全民终身学习的综合办学能力得到提升；初步形成具有中国特色、体现时代特征，与中国社会发展和教育改革进程相匹配的开放大学体系，体制机制创新探索包括治理体系建设得到切实推进；适应学校转型发展的需要，人才培养模式改革、教学与教学管理改革及运行机制改革取得明显成效，教学质量和办学特色得到比较广泛的社会认可；推进相关立法工作，解决长期以来存在的制度缺位问题，首先是落实国家开放大学和地方开放大学的法律地位及办学自主权取得实际进展。概略言之，如果说广播电视大学以往的发展路径曾经是期望"实至名归"，更名后应该努力达成的目标则是"循名责实"。

中国特色社会主义已经进入新时代，决胜全面建成小康社会，开启全面建成社会主义现代化强国的新征程。我国社会主要矛盾已经转化为人民日益增长的美好生活需要和不平衡不充分的发展之间的矛盾，在教育领域突出表现为人民群众接受高质量教育的需求与优质教育资源严重短缺且发展不平衡之间的矛盾。开放大学通过广播电视大学多年的实践显示了它在中国的强大生命力和发展前景，进入新时代必定会有更加广阔的探索和发展空间，在全民终身学习的广大领域，无论是"锦上添花"还是"雪中送炭"，开放大学的优势及独特功能作用必将更加全面和充分地显现出来。而中国社会进步及教育事业的发展，特别是社会教育需求和社会成员学习需求的变化，无疑将对开放大学在中国的发展产生强大和持续的驱动力。

第四章

社会教育

第一节　现代社会教育的定位与发展

一、社会教育的概念与政策

"社会教育"的概念，最早是由德国教育家狄斯特威格于 1835 年在《德国教师陶冶的引路者》中提出的。[①] 从社会教育概念产生的源头来看，社会教育最早是作为一种解决社会问题和教育问题而出现的对策，其最初意义是和"社会帮助""生活帮助""青年照顾"等相联系的。德国教育家第斯多惠认为，传统的教育观念应该扩大至国民的各个阶层，必须实施对国民各个阶层实际的社会帮助与教育。

自 20 世纪 70 年代以来，联合国教科文组织发布了关于教育的三个标志性报告，它们都肯定了社会教育的功能和价值。1972 年发布的《学会生存——教育世界的今天和明天》指出，教育必须超越学校教育的范围，把教育的功能扩充到整个社会的各个方面。[②] 1996

---

① 詹栋梁：《社会教育学》，2 页，台北，五南图书出版有限公司，1983。
② 联合国教科文组织国际教育发展委员会：《学会生存——教育世界的今天和明天》，201 页，北京，教育科学出版社，1996。

年发布的《教育——财富蕴藏其中》提出了教育的四个支柱：学会认知、学会做事、学会共同生活和学会生存，认为"正规教育仅仅是或主要是针对学会认知，较少针对学会做事。而另外两种学习往往带有很大的随意性"，"扩大了的教育概念应该使每一个人都能发现、发挥和加强自己的创造潜力，也应有助于挖掘出隐藏在我们每个人身上的财富"。① 教育在不断变化，"社会提供的校外学习机会在各个领域都在不断增加"②。2015 年发布的《反思教育：向"全球共同利益"的理念转变?》提出："我们必须高瞻远瞩，在不断变化的世界中重新审视教育。"③面对世界新的挑战，要重新定义知识、学习和教育；过去，把教育理解为有计划、有意识、有目的和有组织的学习，但是人的许多学习是非正式的。"我们在生活中学习到的许多知识并非有意为之。这种非正式学习是所有社会化经验的必然体验。"④所以，要重视非正式学习。

　　"社会教育"用语在我国出现于 1902 年，主要是受日本社会教育的影响。我国在法令上接受和使用"社会教育"这一术语始于 1912 年民国教育部设立社会教育司。当时为了发展成人教育和补习教育，蔡元培主张设立社会教育司，其目的是灌输道德、整顿民风、普及知识。⑤ 随着社会教育的发展，其覆盖面已经远远超出了"教育"范畴。据民国教育部统计，截至 1931 年被认定的社会教育事业达到 60 多种，包括：一般的文化机关，如图书馆、博物馆、展览馆等；一

　　① 国际 21 世纪教育委员会：《教育——财富蕴藏其中》，76 页，北京，教育科学出版社，1996。

　　② 国际 21 世纪教育委员会：《教育——财富蕴藏其中》，89 页，北京，教育科学出版社，1996。

　　③ 联合国教科文组织：《反思教育：向"全球共同利益"的理念转变?》，4 页，北京，教育科学出版社，2017。

　　④ 联合国教科文组织：《反思教育：向"全球共同利益"的理念转变?》，17 页，北京，教育科学出版社，2017。

　　⑤ 《蔡元培教育论著选》，707 页，北京，人民教育出版社，2011。

般的公益事业，如阅报处、识字处、浴池、体育场、公园等；一般
的福利事业，如慈善机构、救济所、教养院、养老院、孤儿院等；
一般的教育机关，如民众学校、民众教育馆、民众补习学校等。此
外，诸如改良小说、戏曲，改良民俗，各种讲习会、讲演会等在近
代也都是作为社会教育发展的。由此可见，我国社会教育包含了学
校以外的所有文化教育事业。而人们对社会教育的理解则存在广义
和狭义之分：广义的社会教育就是指一切社会生活影响于个人身心
发展的教育，狭义的社会教育就是学校以外的一切文化教育设施对
青少年、儿童和成人所施加的教育。

二、社会教育的职能与机构

我国近代自设立社会教育司以来，一些教育家认识到社会教育
是中国必须重视和优先发展的一种教育事业。梁漱溟认为，近代以
来，中国民族危机日益严重，文化转变、社会动荡，急需用社会教
育的力量来除旧布新。他说，"此刻的中国，天然的要注重民众教
育，或说社会教育"，"在中国的此刻，已非平常时期，应着重成人
教育，应全力办民办教育，开展社会教育"。[①] 著名教育家俞庆棠认
为，中国社会问题与矛盾比较集中，必须用社会教育来改良，社会
教育是中国教育发展的一种新的途径。她自己身体力行，创办了 140
多所民众学校，因此被誉为"民众教育的保姆"。我国的历史经验表
明，社会教育理论与事业的发展有助于社会的改良与进步，对于解
决社会问题和缓解社会矛盾具有重要的辅助作用，对于"开启民智"，
普及科学文化知识，提高民众的受教育水平也具有独特的教育功能。

近代以来，社会教育的机构与设施一直是教育事业的一个重要
组成部分。新中国成立后，由于设立社会教育司，这些机构与设施
仍然是社会教育的事业。后来，社会教育司被取消，社会教育失去

---

① 《梁漱溟教育论著选》，191 页，北京，人民教育出版社，1994 。

了教育行政地位，尤其"文化大革命"期间，所有这些文化事业、公益事业、福利事业等都受到了前所未有的破坏，发展逐渐停顿，许多方面出现了空白。改革开放后，原来属于社会教育行政管理的社会教育机构与设施，被分化为各种文化事业、宣传事业等，归文化部门或宣传部门来管理。这样社会教育的事业，其机构、设施等就随着社会教育行政的消失，而改换了主管和职能。

三、社会教育的发展趋势

时至今日，终身学习逐渐从一种教育理念发展成为人们的生活方式，社会教育必将成为未来教育发展的重要方向。

有研究指出，经过改革开放 40 年的发展之后，我们现在的社会结构还是工业社会初级阶段的水平，而经济结构已经是工业社会中期阶段的水平。经过对比和测算，当前中国的社会结构大约滞后经济结构 15 年。[1] 对于破解这一难题，社会教育具有自身独特的优势。作为社会分层的重要指标，社会经验能够为人们获得更高的社会地位与收入提供足够的人力资本和文化资本，必将促进社会结构的进一步优化。

未来社会教育的发展将突出表现在两大方面：一是促进个体的全面发展；二是推动社会治理创新。

随着人类社会迈入知识社会，知识更新越来越快，社会对人们知识和能力的要求日新月异，学习主要在学校完成的方式显然已经不能够适应社会发展的需要。知识社会需要人们不断更新知识和能力，以满足职业的要求和社会进步的需要，这将带来终身学习的普及，而技术的进步尤其是信息技术的发展也为人们终身学习提供了可能。互联网上丰富的教育资源为人们终身学习提供了现实的条件，人工智能能够成为人们终身学习的有力助手，信息技术与终身学习

---

[1] 陆学艺：《当代中国社会结构变动中的社会建设》，载《甘肃社会科学》，2010(6)。

深度融合呈现出双向互动新趋势，也在推动社会教育转型升级。由此，现代化的社会教育在促进个体发展方面，表现出以下四方面的特征。其一，全民性。全民性是指社会教育的对象不再是特定人群，无论一个人处于什么社会阶层，具有怎样的经济与职业背景，都应该成为社会教育的对象，人人都能平等地获得足够的社会教育资源与机会，这是实现教育公平以及社会公平的重要保证。其二，终身性。终身性是指社会教育的时间不再局限于某个阶段，个体在人生中的任何一个阶段都有机会接受到合适的社会教育。其三，开放性。开放性是指通过接受社会教育，个体可以获得相应的学分，并按照标准经过学分折算之后，有机会转换到其他教育体系继续接受教育。其四，个性化。个性化是指针对社会教育对象不同的需求开展不同类型的社会教育服务，比如，为大众人群与精英人士提供不同的社会教育服务。

2014 年，教育部等 7 部门《关于推进学习型城市建设的意见》提出，要广泛开展城乡社区教育，推动社会治理创新，此举意味着社会治理创新需要与社区教育发展紧密融合。改革开放以来，社区教育成为社会教育的主要表现形式。社区教育是在社会快速发展背景下，以社区为基本单位的一种教育形式，与社会治理创新具有内在关联性。社区教育是推动社会治理创新的重要内容与核心力量。社会治理创新的一项主要内容是加强城镇的社区建设。大力发展社区教育，有利于满足社区民众的需求，提升他们的素养，进而推动社区的建设与社会的发展。同时，社区教育也是社会治理创新实施的载体。社会治理创新是一项长期、复杂的系统工程，旨在针对国家治理中出现的社会问题，完善社会福祉、保障改善民生、化解社会矛盾、促进社会公平、推动社会有序和谐发展。[①] 而社区教育通过

[①]　姜晓萍：《国家治理现代化进程中的社会治理体制创新》，载《中国行政管理》，2014(2)。

发挥积极参与、人际互动、价值引领、心理引导以及舆情分析等功能①，实现社会治理创新。

在本章中，社会教育主要讨论青少年社会教育、社区教育、老年教育和乡村社会教育。

第二节　青少年社会教育

青少年成长是一个复杂的生理和心理发展过程，是复合而不是单一的发展，是全面而不是片面的发展，需要进行多方面、多层次的教育。青少年教育包含学校教育、社会教育、家庭教育三种形态，而往往学校教育成为家长关注的唯一焦点。事实上，青少年的学习态度、精神面貌、思想观念、兴趣爱好、生活方式，在很大程度上受到社会教育的影响。社会教育能够满足青少年多方面的成长需求，是我国青少年教育格局中的重要组成部分。

目前，青少年社会教育的思想并没有成为教育理论界的共识，更没有纳入教育行政的范畴，现行的教育制度、教育载体、教育课程，以及教材、教法等都是为学校教育而设计和制定的。然而，学校教育只是青少年教育的一部分，社会教育存在于青少年生活的全部过程之中，处处影响着青少年的成长发展。这三种教育形态存在不同的场所，具有不同的特点和优势，但共同促进青少年的成长发展，共同构成一个青少年教育的完整系统，共同书写青少年成长进步的绚丽篇章。

一、青少年社会教育的政策及其特性

1974 年，联合国教科文组织第 18 届全体会议通过的《关于旨在

---

① 董平：《社区教育的社会治理功能及其实现的工作模式研究》，载《成人教育》，2016(11)。

促进国际理解、合作与和平的教育与人权及基本自由的教育建议》指出："校外教育的参与方都应该共同努力接受并使用大众传媒、自主教育和互动教育等手段，使用博物馆、公共图书馆等帮助青年人获取知识，促使青年人保持积极乐观的情绪，实施积极的行为，推动各种教育运动和方案符合决议的基本精神；校外教育的参与方，无论是公共机构还是私人都应充分利用有利的形式和条件，如青年活动中心的社会和文化活动、俱乐部、文化中心、社区中心或工会组织、青年聚会和联欢节、体育比赛、接待外国访问者、学生和国外人员的交流等。"①

我国制定的一些教育政策也提出了发展青少年社会教育的必要性。例如，1999 年中共中央、国务院颁布的《关于深化教育改革，全面推进素质教育的决定》提出，实施素质教育"应当贯穿于学校教育、家庭教育和社会教育等各个方面"。2004 年中共中央、国务院《关于进一步加强和改进未成年人思想道德建设的若干意见》在提到青少年社会教育时，提出"要建立健全学校、家庭、社会相结合的未成年人思想道德教育体系，使学校教育、家庭教育和社会教育相互配合，相互促进"，表明青少年时期的社会教育应与家庭教育、学校教育相互配合、相互促进，是一种联动关系。2017 年中共中央、国务院印发的《中长期青年发展规划（2016－2025 年）》提出，要"加大青年社会教育投入""创造社会教育良好环境""实现对青年教育空间的全覆盖"。在青少年全面发展的过程中，社会是一个重要的教育空间，这个教育空间与家庭和学校存在平行关系。

2016 年，教育部等 11 部门印发了《关于推进中小学生研学旅行的意见》，要求各地将研学旅行摆在更加重要的位置，推动研学旅行健康快速发展。目前，研学旅行、营地教育等已经成为青少年社会

---

① 陈新华：《新世纪上海市政府青年事务管理模式探讨》，硕士学位论文，华东师范大学，2006。

教育的主要形式，也成为国家教育部门关注的重要方面。该文件提出，将研学旅行纳入中小学教育教学计划。2017 年，陕西省、上海市、江西省、重庆市、宁夏回族自治区、四川省、黑龙江省、湖南省等八个省份相继发布《关于推进中小学生研学旅行的实施意见》。2018 年，海南省、新疆维吾尔自治区、安徽省、浙江省等省份也陆续发布《关于推进中小学生研学旅行的实施意见》。部分省份在《关于推进中小学生研学旅行的实施意见》中清晰地规定了小学、初中、高中学生每年需要实现的研学旅行天数。由此可见，青少年社会教育已经被提高到与学校教育同等重要的位置。

二、青少年社会教育的功能与内容

青少年社会教育是社会机构、社会组织和个人，在学校和家庭以外场所进行的，促进青少年成长发展的社会活动。[①]

作为青少年教育格局中的重要部分，青少年社会教育的一大功能是弥补学校教育的不足。现代学校教育的主要特征是标准化。标准化教育存在着一些不足。从标准化的年级来看，"严格的年级制抑制个性才能的发育：接受能力快的受约束，其抑制和耽搁是显然的；接受能力慢的受挫折，其实慢者中或许有大器晚成者，但长期遭催促、受挫折恐难成大器"[②]。同时，青少年社会教育的另一大功能是克服家庭教育的弊端。目前，许多家庭教育重知识技能，轻道德法律。中国青少年研究中心 2014 年的调查显示，71％的家长仅以"学习"为亲子沟通的主要内容。[③]"家庭教育"变成了"家庭学习"，使一些学生缺乏对是非曲直应有的分辨能力。在这种情况下，社会教育就承担了青少年的道德和法律教育，以及人生观和价值观的教育。青少年宫是青少年充分利用闲暇时间的场所，可以提供文艺、体育、

---

①　张良驯：《青少年社会教育学》，42 页，北京，人民教育出版社，2017。

②　郑也夫：《吾国教育病理》，139 页，北京，中信出版社，2013。

③　张良驯：《青少年社会教育学》，258 页，北京，人民教育出版社，2017。

科普等知识。媒体教育在青少年成长中发挥越来越大的作用。

在促进青少年成长方面，社会教育主要发挥了三方面功能：促进青少年社会化，促进青少年个性化，促进青少年问题治理。

（一）促进青少年社会化

社会化是指青少年个体学习和接受社会的价值观念、制度规范和行为方式的过程。青少年时期是人的社会化的关键期。社会是青少年社会化的基本区域，社会教育是青少年社会化的重要途径。"社会教育的育人功能主要是促进个体的社会化，社会化的表现包括人生观、价值观的形成，社会角色、社会职业的定位，社会道德、社会责任的担当。"[1]由此看来，青少年社会化要学习基本的社会规范，掌握基本的生活技能，学会承担基本的社会角色，进行基本的社会生活。青少年的社会化进程是在社会这个大环境中进行的，社会教育在青少年社会化的过程中发挥着比学校教育和家庭教育更大的作用。社会教育拓宽了青少年观察人与人之间如何相处、交往、合作、竞争的机会。社会教育在青少年社会化过程中具有广泛的教育影响，其中影响最大的是青少年思想道德。我国非常重视青少年的思想政治教育，而思想政治教育其实就是以思想政治素质和道德品质为核心的社会教育，或叫作社会思想政治教育。[2] 有调查表明，在青少年道德观念发展中，"家庭因素的影响占 23% 左右，而学校因素的影响占 10% 左右"。而网络环境、舆论导向和影视作品等社会环境对青少年道德观念的影响较大，"构成青少年道德观念发展的主要因素，也就是说青少年道德观念发展在很大程度上受社会环境因素的影响"。"一些影视人物、网络人物、文学作品人物在青少年道德观念

---

[1]　杨育智：《社会教育功能解读》，载《成人教育》，2011(4)。
[2]　刘梅：《论思想政治教育的社会教育形态》，载《思想教育研究》，2011(9)。

发展中也发挥着重要的影响。"①青少年在社会教育中感受社会文化
和价值观念，形成自己的人生观和价值观，定位自身的社会角色，
担当起应有的社会责任。

（二）促进青少年个性化

学校教育提供的是统一的标准化教育，忽视学生的个性特征和
个性发展。青少年社会教育实行个性化教育，为不同个性的青少年
提供不同的教育内容，在教育过程中尽量满足个性化需求，促进青
少年的个性发展。有调查表明，对青少年个体成长来说，社会教育
对青少年"人际交往能力""社会适应能力""自我认知能力""团队协作
能力""创新能力""应急处理能力"等的提高具有较大作用。②

青少年社会教育促进青少年个性化，核心是通过多种形式的社
会教育活动，促进青少年个体自主性、独特性和创新性的形成。社
会教育是青少年及其家长自主选择的教育，其内容和形式也是根据
青少年的喜好而自主选择的。社会教育的重要优势是实行个性化教
学，青少年可以从自身兴趣爱好出发，选择个性化的学习内容和学
习方式。美国心理学家斯滕伯格说："创造力没有出现在孩子们成绩
单的任何一栏里。"③青少年宫促进青少年创新的典型例子是中国福
利会少年宫举办少儿计算机培训班。"上海市最早在少年儿童中开展
电子计算机教育活动的，是中国福利会少年宫。那是 1978 年，少年
宫受到全国科学大会精神的鼓舞，认识到要培养四化建设人才，应
从小抓起，而且必须以现代最新科学技术知识武装他们，于是决定
依靠社会力量试办计算机小组。……1983 年 6 月 1 日，正式成立了

①　佘双好：《青少年思想道德现状及健全措施研究》，129 页，北京，中国社会科学
出版社，2010。
②　苏敏、倪赤丹：《深圳市青少年社会教育现状研究》，载《开封教育学院学报》，
2015(6)。
③　郑也夫：《吾国教育病理》，195 页，北京，中信出版社，2013。

我国第一个儿童计算机中心——中国福利会儿童计算机活动中心。"①

青少年社会教育能够促进青少年个体的身体发展。2014 年调查显示，"我国中小学校落实每天 1 小时体育锻炼的现状不容乐观，在 1 551 份调查样本中，40.8％的学校无法保证学生每天参加一小时体育锻炼。对 1 627 名学生的调查显示，每天不锻炼和锻炼时间在半小时以内的学生占到 41.6％，每天锻炼一小时以上的学生为 29.1％，28.8％的学生每天锻炼时间在半小时至 1 小时之间"②。在学校教育中无法实现的发展目标，可由青少年社会教育来补充和完善。

(三)促进青少年问题治理

教育学界很少关注问题青少年的教育。在教育聚焦优质、优秀的情况下，青少年社会教育应该发挥解决青少年问题的指导作用。2000 年，我国成立了"全国青少年校外教育工作联席会议"，直接原因是当时出现的严重青少年问题引起了高层的关注。

德国教育家诺尔说："社会教育就是给青少年以帮助，青少年的成长是来自帮助，他们会遇到困难，必须照顾他们，使他们的苦难转而消失，能适应社会生活。"③青少年在成长过程中遇到的各种问题，需要家人、亲友的关怀，也需要政府、社区、大众传媒的帮助。但是，在全社会轻视社会教育的大背景下，现行的青少年社会教育在促进青少年健康成长方面发挥的作用是很小的。如何通过加强青少年社会教育，不断增强其对青少年的引导支持功能，从而在学校和家庭之外为青少年的健康成长提供一种制度性的保障，这是预防当前频发的青少年问题的重要途径。

---

① 周新英：《"计算机普及要从娃娃做起"——记上海市中小学生电子计算机教育》，载《人民教育》，1985(1)。
② 慈鑫：《中央发文抓体质为何成效未彰》，载《中国青年报》，2014-08-06。
③ 龚超：《国外社会教育理论研究的发展现状探析》，载《理论月刊》，2008(2)。

三、青少年社会教育机构与实践方式

我国传统的青少年社会教育机构主要是校外青少年教育机构，如青少年宫、青少年之家、博物馆、文化馆、纪念馆等，开展以普及科学知识，培养良好品质，增进身体健康，发展艺术才能和其他爱好为主的教育，目的在于配合学校促进青少年个性的全面发展，弥补学校和家庭教育的不足。

青少年获取社会经验的实践方式主要有社会参与、社会服务和社会体验。社会参与是指青少年参与社会活动，在活动参与中受到教育。社会教育开辟了青少年参与社会、融入社会的机会和渠道，推动社会形成吸纳青少年参与的制度与环境。青少年社会参与包括政治参与、经济参与、文化参与等多种形式。在政治参与方面，青少年可以依法在公共场所中、新闻媒体上发表政治意见，可以加入青少年组织和政治组织的方式参与政治，如少先队组织、共青团组织、各种党派等。在经济参与方面，青少年在校期间可以进行勤工俭学。在文化参与方面，青少年可以吸纳优秀传统文化，借鉴外来先进文化，学习社会主流文化，也可以创造时尚文化和流行文化，传播自己的文化观念，展示自己的文化产品。

在我国，目前青少年社会教育发展比较好的地区有上海、深圳等沿海大城市和中部地区的武汉。共青团武汉市委根据武汉市青少年的社会需要，按照"人在情境中""天赋潜能"及"全方位维权"等社会工作理念，本着社会本位与青少年个人本位双向互动的原则，确立了引领、赋权、矫治、发展四大目标。[①] 此外，中西部高校的社会工作专业学生成为运用专业社会工作方法和技巧开展青少年社会教育活动的一个新群体。特别是部分高校院系团委结合院系专业特

[①] 李晓凤：《武汉市青少年社会教育经验模式研究——从青少年社会服务的角度》，载《中国青年研究》，2007(12)。

色，通过专业技能活动、社会实践活动、爱国主义教育活动、青年志愿服务活动、"国际社工日"纪念活动等有效载体，组织社会工作专业各年级学生开展了一系列青少年社会教育活动，取得了一定的成果，如组织大学生新生成长小组、开展爱国主义教育基地讲解和地方文化传播等。

随着科技和互联网的发展，家长对机器人教育、科学课、少儿编程的认知度越来越高。半数家长认为在孩子在 6～9 岁的小学阶段更适合开始接受科创教育，机器人教育、科学课、少儿编程、创客教育、3D 打印、无人机等领域受到强烈关注（见图 4-1）。

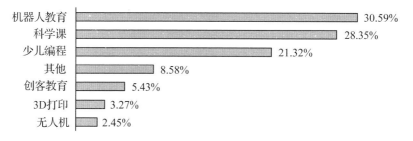

图 4-1　家长倾向选择的科创类培训项目占比

资料来源：《2017 中国家庭素质教育消费报告》，http：//www.ce.cn/xwzx/kj/201712/18/t20171218＿27306690.shtml，2018-07-27。

全球风靡的"营地教育"，也进一步在中国素质教育领域占有一席之地。有近一半幼儿园或学校并未开设相关课程，这给予素质教育培训机构更大的发展空间。53％的家长有意选择校外专业的生活素养培训机构，71％的家长倾向让孩子参加游学、营地项目，希望通过孩子就读的学校以及专业的游学或营地教育公司，提升孩子的情商、逻辑思考能力，以及表达能力。①

---

① 《2017 中国家庭素质教育消费报告》，http：//www.ce.cn/xwzx/kj/201712/18/t20171218＿27306690.shtml，2018-07-27。

（一）以上海市为例①

近年来，上海市高度重视社会教育对青少年的影响，着眼于让广大未成年人享受社会发展的文化成果，获得更好的学习环境。坚持一手抓校外场馆建设，一手抓各类社会教育资源的有效整合，努力把最好的教育阵地、教育师资、教育环境、指导队伍、活动设计、文化产品提供给青少年，以便正确引导，并发挥社会教育的导向作用，培养社会主义建设所需的全面发展的人才。

为了满足青少年的需要，在建好用好中国福利会少年宫新大楼、上海科技馆等标志性、示范性青少年活动阵地的同时，重点推动城区和街道社区的青少年活动阵地建设。全市已建立社区文化活动中心108个、社区学校220所、青少年社会实践认证站37个，每个街道（社区）、居委会（小区）都普遍建立了设施较为齐全的青少年活动场所。全市有各类纪念馆、博物馆、展览馆、烈士陵园等爱国主义教育基地41个，科普教育基地187个。

充分调动各项社会资源服务青少年社会教育。上海市每年通过寒暑假招募近万名青少年志愿者，举行"大手牵小手"的服务活动。开展预防青少年犯罪、"青少年网络成瘾矫治平台"等活动，这些活动成功地预防了青少年的偏差行为、不良习惯，收到了良好的效果。同时，定期为青少年举办讲座或文艺演出，促进青少年继承光辉的传统，并树立崇高的理想。上海市还将部分公共机构开辟成特色活动阵地。市、区部分人大、政协、法院等机关，建立未成年人公民人格教育基地，让未成年人亲临现场，了解决策、议政、审判的过程，开展情景模拟、体验互动，培养公民意识，增强社会责任感、认同感。新闻晚报等媒体专门成立青少年参加的小记者团，引导他们以自己的视角观察社会以及日常生活，通过自己设计记录文字、

① 杨守建：《社会教育与青少年全面发展研究》，载《中国青年研究》，2013（3）。

图片、影像，搞竞赛，比新闻等多种形式，提高孩子们的自主参与性、动手能力和表达能力。这些阵地在潜移默化中发挥社会教育的作用，逐步提升青少年的综合素质，促进青少年的全面发展。

（二）营地教育的发展现状

营地教育起源于美国，在世界上已经发展了很多年。截至 2017 年，美国有 1.2 万个营地，每年服务超过 1000 万名中小学生。根据世界营地协会（The International Camping Fellowship，ICF）的统计，世界上营地数量最多的国家是俄罗斯，共有 5.5 万个营地。

中国营地教育起步较晚，2014 年开始火热起来。目前，政府是推动营地教育发展的推手之一。国家"十二五"期间规划建设 150 家营地，"十三五"期间仍将建更多高质量的营地来服务青少年。启行营地教育是我国营地教育的行业先行者，2015 年牵头成立中国营地教育联盟，成功举办中国第一届营地教育大会。2016 年，营天下与业内几家机构共同发起成立了中国营地教育研究院，开始尝试建立国内营地教育标准。

国内营地教育的课程体系经过近些年的发展，逐步完善成熟。下面是部分国内营地教育机构主要的课程类型（见表 4-1）。

表 4-1　部分国内营地教育机构主要课程类型

营地教育机构名称	主要课程类型
东方绿舟（2000 年成立，上海市青少年校外活动营地）	生存体验
	科学探究
	水上运动
	素质拓展
	团队竞赛

续表

营地教育机构名称	主要课程类型
夏山营地教育（2014 年成立）	荒野求生
	自然探索
	自我保护
	先锋工程
	世界公民
启行营地教育（2015 年成立）	日常营
	住宿营
	研学营
	公益营（如贫困体验活动）
	海外营

在国内营地教育发展过程中，很多机构陆续建立了自己的营地教育基地。如启行营地教育建立的秦皇岛阿那亚启行青少年营地（见图 4-2）等。

图 4-2　秦皇岛阿那亚启行青少年营地

随着国内营地教育的蓬勃发展，中国营地教育开始逐渐走上国际舞台。2017 年 10 月 9—12 日，第 11 届国际营地大会（ICC）在俄罗斯召开，来自美国、中国、日本等 10 多个国家和地区的政府代表、营地教育机构领军人物、专家学者及相关国际组织负责人近千人参加大会。大会闭幕仪式上宣布中国正式获得 2020 年国际营地大会主办权。此次中国拿到 2020 年国际营地大会的主办权，将进一步推动和促进中国营地教育的发展。

第三节　社区教育

自 1999 年国务院明确提出开展社区教育实验工作以来，我国社区教育开始蓬勃发展。特别是党的十八大以来，按照《国家中长期教育改革和发展规划纲要（2010—2020 年）》的部署，社区教育进入新的发展阶段，探索出具有中国特色的社区教育发展方式和路径，形成了东部沿海发达地区广泛开展、中西部地区逐步推进的发展格局，建设了一大批全国和省级社区教育实验区、示范区，社区教育参与率和满意度逐步提高。

一、社区教育政策环境持续优化

欧洲委员会于 2004 年 10 月通过了《欧洲青年政策纲要》，提出培养青年基本的学习技巧和能力，帮助弱势青年通过成人教育与培训融入社会。2006 年，欧洲成人教育协会在其报告《成人教育——欧洲的趋势和问题》中认为，"终身学习和成人教育可以带来一系列的好处：面向被排斥的团体和个人以及有被社会排斥可能的团体和个人，以及更广泛的社会，……通过成人教育可以更好地增强对弱势群体的社会支持与融合"。①

自 20 世纪末以来，我国政府出台了多项有关发展社区教育、推

---

① 任建华、丁辉、徐君：《成人学习促进欧洲弱势群体社会融合的经验和启示》，载《河北大学成人教育学院学报》，2009(3)。

进学习型社会建设的政策文件。1999 年，国务院批转教育部《面向
21 世纪教育振兴行动计划》，明确提出"开展社区教育实验工作，逐
步建立和完善终身教育体系，努力提高全民素质"。为落实该文件，
2000 年，教育部发布《关于在部分地区开展社区教育实验工作的通
知》，决定在全国开展社区学院试点工作，推动社区教育加快发展。

近年来，随着全民学习、终身学习的需求不断增加，国家越来
越重视社区教育。2014 年，《教育部等七部门关于推进学习型城市建
设的意见》提出：广泛开展城乡社区教育，把社区教育工作纳入社区
服务体系建设规划中。2016 年，《教育部等九部门关于进一步推进社
区教育发展的意见》明确提出：到 2020 年，社区教育治理体系初步
形成，建设全国社区教育实验区 600 个，建成全国社区教育示范区
200 个，全国开展社区教育的县（市、区）实现全覆盖，社区教育工作
开始全面推进。

在国家政策的引领下，地方性制度和政策体系建设也逐渐加快
推进。如福建省、河北省、云南省、江苏省、湖南省、陕西省、山
东省、上海市、太原市、成都市、宁波市等地相继颁布推进社区教
育或终身教育发展的条例、意见或规划。各地社区教育相关的法规
和制度建设不断取得进展，为社区教育工作的长效化、常态化开展
提供了支持。

二、社区教育管理体制初步形成

我国社区教育是一种由政府主导、自上而下的教育行为，由政
府统一组织、协调、筹划。其中，城市社区教育主要采取"街道统
筹""城区统筹"两种管理模式；农村社区教育实行地方分级管理，由
县、乡镇两级重点负责，形成了"县乡统筹""乡镇统筹"两种管理模
式。由于我国农村乡镇的社区教育资源与组织力量不足，"县乡统
筹"成为农村社区教育组织管理的主导模式。同时，农村教育事业的
社会性、群众性特点要求重视乡镇乃至行政村的作用，因此，乡镇

一级是落实农村各项事业的重点环节和"主体"所在，"乡镇统筹"仍然是农村地区社会教育的重要模式。在全国社区教育实践中，我国建立了以县(市、区)委分管副书记、县(市、区)政府分管副县(市、区)长为组长，相关部门领导参与的社区教育工作领导机构，形成了"党政统筹领导、教育部门主管、有关部门配合、社会积极支持、社区自主活动、群众广泛参与"的管理体制。

三、社区教育实践模式及发展趋势

(一)实践探索有序推进

截至 2016 年 7 月，我国共有 122 个全国社区教育实验区和 127 个全国社区教育示范区。社区教育实验区和示范区基本覆盖了全国大多数地区，形成了以京津沪等大城市为龙头，东部沿海发达地区为主干，中西部地区有重点开展的梯度发展格局。与此同时，各种民间性、群众性、区域性研究社区教育发展的组织如"长三角社区教育发展论坛""环渤海地区社区教育协作组织"等纷纷成立，有力地推进了社区教育在办学网络、资源共享、师资队伍、学习方式等方面的改革和发展，提升了服务社区居民的能力。据教育部统计，当前社区教育重点服务对象是老年人、学前儿童、青少年和农民等，其中，面向老年人开展社区教育人数最多，其次是外来务工人员，再次是青少年、农民、下岗失业人员等。

随着社区教育的不断发展，我国社区教育已根据各地实际，探索出了多种具有区域特色、多元的社区教育运行模式。一是"以学校为主体"模式，主要是指学校，特别是中小学作为社区教育的组织者、协调者，利用自身办学资源和优势进行校外活动。其特点是学校为主、自愿结合、互惠互利。二是"以街道为中心"模式，主要是指街道作为社区教育的组织者、协调者，以社区服务及社区文化为着眼点进行的各种休闲、文体、活动性的教育活动。其特点是地区为主、政府协调、社会参与、双向服务。三是"以地域为边界"模式，主要是指由社会各界共同组成社区教育协调委员会，对社区教育进行总体协调和具体策划。其特点是以学校为主体，以学区为依托，动员社会各方面力量发挥各自优势，实现教育的社会化。四是"以大型企业为中心"的厂区型模式，其特点是学校与外部的关系畅通，各有关单位之间亲和力、凝聚力强，便于组织和管理，经济实力雄厚。五是"以社区学院为龙头"模式，通过统筹社区相关机构的教育资源，开展学历、非学历教育，进行文化性、职业性、专业性社区教育活动。

（二）社会教育资源初步整合

通过社区教育实验区的带动作用，为社区教育资源提供了横向、纵向沟通的机会，实现社区教育资源共享；通过有计划、有组织地引导社区内各类学校、教育培训机构和各类文化体育设施向居民开放，提高了社区教育资源的使用效率。随着"互联网＋"的深入发展，充分利用互联网技术开展现代远程教育，为更大范围内教育资源的整合提供了可能，也为全民学习、终身学习搭建了良好的平台。

四、社区教育面临的问题

尽管我国社区教育发展取得了不错的成绩，但在发展过程中仍存在一些问题，还不能适应全面建成小康社会特别是学习型社会建设的要求和满足社区治理及民生保障的需要，仍处于发展的初级阶段。

（一）对社区教育认识有待提高

我国社会上对社区教育感到陌生的群体仍不在少数。社区教育作为一种社会化的教育类型，需要社会各方面力量的支持，但目前各级政府、企事业单位领导甚至社区教育人员对社区教育的认识还比较模糊。在区域发展中，地方政府明显偏向社区的经济政治功能，社区教育工作行动不到位。同时，受制于传统教育的思维定式和封闭观念，各类社区教育机构与社会无法有效交流，难以整合教育资源、发挥教育的功能。

(二)社区教育法律体系不健全

虽然我国已经出台了社区教育相关的政策文件，但仍没有一部专门的社区教育法规，只是在一些法律条款中有所涉及。总体来看，社区教育法律体系不健全现象还将长期存在。这导致在实际发展中教育部门与其他行政部门之间沟通不畅，各类教育主体之间资源整合力度不够，社区教育无法可依、无章可循的状态总体没有改变，地方社区教育处于可办可不办、放任自流的状态依然大范围存在。

(三)区域社区教育发展不平衡

由于城乡二元结构和地区经济发展不平衡的影响，我国社区教育总体上呈现出中西部滞后于东部、农村滞后于城市的态势。从全国社区教育实验区的推进看，东部地区、发达地区远远多于中西部以及不发达地区，如青海、内蒙古分别只有一个全国社区教育实验区，西藏则尚未设立。这就使得发达地区的社区教育越来越完善，社区教育与经济社会进入良性循环发展阶段。而社区教育发展滞后地区则出现政府、企业、居民均不感兴趣的局面，难以形成良性循环发展。如何促进欠发达地区的社区教育更快更好地发展，如何引导欠发达地区教育经济社会的良性循环，成为当前迫切需要解决的问题。

(四)政府统筹管理能力较薄弱

社区教育是一项系统工程，需要通过政府统筹，合理整合、配置社区内的各种教育资源，形成教育合力，提高教育效率。当前，我国各级政府教育、民政、人社等部门都可以开展社区教育活动并进行管理。然而，这些部门行政职能条块分割，且不存在隶属关系，社区教育建设和管理过程中相互沟通不畅、重复低效、互相推诿等现象普遍存在。政府统筹能力不足会导致一系列问题：其一，管理不规范，缺少强制性，随意性较大；其二，缺乏必要的经费支持，许多地方没有设立社区教育专项经费；其三，社区教育专职工作者的编制、待遇、职称评定等实际问题难以解决，专职队伍不稳定、素质良莠不齐；其四，社区教育资源不能充分整合利用，社区内的各类学校向社区开放教育资源的积极性普遍不高。为解决这些制约社区教育发展的实际问题，亟待建立以政府为主导的社区教育统筹协调机制，保证社区教育持续、稳定、健康发展。

（五）民间力量参与积极性不高

社区教育以行政为主导，但要求有广泛的社会参与。就社区教育的本质而言，政府应主要在政策和法规层面发挥好指导、引导和评估作用，而具体的组织和开展则应更多地发挥民间力量的作用，使之成为一种群众性、自下而上的社会教育活动。目前，在我国社区教育的工作实践中，非政府组织和各种民间力量虽然有所参与，但仍明显不够。社区教育真正走入民间，真正地做到贴近基层群众，还有很长的路要走。

第四节　老年教育

在我国人口老龄化急剧发展的进程中，以社区为依托，推进社区老年教育，探索社区老年教育的路径和模式，构建社区老年教育体系，成为提高老年教育参与率的基本策略和发展走向。

社区老年教育是以社区为特定场域，以老年人群为特定对象所开展的教育、培训、交流和有组织学习活动的总和。从社区老年教育的外延来看，按照传统教育观念，生活休闲活动和教育是没关系、不搭界的。但是，按照联合国教科文组织2011年版《国际教育标准分类法》对教育的最新定义，存在于社区居民中大量的生活休闲活动，其中包含着"有意识的""旨在引发学习的""某种形式的"交流，具有教育、健身、娱乐、休闲等多重属性与功能，有利于居民改善心智、愉悦身心、睦邻友善、社区和谐，是社区老年教育不可或缺的一部分，是社区老年教育区别于老年学校教育的特色之处，也是今后老年教育发展的一种必然走势。因此，把生活休闲活动纳入社区老年教育范畴，当属一种与时俱进的解读，这样就使社区老年教育的外延显得比较宽泛和包容。

从社区老年教育的内涵来看，老年教育越来越变成老年学习。当今时代，社区老年教育冲破了传统教育观念支配下课堂面授教学的模式和格局，在很大程度上呈现为一种有意义（价值）的、含有教育内涵的交流、对话，形成一种自主学习和互动学习；特别是社区居民创造的"议事园""学习沙龙""百姓讲坛"等场所，更是成为一种问题学习、实践学习、经验交流、智慧分享；还有时下的网络学习、移动学习、微信微课、网上讨论区、QQ 聊天群等，也成为一些老人富有时代气息的一种学习时尚。

一、老年教育的社会价值

老年教育的社会价值，是以老年人自身价值为本位并上升到教育工作的价值判断与价值认同。从总体上说，老年人群确实属于社会的弱势群体，而就老年人群而言，又要进行具体分析。一个人进入成年后期后，可分为准老年期（55～60 岁）、低龄老年期（60～70 岁）、中龄老年期（70～80 岁）、高龄老年期（80 岁以上），在不同年龄段，他们的体质、精力、智力不一样，所展示的价值和功能也不一样，实际上中低龄老年人群，他们还可以较好地发挥潜能，展其所长，服务社会。

走进社区，我们发现老年人服务社会的活动随处可见，这种活动既是学习，又是服务，是老年人将自己的学习成果转化为服务社会，是一种较高层次的实践学习和爱心奉献相结合的实践成果。老年人是一个家庭特别是隔代教养的守护神，是社区综合治理的维护者，是社区青少年校外教育的好老师，是和谐社区建设的参与者和建设者，是优秀传统文化、特色节庆文化、娱乐休闲文化的传播者和实践者；当然，还有一批老年知识分子、专业技术人员，为国家的现代化建设、为社会民生事业辛勤付出，贡献智慧。所以，老年人是社会的一份宝贵财富，我们要善于发挥各种老年人的长处、优势、潜力、智力服务社区，共建家园。

二、老年教育的发展历程

1983年9月，我国成立了第一所老年大学——山东省红十字会老年人大学。当时学校主要帮助老年人保健养生，开设了老年养生保健、老年心理学等课程。之后，各地老年大学迅速发展起来，课程也日趋多元化，如文学、历史、书法、绘画、戏剧、曲艺、花卉等。从20世纪90年代开始，老年教育逐渐被纳入社区教育发展的框架之内。随着老年教育日益受到各级政府和社会的重视，老年教育的途径和形式也越来越多元化，不再局限于学校形式，逐步构建以政府投入为主，全社会广泛参与，资源整合的教育公共服务体系。

（一）起步初创阶段（1983—1985年）

1982年，国家废除干部终身制，一大批老干部退出了一线工作岗位。为了使他们适应退休后的生活，找到新的精神寄托，并与社会同步前进，一些省份的涉老部门开始组织离退休老干部参加以健身、书法、国画为主要内容的多种形式的活动和讲座。1982年4月，山东省红十字会一些具有远见卓识、勇于开拓的同志提出通过老年教育的途径，寻求解决老龄工作某些方面问题的方法，决定创办老年大学。经山东省红十字会副会长李衡等同志的积极筹备，并得到山东省委领导的大力支持，1983年9月17日，山东省红十字会老年人大学（后更名为山东老年大学）开学典礼在济南东郊饭店礼堂举行，首批学员936人。中国第一所老年大学由此诞生。之后，在不长的一段时间里，广州、长沙、哈尔滨等市也相继成立了老年大学。至 1985 年底，全国已有老年大学 61 所，在校学员 4 万余人。

这些老年大学当时的突出特点是基本上都是在一无经费、二无编制、三无校舍的情况下，白手起家的，当时被人们成为"三无"老年大学。难能可贵的是，有一大批热心老年教育事业的老同志勇于开拓、艰苦创业，一方面积极地向各地党政领导和有关部门宣传办学意义，另一方面从实际出发研究、明确办学宗旨，利用多种形式介绍办学成果，逐步得到各级党委和政府的重视、支持和社会的认可，为老年大学这一新生事物迅速普及和发展奠定了基础。这些老同志在中国大地上点燃了老年大学事业的星星之火，被时任中国老龄问题全国委员会主任的于光汉同志誉为"燃烧的火种"，受到社会广泛赞誉。

1985 年由哈尔滨老年大学发起，济南老年大学组织，与办学较早的山东老年大学、辽宁老年人大学、北京市海淀老龄大学、金陵老年大学等 6 所老年大学，在济南市召开了协作会议，建议中央有关部门召开全国性会议，及时总结经验，逐步完善老年大学，使老年教育健康发展。该建议一经提出，立即得到中国老龄问题全国委员会领导的支持。

（二）探索开拓阶段（1985－1988 年）

中国老龄问题全国委员会应各地老年大学的要求，于 1985 年 12 月在北京召开了"全国老年大学经验交流会"。这次会议受到中央领导同志的重视。李鹏、薄一波、宋任穷、严济慈等党和国家领导人亲切接见了会议代表并做重要讲话，对我国刚刚兴起的老年大学给予充分肯定。李鹏同志在讲话中明确指出："老同志退下来以后，确实有这样的问题，除了极少数人身体不大好，绝大多数的同志还是有相当大的精力，能够为社会主义事业，为教育后代做工作。""把老人组织起来，让他们学他们愿意学的东西，我认为这是一种很好的形式。所以，我们党和国家应该给予支持，应该不断地总结经验，使它能够逐步完善起来。"①

　　这次会议是我国老年大学发展史上具有极其重要意义的会议。中央领导同志对老年大学的肯定，极大地鼓舞了老年人的学习积极性，增强了教学人员的工作热情，坚定了办学人员发展老年教育事业的决心。会议结束后，各地党和政府加强了对老年大学工作的领导，老年大学像雨后春笋般涌现出来。老年教育事业开始进入发展阶段。

　　老年大学这一新生事物的出现填补了我国终身教育体系中的一段空白。同时，也正因为这是一项新的工作，还未能掌握其内在规律，不仅缺乏理论指导，在办学、教学中也存在很多问题，亟待研究解决。为了寻求正确的办学方向，明确办学宗旨，找到适合老年人需要的教学方法，办学较早、规模较大的老年大学领导倡议成立一个全国群众性老年大学校际协作组织，以便一起磋商探讨、交流经验并进行合作。1988 年 9 月，经国家教委批准，"中国老年大学协会"成立，作为"中国成人教育协会"的二级协会。协会成立后，在学校间和学校与政府间发挥了桥梁、导向和凝聚作用。协会的成立作为我国老年教育事业发展的一个重要里程碑，标志着我国的老年大学进入了一个新的阶段。

　　这个阶段老年学校教育的特点是发展快，开始分层次、多渠道办学。据 1988 年 12 月统计，1986—1988 年的三年时间，老年学校已由 61 所发展到 916 所，增长了 14 倍；老年学员由 4 万人增长到 13 万人，增长了 2.25 倍。遵照李鹏同志提出的多设分校、让老同志就近入学和面向全社会老年人招收学员的指示，在各级党委和政府

---

　　① 《李鹏同志在接见全国老年大学经验交流会代表时的讲话》，见全国老龄工作委员会办公室、中国老龄协会：《中国老龄工作年鉴：1982—2002》，43 页，北京，华龄出版社，2004。

支持下，老年教育逐步广泛发展，各地不仅县以上城市创办了老年大学，基层街道、乡镇也开始创办老年学校；不仅政府办，工矿企业、军队、大专院校、科研单位以及社会团体都兴办了老年大学、老年学校，老年学校教育开始蓬勃发展。

（三）推进发展阶段（1988—1996 年）

中国老年大学协会成立后，各地的理事积极工作，广泛宣传兴办老年学校的意义，争取上级领导重视，动员社会力量支持，推动了我国老年教育事业的快速发展。从 1993 年开始，老年学校逐步向县（市）、乡（镇）扩展。1993 年 10 月，中国老年大学协会企业代表大会在山东莱芜钢铁总厂召开，选举产生了企业校委员会。据 1993 年底统计，全国老年大学（学校）发展到 5 331 所，在校学员 47 万人。1996 年，上海老年大学开办了"空中老年大学"，吸引了 30 多万老年人。现代教学手段的运用，促进了老年教育的更快发展。据 1996 年底统计，全国老年大学（学校）发展到 8 000 所，在校学员 69 万人。协会组织各地会员校共同协作，总结交流经验，进行理论研究，探讨教学、办学规律，对老年学校教育办学宗旨、教学方针、教学方法等诸方面的认识达成共识，虽然各地学校在具体表述上有所不同，但在宏观上形成了一些基本特色。

1. 颐养康乐与进取有为相结合的办学宗旨

老年教育的性质决定了老年学校教育必须贯彻教育方针和老龄工作宗旨，就是要提高老年人的全面素质，包括体能、智能、心理、政治各方面的素质和审美情趣、品格情操等，并要为应对人口老龄化的需要而实现"五个老有"的目标。老年人因身体逐渐衰老，有颐养天年、健康长寿的愿望，同时又有对国家的强烈的责任感，愿意为社会继续做贡献。因此，各校的办学宗旨虽然表述得不尽相同，但都包括了颐养康乐与进取有为两个方面，一般概括为"增长知识，丰富生活，陶冶情操，促进健康，服务社会"五个方面。

2. 多元化、网络化的办学形式

各校办学虽然都得到当地政府支持，但并非完全依赖政府，而是公办、民办、民办公助、军民共建、企校共建等多渠道办学。在学校类型上，由于各地条件不同，学员要求各异，因此既有单一型老年大学，也有多学科综合性老年大学，如专攻书法、国画的艺术型老年大学，开设烹饪、书法、摄影等专业的多学科综合性老年大学等。根据课程不同，老年大学分为一年、两年、三年和短训班多种学制；同时，按照学员个人条件，设置基础班、提高班和研究班，分班教学。

3. 因需施教、寓教于乐的教学原则

老年人入校学习，对课程的选择性较强，只有按照老年人的需求设置课程，学校才有吸引力；在教学过程中实施休闲教育，使学员从学习中获得满足和快乐。开设的课程不仅要按需施教，还要与时俱进、调整更新，办学之初多为卫生保健、文学、历史、书法、国画、舞蹈、音乐、养殖、种植等课程，随着社会的发展，逐步开设了法律、金融、外语及计算机等课程。

4. 灵活多样的教学方法

根据老年人的生理、心理特点，教学中采取了课堂讲授、小组讨论、参观实习相结合的教学方法以及利用录像、图片、实物等多种多样、生动活泼的直观教学方法。

中国老年大学协会组织各地会员校相互协作，通过教学实践不断总结经验，进行理论研究，探索老年教育规律，改进教学方法，提高教学质量，增强了学校的凝聚力，使老年教育得到长足发展。

（四）普及提高阶段（1996 年至今）

随着我国法治建设的加强和老龄事业的发展，1996 年《中华人民共和国老年人权益保障法》公布实施，为老年教育事业发展带来了新

的机遇。1996 年《中华人民共和国老年人权益保障法》第三十一条规定"老年人有继续受教育的权利"，老年人受教育作为公民的权利受到了国家法律保护；并规定"国家发展老年教育，鼓励社会办好各类老年学校"，表明发展老年教育事业的主体是国家，是国家意志的体现。

1999 年全国老龄工作委员会办公室《关于印发全国老龄工作委员会成员单位职责的通知》规定，今后文化部将全面负责全国老年非学历教育工作，指导各级各类老年大学的工作，明确了老年教育的政府管理、指导部门为文化部。这时，全国老年大学（学校）已经发展到17 000余所，在校学员达 130 万人。

2001 年 6 月 22 日，中共中央组织部、文化部、教育部、民政部、全国老龄工作委员会办公室联合下发了《关于做好老年教育工作的通知》，在肯定多年来各有关部门积极兴办各类老年大学、取得显著成绩的同时，要求各级党委、政府和有关部门积极兴办各类老年大学、进一步采取措施巩固老年教育事业取得的成果，文化行政部门要会同有关部门认真学习和借鉴各单位发展老年教育事业的成功经验，尽快制定老年教育事业发展规划和远景目标，进一步加强领导、科学指导，逐步规范老年教育的发展。这一通知不仅说明各级政府对老年教育有加强领导的责任，同时规定政府有关部门对老年教育有统一规划的任务。通知下达后，各地各级政府贯彻通知精神，认真研究，根据当地实际情况，分别制定出老年教育发展规划，有的地区还明确提出学员入学率的具体指标，有力地推动了老年教育事业的发展。

2003 年，全国老年大学（学校）发展到 26 000 余所，在校学员超过 230 万人。许多老年大学已发展成为多学科、多层次、多学制的综合性的老年教育基地。2005 年 5 月 13 日，西藏老年大学挂牌成立。至此，我国所有地区均已建立了老年大学。

2007 年以来，全国各地用科学发展观统领老年教育事业，把老年教育纳入了全面发展、协调发展和可持续发展的轨道，老年大学迎来了第二次发展和创新的高潮。许多地区教学环境有了新的改观，建起了高标准的教学楼，引进了现代化的教学设备，展现了老年大学的勃勃生机。据不完全统计，截至 2007 年，我国老年大学（学校）已发展到 32 697 所，在校学员已达 330 余万人。其中，具有一定规模、拥有较为完善的教学设施，教学管理较为规范、办学质量较高的有 3 000 所左右。中国老年教育已经形成了一个全方位、多层次、多学科、多功能、开放式的经验与教学管理体系。

2008 年，北京东方妇女老年大学成立。至此，全国老年大学（学校）共有 36 205 所，在校学员达 408.9 万人。在这个老年群体中，倡导讲政治、讲文明、讲科学，更新知识，增长技能，培养高尚的情操和健康的生活方式，在不断提高自身生活质量的同时，为社会主义精神文明和物质文明建设再做贡献。这个群体不仅受到老年人的欢迎，也得到党和国家领导人的赞许和社会的好评，同时在国际上赢得了良好声誉。

三、老年教育的办学模式

我国社区老年教育经过 20 多年的发展，各地城市社区老年教育积累了丰富的办学经验。其中有六个典型省市的经验可供借鉴。上海市的"重心下移"：上海市老年大学在全市的东西南北设立 4 所区老年大学分校，各区又建立了区老年教育工作小组，将老年教育重心下移至居（村）委会、街道等。福建省的"双重纳入"：福建省将社区老年教育"纳入"社区教育体系和社会管理体系，从领导到管理上都引起高度重视。长沙市的"规范推进"：长沙市社区的老年教育，分为起步探索、扩大发展和逐步完善，每一步都在市委、市政府的指导下规范推进、有序推进。景德镇市的"开放办学"：景德镇市将老年教育的办学方式社会化、地区化，从校内教学走向校外教学。

南京市的"典型带动"：南京市以金陵老年大学为典型，学校带动社区老年教育的发展，以点带面。重庆市的"中心校辐射带动"：重庆市以地区中心学校带动、支持地区其他社区学校的发展。

目前，作为社区老年教育骨干力量的社区老年学校教育，基本形成了以市、区县(市)、街道三级办学为主体，以居委会教学点为辅助的社区老年学校教育网络。各级老年学校办学条件不断改善，办学规模不断扩大，在社区老年教育中发挥了重大作用。

北京市朝阳区依托社区学院，基本构建起了区—街(乡)—社区(村)三级课程体系，形成了全区社区教育课程师资的配送中心、课程研发中心。学院自 2010 年开始实施"菜单＋订单"式社区教育免费课程配送工作。所谓"菜单＋订单"是社区学院向各个街(乡)公布的 89 门课程，包括社区党建、心理健康、艺术生活、计算机、外语、法律与管理、和谐家庭、安全生活等方面，供街(乡)按照各自的需求选择课程，另外可以针对菜单中没有的课程通过订单的方式反馈给社区学院，学院将在全区范围内协调资源，满足街(乡)社区教育需求。

2006 年，无锡市北塘区委、区政府做出《关于在原区老年大学基础上建立北塘区老年大学、在所有街道老年学校基础上建立北塘区老年大学街道分校的决定》。实施多年来，不仅北塘区老年大学与各分校"统分有序"的办学模式运作自如，而且各分校还在各自社区又建立了自己的分校或老年教育班，社区有专人负责管理，从而在全区初步形成了较健全的老年教育网络体系，拓展了社区老年教育的覆盖面。

四、老年教育存在的问题

近年来，城市老年教育发展迅速，但发展不平衡，即使有的做得比较好，但也有不少问题亟待解决。

(一)老年学校管理体制多头领导，交叉管理

社区老年学校的主办与隶属问题不仅关系到社区老年学校在社区发展中定性与定位的问题，还关系到它在社区中的发展地位、作用和方向等。

在老年教育管理权责的划分上，目前有三种情况：一是把老年教育归口于老龄工作，由老龄委、民政部门管理；二是把老年教育归口于老干部工作，由党委老干部部门管理；三是把老年教育归口于教育工作，由地方教育部门管理。

在管理体制上呈现出多种形式。目前老年教育的管理及参与部门涉及老龄办、教育局、街道、老促会、老年人协会。管理方式有三种：一是区级老年大学办学的资格审批权归教育局，属于民办非学历培训机构，上级主管部门是教育局。也有的区级老年大学由老龄办、教育局合作管理。还有的是区老干部局直接管理的老干部大学。二是社区老年教育原则上是由老龄办或者老干部局牵头，由设在老年大学的老年教育协调机构管理。三是街道、居委会一级的社区老年学校，以社团活动为主要形式的老年教育活动，则由居民科、宣传科、文卫科、妇联、老年人协会等相关部门分别管理。

例如，北京市朝阳区老年大学作为开展老年教育的重要载体，却不归朝阳区教委管理，朝阳区的老龄委负责全区的老龄工作，但却不负责管理老年大学，区老干部局只负责离退休后的老干部教育工作。委办局各自设立的老年大学以及各街(乡)成立的老年大学、老年活动中心都没有形成统一的领导体系，没有统一的管理部门，基本处于各自为政、独立发展的状态。由于教育管理权责的不统一，长期以来老年教育的管理没有形成体系，出现交叉管理、政出多门、互相推诿的现象。这种现象的存在，导致老年教育的许多问题无法解决。如难以集中力量进行推动，难以进行教育和教学统一的规范要求，难以进行老年教育统计等，严重制约了老年教育的发展。

（二）社区老年教育"有校无址""有教无地"状况普遍

从教学条件来看，社区老年学校的教学场地和基本教学设施不尽如人意。社区老年学校"有校无址""有教无地"的状况十分普遍（见表 4-2）。

表 4-2　社区老年学校教学场地现状的区域性比较

类别	东部城市		中部城市		西部城市	
	学校数（所）	占比（％）	学校数（所）	占比（％）	学校数（所）	占比（％）
专用校舍	17	27.9	51	30.9	3	11.1
一舍多用	41	67.2	99	60.0	19	70.4
无教学场地	3	4.9	15	9.1	5	18.5

资料来源：武汉老年大学：《社区老年学校教育政策与保障机制研究——对 19 个大中城市社区老年学校调查的实证分析与对策》，2009。

由表 4-2 可知，东部城市和中部城市社区老年学校的专用校舍的比重均比西部要高，但东、中、西部城市社区老年学校在教学场地上"一舍多用"现象均比较严重。

（三）老年教育经费投入不足

对于城市社区老年教育经费，由于统计条件的限制，我们选择社区老年学校经费投入作为分析对象。社区老年学校的经费来源形式有十分明显的差异。从各社区老年学校所获经费渠道和额度来看，依靠上级或主管部门拨款报销的社区老年学校，其经费来源主要依靠"政府投入"，但政府投入的力度不大，数额很低。

某市的抽样调查显示，城区 4 个区的 23 个街道 57 个社区的老年教育，2009 年各项可使用经费为 32.26 万元，占开展老年教育所需经费的 55.7％。在各项可使用经费中，政府拨款数额为 28.46 万元，占开展老年教育实际需要经费的 49.1％。而入学老人数高达

1 600人次的一所街道老年学校，从街道得到的拨款仅为 8 000 元，学校管理人员不但全年没有一分报酬，每年还要为维持学校正常运转倒贴数千元。办学经费严重不足或勉强凑合已经成为社区老年大学和老年教育进一步发展的瓶颈。

（四）社区老年教育缺乏师资保障

在师资方面，由于老年教育发展的时间比较短，人们对老年教育还存在错误的认识，认为老年教育属于闲暇教育，很多社区没有一支专职老年教育教师队伍，所以老年教育质量不高。

目前，我国大部分社区老年学校没有专业的教师队伍，很难使社区老年教育走上正轨。同时，社区老年教育的管理人员往往也是身兼数职，无法专门针对老年人开展一些适宜的教育活动。社区老年学校的兴起使社区教师的需求量增加，花钱聘请却没有经费来源，不花钱又聘不到优秀师资，使基层老年教育工作举步维艰。

第五节　乡村社会教育

一、乡村社会教育目的与价值取向

2015 年 10 月 29 日，中国共产党第十八届中央委员会第五次全体会议公报提出，要"推动城乡协调发展，健全城乡发展一体化体制机制，健全农村基础设施投入长效机制，推动城镇公共服务向农村延伸，提高社会主义新农村建设水平"。如何在新型城镇化深入发展背景下加快新农村建设步伐，是必须解决好的一个重大问题，更是今后一个时期"三农"工作的重大任务。乡村社会教育是新农村建设的重要组成部分，也是新农村建设的平台与载体。

二、乡村社会教育内容与组织形式

（一）乡村社会教育内容

乡村社会教育内容是乡村教育的核心要素，影响着乡村教育目标的落实与乡村建设的质量。在新型城镇化和新农村建设背景下，乡村教育内容是促进乡村社会发展与服务的重要内容。目前，乡村社会教育主要以青少年社会教育、职业教育、成人教育三种形式组织开展。

乡村青少年社会教育指向范围界定为户籍属于县城以下的乡村，留守乡村从事农业或以农业为主、牧业为辅的劳动者及外出打工人员的子女。综合实践活动课程成为乡村青少年社会教育的主要形式，与乡村基础教育发展相辅相成。2001 年 6 月教育部印发的《基础教育课程改革纲要（试行）》明确要求中小学校增设综合实践活动课程，综合实践活动课程以培育学生的主体意识、完善学生的认知结构、提高学生自我规划和自主选择能力为宗旨，着眼于培养、激发和发展学生的兴趣爱好，开发学生的潜能，促进学生个性发展和学校办学特色的形成，是一种体现不同基础要求、具有一定开放性的课程。[1]乡村学校具有独特的优势，生态环境较好，具有得天独厚的自然环境资源，质朴的乡风民俗，乡村社会是更为接近人的先天善好的自然秩序的一个综合的文化织体，因此能为人的天赋展现、为人的教养的养成、为人的道德品质的养成提供更为自由、没有拘束、淳朴、洁净而少有诱惑的社会氛围。[2] 如重庆市北碚区复兴小学，将北碚区非物质文化遗产线描画纳入学校课程体系建设之中，开设了保护文化遗产、丰富学生知识与技能的线描画等实践体验类课程，促成线描画被重庆市政府列为"重庆市非物质文化遗产"，树立了乡村实践课程开发的范例，不仅丰富了乡村学校的教育内容，更促进了乡

---

① 洪明、张俊峰：《综合实践活动课程导论》，45 页，福州，福建教育出版社，2007。

② 刘铁芳：《乡土的逃离与回归：乡村教育的人文重建》，195 页，福州，福建教育出版社，2008。

村学生创新意识和人文素养的提升，培养了学生热爱家乡的情感。[1]

在新型城镇化和新农村建设背景下，在城乡二元社会结构的历史条件下，提升村民生产技能、推广农业新技术是乡村职业教育内容的重点。同时，对乡村富余劳动力转移进行的培训，同样是乡村职业教育内容的关注重点。实际上，这是为乡村富余人员进入城镇工作生活所做的准备，能够为乡村人力资源高效利用服务，为乡村地区收入增加做贡献。长期以来，我国乡村职业教育内容主要界定在为"三农"发展的服务范畴中。从新中国成立初期为恢复农业经济发展服务，到改革开放后为乡村经济建设服务，再到21世纪为培养新村民服务，乡村职业教育内容始终围绕着"三农"发挥其功能。在新的历史背景下，建设社会主义新农村和推进新型城镇化具有更为深远的意义与更加全面的要求，新农村建设是在我国总体上进入以工促农、以城带乡的发展新阶段后面临的崭新课题，是时代发展与构建和谐社会的必然要求。当前我国全面建成小康社会的重点和难点在乡村，乡村教育内容重在为发展现代农业培养"普转专"专业型人才奠定基础，从而更新传统生产模式，推进农业新技术进入农村，使乡村地区同样享受到农业生产新成果和新技术带来的改善。

乡村成人教育主要担负着培养新村民的重任，是指对乡村成年人进行的文化科学技术和思想政治等方面的教育。在新型城镇化建设和城乡统筹发展的背景下，乡村成人教育的目标不仅是减少乡村地区文盲数量，而且是提升乡村居民文化素质。虽然经过多年努力，我国扫盲工作取得了世界公认的历史性成就，《中国统计年鉴》显示15岁及15岁以上人口文盲率由2005年的11.04%下降到2016年的5.28%，但文盲绝对数仍很大，且绝大部分文盲在乡村。新时期，时代和社会发展给乡村扫盲教育内容赋予了新的要求，除了识字教

---

[1] 宋乃庆、范涌峰：《农村小学校本课程建构的实践探索——以重庆复兴小学农村儿童线描画校本课程为例》，载《课程·教材·教法》，2015(9)。

育之外，还应包括城乡新文化、新知识和新技术，尤其要为乡村扫盲对象介绍符合时代要求的农业生产知识和技术，使他们能够理解并有效运用，不会成为新时代的"技术盲"。在减少文盲的同时，乡村成人教育要努力提升村民的文化素质。中央确定了社会主义新农村建设的"生产发展、生活宽裕、乡风文明、村容整洁、管理民主"二十字目标要求的内涵，就是在乡村发展物质文明的同时建设精神文明和政治文明，三个文明一起抓，形成以经济政策为主体的综合发展蓝图，最终实现乡村生产方式和生活方式的两个根本性转变。中国传统文化最突出的特点之一就是崇尚文明礼仪和道德廉耻。[①]乡村成人教育可以通过充实乡村文化活动中心、图书阅览室等方式，向村民普及乡村文化知识，开展健康向上的群众文化活动，寓教于乐，移风易俗。确保健康向上的现代文明融入乡村千家万户，按照社会主义核心价值观的要求，努力构建尊老爱幼、学习科技、诚信守法、开放进取、遵守公德、艰苦创业的新型乡风。

（二）乡村社会教育组织形式

乡土文化是乡村居民为适应具体的生产生活环境所创造并代代相传的生活方式。传统的乡土文化的传承以青少年社会教育、职业教育和成人教育为主要传播方式。

乡村少年宫和各类青少年培训机构主要承载了青少年社会教育的功能。乡村少年宫主要为乡村儿童提供各种课外活动。各类培训机构主要目的是发挥乡村青少年的各方面特长，如音乐、美术、书法等。社会教育对乡村青少年的影响更多是以潜移默化的形式进行的，如长辈的说教、参与民间的各类社会活动等。随着近年来国家在开发地方课程与校本课程方面投入力度的加大，乡村基础教育活动也逐步注入了传统乡村民族文化的积极因素，如民族舞蹈、民族

---

① 张岱年：《文化与价值》，8～12 页，北京，新华出版社，2004。

体育活动、民族节日庆典、民族建筑与服装等逐步融入课堂之中。

　　乡村职业教育与乡村经济的发展息息相关，是促进乡村经济社会发展的重要手段。乡村职业教育教学的实施机构主要有乡村农业技术学校或培训中心、社区学校或学习中心以及各类对口专业的培训中心等。除此之外，还有乡村成人学校、农民夜校等机构。然而，就现实情况而言，主要存在着缺失或准缺失两种情况。缺失指乡村职业教育组织缺位，即原本应存在于乡村的职业教育组织根本不存在。准缺失是指乡村职业教育组织有名无实。就缺失情况而言，主要表现为在乡村并未有临时的或长期稳定的职业教育组织来间断或持续地为乡村经济社会发展服务。就准缺失情况来看，主要表现为部分乡村因为地方政策的需求，设置了职业教育机构，如农民技术学校、农民职业技能培训中心等。然而，这样的机构只是表面的形象工程，只是短暂地开设过相应的职业教育活动或从未开展过职业教育活动。① 同时，随着乡村职业选择的逐渐多元化和乡村人口向城镇迁移，职业教育将不断趋向于精准化、专业化，小班制将会成为我国乡村职业教育未来发展的主要形式。目前，乡村职业教育活动主要采用的是讲授法与示范法。随着小班制的流行，可以适当采用探究为主的教学组织形式，组织农民共同探讨生产过程中遇到的各种问题，培养学员发现问题、分析问题与解决问题的意识，养成主动探究问题的习惯。例如，在贵州某农村，2013 年稻谷遭遇大面积的瘟疫，眼看即将成熟的稻谷一片一片倒下，农民试用了很多农药都无济于事。基于这样的现实状况，几名在这方面爱钻研且有一定经验的村民组成了研讨小组共同商讨解决办法。最后，在短时间

---

　　① 李森、崔友兴：《社会变迁中的乡村教育》，201 页，福州，福建教育出版社，2017。

内控制住瘟疫，保证了稻谷的收成。[①] 由此可以看出，需要培养农民主动合作的探究意识与精神，以便在生产过程中遇到现实问题时能团结起来共同克服和解决。

　　根据所在区域的经济与交通情况，乡村成人教育组织通常分为两类。在贫困、交通不便的地方主要有成人文化技术学校、人口学校、夜校、冬学等。在经济条件较好的地方通常以社区命名，如社区教育中心、社区学校、社区学院等。此外，还有成人远程学习中心以及部分临时性的乡村成人教育组织。教育内容主要立足于乡村人民的生活实际，组织形式多为专题式教学和参与式教学。在贵州贵安新区的某村，成人学校的负责人先深入村民中开展调研，统计出村民需要学习的主题及其对应的人数，成人学校据此聘请师资，根据学习专题组织学员，选择合适的地点开展教学活动，效果明显。

---

　　① 李森、崔友兴：《社会变迁中的乡村教育》，205 页，福州，福建教育出版社，2017。

第五章
学习型社会建设

　　学习型社会(Learning Society)一词源于罗伯特·哈钦斯 1968 年出版的著作《学习社会》(*The Learning Society*)，4 年后联合国教科文组织发布的报告《学会生存——教育世界的今天和明天》(*Learning to Be：The World of Education Today and Tomorrow*)中，正式将"学习型社会"与"终身教育""终身学习"作为三个基本概念提出，学习型社会理念在国际范围内获得了广泛认同。在随后的几十年中，学习型社会理念逐步进入欧美、日本等发达地区政策领域，"成为指导世界各国特别是发达国家和主要发展中国家推动社会与教育变革的根本指导思想之一"①。

　　随着我国改革开放，国际教育思潮逐渐进入国内研究者视野，终身教育和学习化社会理念 20 世纪 70 年代传入我国②，尤其是在 90 年代中期国内成人教育、教育社会学、比较教育等领域的学者对"学习社会""学习化社会"进行了广泛的讨论。2001 年 5 月，江泽民同志在亚太经合组织人力资源能力建设高峰会议上首次提出"构筑终

---

　　① 顾明远、石中英：《学习型社会：以学习求发展》，载《北京师范大学学报(社会科学版)》，2006(1)。

　　② 高志敏：《关于终身教育与学习化社会理念的探讨》，载《教育研究》，2001(3)。

身教育体系，创建学习型社会"的主张；2002 年，党的十六大报告正式提出"形成全民学习、终身学习的学习型社会，促进人的全面发展"，并将学习型社会作为全面建设小康社会的目标之一，标志着我国学习型社会建设正式启动。[①]

2001 年，中共中央办公厅和国务院办公厅下发《2002—2005 年全国人才队伍建设规划纲要》，提出"开展创建'学习型组织'、'学习型社区'、'学习型城市'活动，促进学习型社会形成"，明确了我国学习型社会建设的三个重要抓手。

第一节 学习型城市

"构建'学习型社区'、'学习型城市'、'学习型区域'是实现国家建设学习型社会目标的具体落实"[②]，或者说学习型城市建设是在城市范围内开展的学习型社会建设。我国的学习型城市建设是在行政区划的城市范围内开展学习型社会建设，包括行政区域内的农村地区。随着学习型社会理念传入我国，以及学习型组织实践在我国的开展，部分城市自发提出了创建学习型城市的口号，拉开了我国学习型城市建设的大幕。

一、我国学习型城市理论研究

学习型社会理论、学习型组织理论、终身教育理论是初期创建的理论基础，结合理论在城市范围内应用的特殊性以及实践经验的总结，国内研究者开始关注学习型城市理论的研究。

根据中国知网（CNKI）统计数据，截至 2018 年 7 月，以学习型

---

① 张声雄、徐韵发：《创建中国特色的学习型社会》，5~6 页，南昌，江西人民出版社，2003。

② 杨进、张行才、冯佳等：《国际社会构建学习型城市 推进终身学习策略综述》，载《天津电大学报》，2012(2)。

城市为主题的文献总数为 1 668 篇[（检索条件为"主题＝学习型城市"或者"题名＝学习型城市"）（模糊匹配）]。其中期刊文章 955 篇、报纸文章 577 篇、硕士学位论文 89 篇、博士学位论文 26 篇、其他 21 篇。具体年度分布如图 5-1 所示。

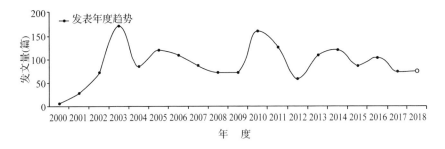

图 5-1　学习型城市文献发表年度分布

资料来源：中国知网（CNKI）。

研究内容主要包括对学习型城市概念的讨论、特征和构成要素的讨论以及学习型城市建设路径的讨论。

（一）学习型城市概念的讨论

在建设学习型社会的过程中，首先是国家一级政府在设计愿景和发展路径方面扮演着重要的角色，但一个国家是由它的各个地区、城市、社区构成的，它们是学习型社会发展政策具体的实践层，学习型社会只有通过它们的积极建设才能实现。按照这个逻辑，对于学习型城市的理解则是学习型社会建设在城市范围内的开展，这也是目前大多数学者对于学习型城市概念的理解。

从目前国际组织的定义来看，都是从城市"职能"的角度来定义学习型城市，即学习型城市与非学习型城市的不同，主要是通过它是否倡导终身学习、是否为市民提供终身学习机会、是否通过促进终身学习满足个体全面发展的需求来进行判断。

我国学者也根据对学习型社会理念的理解，尝试对学习型城市进行了如下的定义。

叶忠海提出："学习型城市指的是以知识经济和知识社会为生存背景和发展空间，以学习和教育为最本质的职能，以社会化的终身学习和教育体系为基础，能保障和满足城市市民学习基本权利和终身学习需求，从而有效地促进人的全面发展和城市的可持续发展的开放、创新和发展的和谐城市。"[①]

时龙、蔡宝田提出："学习型城市是以全民学习为表征，学习的动力源于社会的变迁，学习的内容体现着时代的方向，是一种个人学习与团队学习交融，学习与工作、生活交融，学校与竞争、超越交融的全新的学习理念和城市发展实践。"[②]

马仲良、吴晓川肯定了学习型城市与学习型社会间的密切联系，认为学习型城市是以实现人的全面发展为目标，不断推进教育的社会化和社会的教育化，推进全面学习、终身学习，逐步实现市民工作学习化，学习生活化，工作生活化和工作、学习、生活一体化的城市；也是一种城市管理和城市发展的新型模式，是把教育与学习作为城市建设、城市管理和城市发展的前提、基础和关键环节的现代化城市。[③]

杨进等人强调了个人和社会在学习型城市建设中都扮演了重要的角色，认为学习型城市是指能够在区域内充分动员全部资源开发和丰富人力潜能以便促进个人发展、维护社会稳定、创造社会繁荣的城市、城镇或地区。[④]

[①]　叶忠海：《创建学习型城市的理论和实践》，5 页，上海，上海三联书店，2005。

[②]　时龙、蔡宝田：《学习型城市与城市教育》，51 页，北京，首都师范大学出版社，2005。

[③]　马仲良、吴晓川：《建设学习型城市》，50～51 页，北京，北京工业大学出版社，2008。

[④]　杨进、张行才、冯佳等：《国际社会构建学习型城市　推进终身学习策略综述》，载《天津电大学报》，2012(2)。

（二）学习型城市特征和构成要素研究

关于"学习型城市建设内容是什么"的问题，国内研究者根据学习型社会的理论基础，专门针对城市范围内建设学习型社会，讨论了学习型城市特征和构成要素，以此明确学习型城市建设实践的工作内容。

早期具有代表性的观点包括：连玉明将学习型城市特征概括为学习意识的普遍化、学习行为的终身化、学习体系的社会化、学习方式的科学化。① 许学国、山鸣峰提出学习型城市有五方面特征：①各类学习资源能够满足不同层次、不同群体学习的需要；②多数市民能够树立终身学习、终身教育的理念；③团体互动式学习广泛普及；④学习的组织体系和激励机制比较健全；⑤市民素质和城市综合竞争力的提高。② 怀忠民、魏小鹏认为学习型城市需要具有共同的创建目标、与时俱进的学习理念、完善的终身教育体系与社会学习网络、广覆盖的学习型组织、健全的社会学习保障机制。③

近年具有代表性的观点有：学习型社会建设研究课题组提出学习型城市 4 项基本特征，如表 5-1 所示。④

表 5-1　学习型城市基本特征

基本特征	内容
以实现人的全面发展作为城市发展的根本目标	不断推进教育的社会化和社会的教育化，推进全民学习、终身学习，逐步实现市民工作学习化、学习生活化、工作生活化和工作学习生活一体化

① 连玉明：《学习型城市》，2～4 页，北京，中国时代经济出版社，2003。
② 许学国、山鸣峰：《学习型城市内涵研究》，载《上海大学学报（社会科学版）》，2003（4）。
③ 怀忠民、魏小鹏：《学习型城市研究》，25～26 页，北京，红旗出版社，2006。
④ 学习型社会建设研究课题组：《学习型社会建设的理论与实践》，163 页，北京，高等教育出版社，2010。

续表

基本特征	内容
以提高人的素质作为城市发展的根本保证	彻底改变了主要依靠物资消耗的城市发展模式，真正把人作为城市发展的根本依靠力量
具有完善的终身教育体系	以终身教育理念来构建完备的教育、学习体系。在学习进程上，强调终身学习；在教育制度的设计上，提供市民终身参与学习活动的机会；在学习主体上，强调个人学习的自觉性，鼓励人人学习；在学习机会上，强调开放性，做到教育资源社会共享
普遍开展学习型组织创建工作	大力推动学习型组织建设，使城市各类组织的生存和创新能力持续增强，使整个城市得到可持续发展

郝克明则将建设学习型城市的要素总结为：①学习型组织和学习型社区是学习型城市的基石；②终身学习体系是学习型城市的支持架构；③终身学习理念是学习型城市的灵魂。[1]

(三)学习型城市的建设路径

关于"如何建设学习型城市"这个问题，借鉴国际权威组织和学者的研究成果，以及发达国家建设学习型城市的经验，结合中国学习型城市建设实践具体情况，国内学者开展了学习型城市建设原则、途径、策略的研究，代表性的观点主要如下。

1. 杨进等人总结的 9 条共性[2]

杨进等人通过分析有关学习型城市建设的各类宣言、原则、政策，总结出 9 条对政策的制定具有一定参考作用的学习型城市的共性，包括：有明确的政治意愿和政治承诺，如将学习和传播知识放

---

[1] 郝克明：《学习型城市：带动我国建设学习型社会的主阵地》，载《终身教育研究》，2017(4)。

[2] 杨进、张行才、冯佳等：《国际社会构建学习型城市 推进终身学习策略综述》，载《天津电大学报》，2012(2)。

在核心发展的地位；建立合作关系和网络，主要是强调城市各部门间的合作，各组织机构的网络；对学习需求的分析；增加学习机会；各有关部门都成为学习型组织；增强社会凝聚力，尤其强调对弱势群体的支持；推动财富创造和就业；充分发挥大学的职能；庆祝和鼓励学习，开展各类学习庆典和组织活动。

2. 郝克明等人提出的 7 条策略①

郝克明主持了国家社科基金"十五"规划国家重点课题"构建学习型社会和终身学习体系的研究"，课题组在认真分析国内外学习型城市建设的现状，仔细研究我国学习型城市取得的经验和存在的困难与问题的基础上，提出以下建设学习型城市的发展策略：充分认识建设学习型城市的重大意义；制定《终身学习（教育）法》，颁布推进学习型城市建设的《白皮书》，加强国家法律保障；转换理念，在全社会进行一次教育思想的大讨论；建立强有力的组织保障体系；创新制度，包括灵活多样的招生升学制度、改革考试制度、完善自学考试制度、开展资格认证制度、改革教育评价制度、完善用人制度等；整合全社会教育资源，为建设学习型城市提供支撑；充分利用现代教育技术手段。

二、学习型城市建设历程

改革开放特别是 21 世纪以来，党和国家发布了一系列重要文件，提出了建设学习型社会的理念，为学习型城市建设指明了基本方向。我国学习型城市建设实践与专项政策的出台都具有"自下而上"的特色：实践源于部分发达城市的自发性探索，进而由中央向全国推广；先出台地方性学习型城市建设政策，再出台国家层面的学习型城市建设专项政策。因此，我国学习型城市建设历史进程可以

---

① 郝克明：《跨进学习社会——建设终身学习体系和学习型社会的研究》，135～137页，北京，高等教育出版社，2006。

划分为前期探索、正式起步、全面推进三个阶段。

（一）前期探索阶段（1999—2002 年）

标志：上海市率先提出学习型城市建设口号。

"努力把上海建成适应新时代的学习型城市"①。在 1999 年 9 月召开的迎接 21 世纪的上海教育工作会议上，上海市市长徐匡迪宣布了这一审时度势、正当其时的重要决定。上海是学习型社会、学习型组织理念进入中国的第一站，如：1979 年，上海师范大学外国教育研究室最早翻译出版了联合国教科文组织的《学会生存——教育世界的今天和明天》②；1994 年 10 月由原上海市市长汪道涵推荐，经东方编译所编辑，上海三联书店出版了彼得·圣吉著《第五项修炼——学习型组织的艺术与实务》一书③。加之上海长期拥有较好的群众学习政策基础，如由上海工人阶级于 1982 年 5 月首创的上海振兴中华读书活动④，因此上海成为我国第一个提出创建学习型城市的地区，开启了学习型城市建设在中国的探索之路。

随后大连、常州、北京也相继提出建设学习型城市的目标，成为我国第一批自发开展学习型城市建设区域。

2001 年 6 月，大连市在市委九届一次全会上通过《中共大连市委关于建设学习型城市的决定》，确定此后 10 年内率先基本实现现代化的目标，并指出建设学习型城市对于完成这一跨越式的发展具有战略意义。

2001 年 10 月，常州市在市委九届二次全会上通过了《关于建设

---

① 徐文龙、楼一峰：《终身教育：知识经济的成功之本——上海建立"学习型城市"的总体思路》，载《教育发展研究》，2000(3)。

② 联合国教科文组织国际教育发展委员会：《学会生存——教育世界的今天和明天》，上海，上海译文出版社，1979。

③ 张声雄：《学习型组织的时代意义及在中国的发展》，载《未来与发展》，1999(5)。

④ 刘宝华、杨波、董建文：《把上海构建成学习型城市》，载《解放日报》，2001-08-27。

学习型城市的决定》。2002 年 2 月，又召开了全市建设学习型城市动员大会，进一步明确建设学习型城市是一项长期的战略性举措，是常州实现跨越发展的新支点。把建设学习型城市确立为推进富民强市进程、率先基本实现现代化的一个重要发展战略，这是一个顺应世界进步潮流、具有划时代意义的重大战略举措。

2001 年 11 月，在全国社区教育事业工作经验交流会上，北京市提出，北京必须争创全国一流的社区教育，争取用 10 年左右的时间在全国率先建成学习化城市。[①]

（二）正式起步阶段（2002—2014 年）

标志：2002 年党的十六大报告正式提出"形成全民学习、终身学习的学习型社会，促进人的全面发展"。

学习型社会理念首次进入国家重要政策文本即占据了重要位置。党的十六大报告将学习型社会作为全面建设小康社会的目标之一，体现了党和政府对该理念的认可和重视态度。"建设学习型社会是科技、经济、文化和社会高度发展的必然要求"，建设学习型社会"不仅直接关系我国全面建设小康社会和社会主义现代化目标的实现，也将促使 21 世纪我国基础教育和整个教育事业发生革命性的转变"。[②]"学习是人类自我超越的一种手段。学习型社会把教育和社会联系在一起，将为人的全面发展创造更好的条件，使人的整体素质得到进一步提高。由此可见，十六大报告关于'形成全民学习、终身学习的学习型社会'的新理念，集中体现了今后相当一段时期内，我国教育发展与改革将以人的全面发展为核心的总体战略思路。这对于我们准确把握教育在社会主义现代化建设中的历史使命，具有

[①] 时龙、蔡宝田：《学习型城市与城市教育》，187 页，北京，首都师范大学出版社，2005。

[②] 郝克明：《建设学习型社会与基础教育创新》，载《教育研究》，2003(8)。

极其重要的指导意义。"①

在党的十六大报告精神指导下，创建学习型城市的表述也正式出现在中央一级的政策文本中。2002 年至 2004 年，中共中央办公厅、国务院办公厅及教育部先后下发了《2002—2005 年全国人才队伍建设规划纲要》和《2003—2007 年教育振兴行动计划》，明确提出"开展创建'学习型组织'、'学习型社区'、'学习型城市'活动，促进学习型社会的形成"；此后 2007 年党的十七大报告、2012 年党的十八大报告，也都延续了十六大报告的精神，继续强调开展学习型社会建设的重要性；2010 年颁布的《国家中长期教育改革和发展规划纲要（2010—2020 年）》特别强调，"广泛开展城乡社区教育，加快各类学习型组织建设，基本形成全民学习、终身学习的学习型社会"，决定把"基本形成学习型社会"作为我国教育之后 10 年的三大战略目标之一。

据不完全统计，至 2013 年全国已有近百个城市开展了学习型城市建设工作。② 其中上海、北京、深圳、大连、常州、南京、青岛、杭州、郑州、西安、太原、重庆、天津等一批城市以市委市政府正式发文方式出台了学习型城市建设专项政策，如上海市《关于推进学习型社会建设的指导意见》(2006)、北京市《关于大力推进首都学习型城市建设的决定》(2007)、杭州市《关于推进学习型城市建设的若干意见》(2011)。部分省市还颁布了与学习型城市建设紧密相关的地方性法规，如《福建省终身教育促进条例》(2005)、《上海市终身教育促进条例》(2011)和《太原市终身教育促进条例》(2012)。配合具体的规章制度、专项规划等，逐渐形成了较为系统的地方性学习型城市建设政策体系框架。

在此发展阶段，各个城市积极主动、因地制宜、广泛地开展学

① 顾明远：《形成全民学习、终身学习的学习型社会》，载《求是》，2003(9)。
② 鲁昕：《建设学习型城市 促进全民终身学习——在国际学习型城市大会全体会议上的主旨发言》，载《职业技术教育》，2013(33)。

习型城市创建工作，取得了丰硕的成果，积累了丰富的经验。总结起来包括以下几个方面。

1. 以政府为主导推进学习型城市建设

开展学习型城市建设工作较好的城市，往往都制定颁布了务实的学习型城市建设规划，出台相应的政策法规，加强政府各职能部门间统筹协调，确保经费投入，开展督导评估，坚持政府为主导与社会广泛参与相结合的工作模式，整体性地推进学习型城市建设。如：北京市成立了"建设学习型城市工作领导小组"，由市委常委、教工委书记任组长，26 个委办局负责人为领导小组成员；上海市成立"学习型社会建设与终身教育促进委员会"，由市委分管副书记任主任委员，市委常委、市委宣传部长和分管副市长任副主任委员，20 多位各委办局领导任委员。①

2. 完善终身教育体系和构建终身学习服务体系

我国坚持教育优先发展战略，初步建立了较为完备的终身教育体系，各级各类教育都有重大进展。2012 年，我国学前教育毛入园率、小学学龄儿童净入学率分别达到 64.5％，99.85％，初中、高中、高等教育毛入学率分别为 102.1％、85.0％、30％，全国每年约有 1 亿人次接受各种形式的教育培训，教育普及程度大幅提升。同时，促进学历教育与非学历教育协调发展，职业教育与普通教育相互沟通，职前教育与职后教育有效衔接。积极探索学分银行制度，实现不同类型学习成果的互认和衔接，构建人才成长的立交桥。

3. 建设学习型组织

2004 年，中华全国总工会、教育部等九部委联合启动了"创建学习型组织，争做知识型职工"活动，形成了很好的示范效应。许多

① 中国教育发展战略学会：《中国学习型城市建设案例》，13 页，北京，高等教育出版社，2013。

城市以建设学习型党组织为龙头，积极创建学习型政府（机关）、学习型企事业单位、学习型社团等学习型组织，积极开展各类试点、示范工作，不断提高学习型组织在城乡社区、企事业单位中的比例。

4. 推动资源开放共享

数字化学习资源的建设与共享是学习型城市建设的重要载体。在中央层面，启动建设国家和地方 6 所开放大学试点，积极推进全国广播电视大学系统的战略转型，进一步推进了教育资源向社会开放。随着以中国教育科研网和卫星视频系统为基础的现代远程教育网络建设、数字图书馆等公共服务体系建设的推进，现代化信息技术和教育资源的优势得以进一步发挥。在地方层面，各级地方政府以"智慧城市"建设工程为引领，加强数字化网络学习资源建设，为学习者提供人人皆学、时时能学、处处可学的良好条件。大部分城市形成了城乡社区教育学习网络，建立起区、街道、居委会三级社区教育网络，充分利用各类教育资源，为居民提供学习服务。

5. 积极营造良好氛围

自 2005 年以来，我国每年举办一届"全民终身学习活动周"，参与城市从首届的 10 个城市，扩大到 2014 年的约 900 个。活动周每年一个主题，通过组织城市各类机构开展广场活动、学习资源展示、讲座培训等，让市民享受"知识大餐"。活动周已经成为我国推进全民终身学习的品牌行动，为在全社会树立终身学习理念，动员更多的组织和个人行动起来，营造良好学习氛围发挥了重要作用。各地也广泛开展了全民读书、市民大讲堂等群众喜闻乐见的学习活动，并涌现出一大批吸引人、鼓舞人、激励人的亮点工程，市民对终身学习的知晓度与参与率不断提高。[1]

---

① 鲁昕：《建设学习型城市　促进全民终身学习——在国际学习型城市大会全体会议上的主旨发言》，载《职业技术教育》，2013(33)。

（三）全面推进阶段（2014 年至今）

标志：2014 年 8 月教育部联合中央文明办、国家发展改革委、民政部、财政部、人力资源社会保障部、文化部签发《关于推进学习型城市建设的意见》。

2013—2014 年是国内外学习型城市建设重要的转折时期。从国际发展来看，自 2008 年全球金融危机以来，西方发达国家学习型城市建设日渐式微，2013 年由联合国教科文组织举办的"首届全球学习型城市大会"在北京召开，标志着以中国和韩国为代表的东亚学习型城市建设成为第二代学习型城市，重新掀起全球学习型城市建设热潮。① 北京大会的召开，进一步坚定了我国政府建设学习型城市的决心，大会发布的《建设学习型城市北京宣言》《学习型城市关键特征》为未来学习型城市发展提供了重要的理论支持，促使我国在 2014 年 8 月发布了首个国家层面的学习型城市建设专项文件——《关于推进学习型城市建设的意见》。该文件提出"到 2020 年，东中西部地区市（地）级以上城市开展创建学习型城市工作覆盖率分别达到 90％、80％和 70％"，标志着我国学习型城市建设进入了全面推进阶段。在这一阶段，学习型城市建设新特征主要体现在以下几个方面。

1. 学习大国新理念成为新的指导思想

2014 年 5 月 22 日，习近平主席在上海同外国专家座谈时首次提出"中国要永远做一个学习大国，不论发展到什么水平都虚心向世界各国人民学习，以更加开放包容的姿态，加强同世界各国的互容、互鉴、互通，不断把对外开放提高到新的水平"②。2017 年，"推动建设学习大国"被正式写入党的十九大报告这一中央文件，结合十九

---

① Peter Kearns, "Learning Cities on the Move,"Australian Journal of Adult Learning，2015(55).

② 《中国要永远做一个学习大国》，载《人民日报》，2014-05-24。

大报告提出的"办好继续教育，加快建设学习型社会，大力提高国民素质"，习近平主席高度重视学习型社会建设的新理念、新思想、新战略逐渐成形，有助于推动全民终身学习，加快建设"人人皆学、处处能学、时时可学"的学习型社会。①

2. 政策体系进一步完善

2014 年教育部等 7 部门《关于推进学习型城市建设的意见》出台以后，为响应文件号召，各地区也纷纷出台了相应的政策文件，尤其是省级政府部门推出的学习型城市建设文件，进一步完善了我国学习型城市政策体系，如：山东省教育厅等 7 部门《关于加快推进学习型城市建设的实施意见》(2015 年)、浙江省教育厅等 7 部门《关于推进学习型城市建设的实施意见》(2016 年)、海南省教育厅等 10 部门《关于进一步推进社区教育发展　加快学习型社会建设的实施意见》(2017 年)等。终身教育地方性立法也进一步推进，如：2014 年颁布的《河北省终身教育促进条例》《宁波市终身教育促进条例》以及2016 年颁布的《成都市社区教育促进条例》等。

3. 学习型城市网络建设

2013 年经教育部批准，中国成人教育协会和中国联合国教科文组织全委会秘书处共同发起成立"全国学习型城市建设联盟"。截至2018 年 4 月，先后 5 批共 80 个城市加入联盟，联盟正逐渐成为推进各地学习型城市建设工作的重要平台，联盟成员城市在平台上交流经验、相互学习、相互促进。

4. 国际交流的深入

自 2013 年北京承办首届全球学习型城市大会，此后第二届 2015年墨西哥墨西哥城大会、第三届 2017 年爱尔兰科克大会，中国均有

① 费元鸿：《学习习近平高度重视学习型社会建设的新理念·新思想·新战略——谈习近平的九大新超越》，载《高等继续教育学报》，2018(1)。

城市派代表参加，并在大会上进行了主题汇报。尤其是北京市和杭州市获得了联合国教科文组织学习型城市奖章，成为国际领域学习型城市建设的先进典范。

三、案例：学习型上海①

20 世纪 70 年代起，上海就开展了与终身教育和学习型社会有关的研究，从而为学习型城市建设奠定了良好的理论基础，并成就了其学习型城市建设工作的一大特色——理念先行。在理念的指导下，上海学习型城市建设工作顺利启动并迅速发展，目前大致已经历了三个发展阶段：第一阶段（1999—2005 年），调查研究和形成思路；第二阶段（2006—2010 年），规划蓝图和体系建设；第三阶段（2011年至今），建章立制与规范发展。理念与行动之间是相辅相成、协同共进的：理念引领行动，行动深化理念。

（一）核心追求：为了每个市民的终身发展

从最初关注"经济发展"，到后来聚焦"社会发展及人的全面发展"，再到近期关注"社会公平与自治"，上海对"学习型城市建设为了什么"这一问题的理解不断地走向深入。在理念和行动相互转化的过程中，上海进一步明确了建设学习型城市最具核心意义的追求，即为了每个市民的终身发展。对此，2006 年，上海市委、市政府颁发《关于推进学习型社会建设的指导意见》，率先提出建设"人人皆学、时时可学、处处能学"的学习型城市的基本目标。上海还制定了更为具体的目标，内容涉及四个方面：形成终身学习的社会共识；建立终身教育与学习的服务体系；培育各类学习型组织；建立个人、社会和政府共同推进的机制。

---

① 蒋亦璐：《学习型城市建设：理之源与行之路的探索》，博士学位论文，华东师范大学，2016。

（二）保障条件：政府主导的三级推进体制

上海在推进学习型城市建设的过程中，政府发挥了主导性的作用，多个部门通力协作，提供多方面的保障。与此同时，政府的推进涉及市、区（县）、街道（乡镇）三个层级，确保层层推进学习型城市建设。由此，开创性地建立了终身教育管理体系组织架构，形成了多部门协调参与、多层级共同推进的学习型城市建设管理体制与机制。在这样的组织保障下，为了进一步确保推进成效，政府部门非常关注制度建设和标准制定，以为其形成更加有效的管理提供有力的依据。例如，上海市委、市政府《关于推进学习型社会建设的指导意见》描绘了上海市学习型城市建设的蓝图；《上海市中长期教育改革和发展规划纲要（2010—2020 年）》将终身教育的推进作为教育创新的着力点；《上海市终身教育促进条例》为上海的创建工作提供法律保障；各类发展规划推动创建工作的可持续发展；各类评估标准的制定确保创建工作的规范发展。

（三）主要内容：满足不同人群的学习需求

受核心追求的引领，以及组织和社会的保障，上海的学习型城市建设内容不断丰富，具体表现在三方面内容上。这些内容可能在国内许多学习型城市的案例中都有提及，但相比之下，上海在这些方面的做法更具开创性与深入性。第一，建立终身教育与学习服务体系。该体系的构建涵盖四大类学校教育（学前教育、基础教育、职业教育和高等教育）以及针对各类人群的非学校教育（成人教育）。就前者而言，终身教育理念推动其创新并促进其内部各类教育间的联系；就后者而言，注意到了市民多方面的学习需求，不再局限于促进人力资本和社会经济的发展，而是更多地立足于人的全面发展和社会凝聚。与此同时，上海将各类教育的资源整合起来，搭建综合性的学习平台，并利用互联网技术建立了"上海学习网"（http：//www. shlll. net），促进各类教育间的贯通。第二，着力于四类学习型组织(学习型机关、学习型社区、学习型企事业单位、学习型家庭)的培育。该项工作分别由市级机关党工委、区县教育局、市总工会、市妇联牵头，并由上海市学习型社会建设服务指导中心办公室(市学习办)统筹协调。此外，随着创建工作的深入，上海还出现了形式多样的学习联盟、团队和共同体，有效地调动并整合了各类教育资源，为创建工作注入了活力。第三，促进终身学习文化与海派文化的和谐共生。基于终身学习与文化建设之间的联系，上海在学习型城市建设的过程中，一方面通过一系列终身学习品牌创建活动，如"上海书展""全民终身学习活动周""百万家庭学礼仪"等，来营造终身学习文化；另一方面，在学习活动中保留地域文化的特色，从而促进其海派文化的传承和发展。

上海是国内最先启动学习型城市建设的城市，在十几年的实践过程中，取得了非常瞩目的成效：促进各级各类教育之间的开放和融合，使各教育阶段的学生具备终身学习的态度和能力；通过教育资源的整合，改善市民的学习条件，并为其提供更多的学习机会；运用多样化的学习模式和手段，满足不同人群个性化的学习需求；通过从业者创新能力的培养，促进城市社会和经济的可持续发展；关注特殊人群或弱势群体，彰显教育的公平；很好地将上海特有的海派文化和终身学习文化结合起来。总体而言，上海的学习型城市建设一方面促进了市民的全面发展和生活质量的提升，另一方面也加速了城市的进步和可持续发展。

第二节　学习型组织

学习型组织理论起源于美国组织动力学的研究，20世纪80年代传入我国，90年代开始在企业管理领域盛行，推动了我国企业管理的组织变革。随着我国学习型社会建设工作的开展，学习型组织建设成为三大支柱之一。一方面学习型组织被视为全民终身学习的重要载体，尤其是支持个体工作场所学习的重要载体，最终实现公民个体的全面发展；另一方面学习型社会强调通过学习适应环境变化、谋求发展，面临当今快速发展的时代，传统僵化的组织管理体系将无法适应环境的变化，通过创建学习型组织的方式改变组织结构，推动各级各类社会组织机构变革，最终实现社会的发展。

一、我国学习型组织理论研究

1980年，麻省理工学院杨通谊教授将系统动力学和学习型组织理论带回国内，先后在上海交通大学、复旦大学建立了"福瑞斯特-杨通谊阅览室"，并积极传授这一理论。①

1994年，彼得·圣吉的《第五项修炼——学习型组织的艺术与实务》中文版在中国出版，在中国掀起了学习型组织的研究热潮。

根据中国知网（CNKI）统计数据，截至2018年7月，以学习型组织为主题的文献总数为19 916篇［（检索条件为"主题＝学习型组织"或者"题名＝学习型组织"）（模糊匹配）］，其中期刊文章14 063篇、报纸文章2 534篇、硕士学位论文2 362篇、博士学位论文480篇、其他477篇。具体年度分布如图5-2所示。

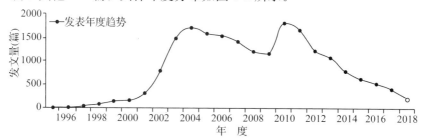

图5-2　学习型组织文献发表年度分布

资料来源：中国知网（CNKI）。

---

① 张声雄：《学习型组织的时代意义及在中国的发展》，载《未来与发展》，1999(5)。

从学科研究领域来看，排名前三的学科领域分别是：企业经济研究领域文献 5 866 篇，占 29.45％；中国共产党研究领域文献 2 759 篇，占 13.85％；成人教育领域文献 1 632 篇，占 8.19％。

研究内容主要包括学习型组织概念的研究、学习型组织特征与模型的研究、学习型组织构建途径的研究。

（一）学习型组织概念的研究

冯奎、李纯指出学习型组织就是充分发挥每个员工的创造性，努力形成一种弥漫于群体与组织的学习气氛，凭借着学习，个体价值得到体现，组织绩效得以大幅度提高。[①][②]陈国权认为学习型组织是一种更符合人性的组织模式，由优秀的团队形成社群，有着崇高而正确的核心价值、信念与使命，具有强劲的生命力与实现梦想的共同力量，不断创造持续蜕变，充分发生的潜能创造超乎寻常的成功，从而让成员在真正的学习中体悟工作的意义，追求心灵的成长与自我实现。[③] 刘晓明、蒋守渭指出：几乎所有的组织都会学习，不管其是有意还是无意；学习型组织是指那些有意识地激励组织学习，使自己的学习能力不断增强的组织。并指出学习型组织区别于一般组织的关键在于"学习"的内涵，其内涵大致包括三层含义：一是要全员学习，即包括决策层、管理层、操作层在内的全体员工都要学习；二是全程学习，学习必须贯穿于组织系统运行的整个过程中；三是团队学习，不仅重视个人学习和个人智力的开发，更要重视团队学习和群体智力的开发。[④]

---

① 冯奎：《学习型组织：未来成功企业的模式》，12～15 页，广州，广东经济出版社，2000。

② 李纯：《近十年我国学习型组织建设研究的述评与展望》，载《当代继续教育》，2014(6)。

③ 陈国权：《学习型组织的过程模型、本质特征和设计原则》，载《中国管理科学》，2002(4)。

④ 刘晓明、蒋守渭：《学习型组织的内涵、特征及引导趋势》，载《教育发展研究》，2004(6)。

(二)学习型组织特征与模型

张声雄、徐韵发结合我国的具体国情，提出了学习型组织的六大要素：拥有终身学习的理念和机制；建有多元回馈和开放的学习系统；形成学习共享与互动的组织氛围；具有实现共同愿景的不断增长的学习力；工作学习化使成员活出生命的意义；学习工作化使组织不断创新发展。① 傅宗科、彭志军和袁东明则把学习型组织的特征概括为三个方面：①层次扁平化。学习型组织不存在各种等级制度，员工之间由原来的彼此顺从关系转变为伙伴关系。②组织咨询化。员工之间彼此询问、学习，互相之间关系非常和谐融洽。③系统开放化。学习型组织是社会系统的一部分，能与社会有机结合。② 臧盛英等人则进一步指出，学习型组织除了具有扁平化、咨询化和开放化的特征外，还有便捷性和超时空性的特点。③

由国内研发的具有代表性的学习型组织模型有：

(1) 清华大学的学习型组织建构的过程模型(又称 6P-1B 模型)。该模型认为：组织学习由发现、发明、选择、执行、推广、反馈、知识库和知识管理七个过程组成④；与之对应，企业在组织学习过程中要具备相应的七种能力⑤。

(2) 中国科技大学的虚拟团队知识共享模型。该模型是以扩展性元记忆目录为核心，基于交互记忆理论而建立的，能从多个方面

---

① 张声雄、徐韵发：《创建中国特色的学习型社会》，57 页，南昌，江西人民出版社，2003。

② 傅宗科、彭志军、袁东明：《第五项修炼 300 问》，35 页，上海，上海三联书店，2002。

③ 臧盛英、林凤、尚长浩：《基于虚拟社区的学习型组织构建研究——以长海医院医疗设备科为例》，载《商业文化(下半月)》，2010(5)。

④ 陈国权：《学习型组织的过程模型、本质特征和设计原则》，载《中国管理科学》，2002(4)。

⑤ 付悦、陈国权：《组织性格决定组织命运？——以组织学习能力作为中介的模型》，载《经济管理》，2012(8)。

帮助解决虚拟团队知识共享面临的难题。[1]

（三）学习型组织的构建途径

关于学习型组织构建原则的研究，认为学习型组织构建基本原则有：内核简单化、内部工作丰富化、交互式信息传递、实时信息传递、成员专业化、办事公平公正、大幅度协调等。[2] 也有学者提出学习型组织结构设计原则有横向铺开、充分授权、信息共享、流程考核和激励、崇尚学习文化等特点。[3]

关于学习型组织构建模型的研究：有学者尝试从企业文化建设的角度建设一种目标驱动下的无边界的组织部门相渗透的模型，这种模型比较难以命名。有学者结合 Petri 网介绍了三类学习型组织结构模型，分别是专业性较强的适用于工作流系统建模与管理类模型、适用于柔性制造系统建模与控制类模型以及适用于离散系统建模与仿真类模型。刘漩华等认为扁平型结构模型具有适用于学习型组织的天然优势，但也存在固有缺陷，如隐性知识过于显化、团队及其成员组织涣散、组织建制有混乱倾向等。因此，他们提出团队-层次型结构模型，即尝试对传统层次结构和现代网络结构做出创新。这些团队是采取网状结构，在优化传统层次结构建制基础上，建立不同层次、平台上的扁平化团队，有利于打破层级和部门的限制。[4]

二、学习型组织建设历程

中国学习型组织建设最早可以追溯到 20 世纪 90 年代，最初是

---

① 叶文、褚建勋、汤书昆：《学习型组织中的虚拟团队知识共享模型研究》，载《管理学报》，2009(5)。

② 李建新：《学习型组织的组织结构设计及组织学习能力测评研究》，博士学位论文，天津大学，2010。

③ 段海超：《基于知识管理的企业学习型组织建设研究》，博士学位论文，北京交通大学，2014。

④ 刘漩华、夏洪胜、惠青山：《构建有利于组织学习的新型组织结构》，载《经济师》，2002(9)。

从创建学习型企业开始的。1994 年，彼得·圣吉学习型组织管理理论被引入中国，正好遇上了中国企业改革浪潮以及所涌动出的对企业管理理论的热切渴望，在中国各企业掀起了建设学习型企业的热潮。21 世纪初，我国提出建设学习型社会目标，并将学习型组织建设作为学习型社会建设具体任务之一，学习组织建设由自发转为政府推动，学习型组织创建范畴也扩展到企业之外的各级各类组织。

（一）起步阶段（1994 年—21 世纪初）

标志：1994 年 10 月彼得·圣吉的《第五项修炼——学习型组织的艺术与实务》中文版在中国出版。

1993—2003 年是我国开展国企改革的攻坚阶段，转变企业经营机制，建立现代企业制度是该阶段的主要任务[1]，结合 20 世纪 90 年代中后期知识经济理念的兴起[2]，成为学习型组织管理理论在中国企业中快速传播的重要社会背景。1994 年 10 月彼得·圣吉的《第五项修炼——学习型组织的艺术与实务》中文版在中国出版，点燃了中国学习型企业建设的火苗，于是中国企业开始自发组织学习这本书，并逐渐在企业内开展建立学习型组织的试点工作。1996 年中美合资施贵宝制药有限公司和江淮汽车集团公司开始了创建学习型企业的探索。随后，以上海地区的企业为主和全国许多地区的个别企业，开始了企业自发的探索性创建活动。在企业自行摸索中，一些民间团体在其间也起了积极的推动作用，如：1996 年 7 月由上海市成人教育协会、同济大学、宝钢等单位共同组建的"学习型组织研究推进中心"，随后在上海市经委的支持下，经市教委、科委和工商局批准，正式注册成立的上海明德学习型组织研究所，通过在全国开展

---

① 国家发展改革委体管所课题组：《国企改革历程回顾与当前改革重点》，载《中国经贸导刊》，2015(7)。
② 刘植惠：《知识经济的兴起与我国应采取的对策》，载《情报理论与实践》，1997(6)。

讲座、出版教程、深入企业开展行动研究等方式，加速了学习型组织创建在中国企业的传播。[①]

（二）全面推进阶段（21 世纪初—2010 年）

标志：地方政府提出"建设学习型城市"目标、中央政府提出"建设学习型社会"目标。

自 2000 年前后上海、北京、大连等提出建设学习型城市目标，2002 年党的十六大报告提出将学习型社会作为全面建设小康社会的目标，学习型组织创建工作由个别区域内企业的自发探索逐渐转为政府在全国范围内全面推进。

地方政府结合学习型城市建设目标，通过推出地方性政策以及组织专家开展学习型企业评估等方式，率先启动了当地的学习型组织建设推进工作。比如：常州市经贸委 2002 年颁布了《常州市建设学习型企业实施意见》，提出"到 2005 年有 20％左右的规模企业达到学习型企业的要求"；北京市教委 2001 年制定了《北京市发展企业教育 创建学习型企业先进单位评估指标体系》，包含培训管理系统、培训保障系统、培训实施系统、培训成果效益、特色加分等五个一级指标。

国家层面也颁布了重要的政策文件，推动学习型组织建设。2004 年 1 月，中华全国总工会、中央文明办、国家发展和改革委员会、教育部、科技部、人事部、劳动和社会保障部、国务院国有资产监督管理委员会、全国工商联联合印发《关于开展全国"创建学习型组织，争做知识型职工"活动的实施意见》，提出努力建设各类学习型组织，为职工创造更多的学习机会和成才机会；成立了由上述发文单位主管领导组成的"创建学习型组织，争做知识型职工活动领导小组"；开发了"学习型组织考核评价要素指标"，对每年评出的成

---

① 张声雄：《学习型组织的时代意义及在中国的发展》，载《未来与发展》，1999(5)。

绩特别突出的 10 个全国学习型组织标兵单位和 10 名知识型职工标兵，分别颁发全国五一劳动奖状和全国五一劳动奖章，以激发国内企业创建学习型组织的动力。2006 年 6 月，财政部等十部委联合印发《关于企业职工教育经费提取与使用管理的意见》，进一步强调了"一般企业按照职工工资总额的 1.5％，高技术企业按 2.5％提取教育培训经费"的规定，并明确了经费的列支范围、监督机制等，为学习型组织建设提供了重要的经费保障。

为了推动学习型城市工作的全面开展，2005 年开始，部分城市率先掀起实施学习型城市的"奠基"工程，即把各类学习型组织的创建作为学习型城市建设的基础工作来抓。包括单位型的学习型组织的创建，如学习型企业、学习型政党、学习型政府、学习型机关、学习型学校、学习型家庭、学习型军队等的创建，以及地域型的学习型组织的创建，如学习型城区(县、市)、学习型街道(乡镇)、学习型社区(村落)、学习型小区、学习型楼组等的创建。

(三)内涵式发展阶段(2010 年至今)

标志：2010 年发布的《国家中长期教育改革和发展规划纲要(2010—2010 年)》明确指出要加快各类学习型组织建设。

2010 年发布的《国家中长期教育改革和发展规划纲要(2010—2020 年)》是学习型组织发展过程中又一个具有里程碑意义的文件，它的出台标志着学习型组织创建由求规模、重形式的外延式发展进入求质量、要成效的内涵式发展阶段。该文件规划了 2010—2020 年中国教育改革发展要实现的愿景，其中第八章明确指出要加快各类学习型组织建设。此后，各地纷纷通过当地政府发文，制定各类学习型组织创建标准和评估质量体系，引领城市学习型组织创建工作由外延向内涵发展，逐渐走向深入。

三、各类学习型组织建设

二十多年来，学习型组织创建活动在我国如火如荼地展开，参

与的组织不断拓展。由于各类组织的创建目标、创建方法、创建的
参与人群各不相同，为更好地引导学习型组织创建活动沿着科学、
有效的方向发展，使其成为全民学习、终身学习和学习型社会建设
中的重要群众基础，有关管理部门、研究机构根据参与创建组织的
不同性质和特点，将其划分为以下四种类型。

（一）学习型政党

2004年《中共中央关于加强党的执政能力建设的决定》明确提出
要"重点抓好领导干部的理论和业务学习，带动全党的学习，努力建
设学习型政党"。

党的十八大报告中，就提出建设"学习型、服务型、创新型马克
思主义执政党"，这也是中国共产党保持自身先进性的突出特征。将
"学习型"放在首位，也就是说中国共产党要在执政实践当中积极学
习，不断加强党性修养、净化自身思想、坚守党的纲领，以此使我
们党与时俱进、永葆生机与活力，从而更好地落实治国理政方略。

2017年10月，习近平在中国共产党第十九次全国代表大会上深
刻提出：要增强学习本领，在全党营造善于学习、勇于实践的浓厚
氛围，建设马克思主义学习型政党，推动建设学习大国。

中国共产党建设学习型政党的提出，是在继承我们党重视学习、
善于学习的优良传统基础上，积极学习、借鉴世界各国建设学习型
社会、学习型组织理论的产物，是我们党的一个伟大创造，是保持
共产党员先进性的一个重要举措，对党和国家的发展都有不可忽视
的意义。

（二）学习型机关

党的十七大报告多次强调"加快行政管理体制改革，建设服务型
政府"的要求，提出"要抓紧制定行政管理体制改革总体方案，着力
转变职能、理顺关系、优化结构、提高效能，形成权责一致、分工
合理、决策科学、执行顺畅、监督有力的行政管理体制。健全政府

职责体系，完善公共服务体系，推行电子政务，强化社会管理和公共服务。加快推进政企分开、政资分开、政事分开、政府与市场中介组织分开，规范行政行为，加强行政执法部门建设，减少和规范行政审批，减少政府对微观经济运行的干预。……加大机构整合力度，探索实行职能有机统一的大部门体制，健全部门间协调配合机制"。各级机关要贯彻十七大报告精神，努力实现行政管理体制改革，就必须开拓进取、学习创新。创建学习型机关无疑为建设服务型政府提供了现实路径。党政机关要发挥人员素质较高、易于组织推动等有利条件，把转变管理职能、管理方式与创建学习型机关统一起来，以建设高效、廉洁、服务型机关为目标，率先建成学习型机关。

学习型机关是基于学习的创新型机关。它是把指导个人学习、科室学习和整个机关学习作为机关一切工作的基础、前提和关键的机关。它能够有效地将机关及其成员的学习行为转化为机关的创新能力，从而促进机关成员的全面发展与机关工作水平的不断提升。学习型机关的本质特征是使每个机关成员活出生命的意义，使整个机关充满生机活力。学习型机关是一种旨在通过学习焕发机关活力的新型机关管理模式。建设学习型机关是在机关建设中贯彻科学发展观、正确的政绩观的重要载体和有效措施。①

(三)学习型企业

学习型企业是基于学习的创新型企业。它是在学习型组织理论指导下，把指导员工个人学习、团队学习和整个企业的组织学习作为企业管理变革与创新的关键措施的企业。它能够有效地将企业及其员工的学习行为转化为企业的创新能力，从而促进企业成员的全

---

① 马仲良、吴晓川：《建设学习型城市》，172 页，北京，北京工业大学出版社，2008。

面发展和企业自身的不断变革与持续发展。学习型企业的本质特征是使每个员工在工作中活出生命的意义，使整个企业充满生机活力。因此学习型企业是一种旨在通过学习焕发企业活力的新型企业管理模式。①

（四）学习型学校

学习型学校是基于学习的创新型学校。它适应学习型社会的发展需要，以培养全面发展的创新型人才为目标，是以学习型组织理论为指导进行学校管理模式变革的新型学校。其本质特征是使学校每个成员活出生命的意义，使整个学校充满生机活力。之所以称之为"新型学校"，是因为它在学生与教师之间、教师与校长之间、学校与社会之间的三重重要关系上实现了巨大转变。

学生与教师的关系实现平等化。教师不能再以权威知识发布者自居，要与学生形成平等的、指导性的合作研究关系；学生由受教育的客体变为自觉学习的主体，并且成为学校工作的中心。

教师与校长的关系实现合作化。由科层制中管理与被管理的关系，转变为分享责任、共同决策，学校工作的不同层面充满友善与信任的合作氛围。

学校与社会的关系实现融合化。学校必须打破封闭的教学管理模式，将教学活动与社区发展相结合，培养社会需要的全面发展的人才；同时与社区共享教学资源，为市民提供学习服务。

正是在这三重转变的基础上，学习型学校能够将学校及其成员的学习行为转化为学校的创新能力，从而促进学校成员的全面发展与学校自身的不断变革。②

---

① 马仲良、吴晓川：《建设学习型城市》，196 页，北京，北京工业大学出版社，2008。

② 马仲良、吴晓川：《建设学习型城市》，210～211 页，北京，北京工业大学出版社，2008。

四、案例：北京同仁堂构建学习型组织的实践①

(一)构建学习型组织的背景

随着市场经济的发展和医药行业竞争的加剧，近年来，北京同仁堂(集团)有限责任公司(以下简称"北京同仁堂")的业务经营越来越困窘。由于国有企业自身固有的弊端，加之北京同仁堂中药零售业务长期处于相对垄断的地位，"机体"内充斥着计划经济时代的思维模式和行为方式，在指导思想、组织结构诸方面都存在着与市场机制不相适应的状况，严重制约着企业的发展，主要表现在以下方面：首先，集团领导者的思维观念滞后。集团党委副书记陆建国曾指出，北京同仁堂在向现代企业制度的转变过程中一度面临极大障碍，作为传统的老字号企业，因循守旧严重，改革创新思维不足。其次，集团组织结构不合理，采取的是自上而下四层级的直线式职能制组织结构。森严的等级制度、崇尚权力的组织结构，以及由于权力分配不均而产生的不公正现象，使得员工无形之中倾向于权力斗争，企业由于内耗而工作效率低下。再次，集团员工"青蛙效应"严重，风险意识不足。最后，集团企业文化建设落后。在此背景下，北京同仁堂从 2002 年开启了学习型企业的建设。

(二)构建学习型组织的总体规划

构建学习型组织，离不开总体布局、细致规划。在深入调查集团实际状况的基础上，北京同仁堂导入组织学习的新理念、创建组织学习的新载体、打造组织学习的新模式、探索组织学习的新途径，通过树立学习理念、制定创建目标、抓好学习载体、典型示范引导、分阶段推进的步骤，有计划地实施。首先，树立总体目标。即形成"人人学习、处处学习、终身学习"的良好氛围，建设一批高素质和

---

① 陈江华：《中国国有企业构建学习型组织的理论与实践策略研究》，博士学位论文，北京交通大学，2015。

高能力的领导干部队伍、管理队伍和员工队伍，形成公司—部门—工区—药房—员工整体性的学习网络。具体来说，就队伍建设而言，要造就一支"认真、严格、诚信、不断学习"的高素质员工队伍，实现员工与集团业务和竞争力的同步发展；就组织机构而言，要引入高绩效团队模式，形成管理高效、机构扁平、富有创新能力的组织；就学习机制而言，提倡机动灵活的学习方式，不设限，实行共享创新平台，重在建立激励机制；就学习途径而言，要加大教育培训的力度，鼓励团队学习，建立知识共享系统；就管理制度创新而言，要优化管理制度，改进服务意识，提高企业核心竞争力，实现可持续发展。其次，在上述目标的基础上，北京同仁堂按照以下思路推动创建工作，其框架为：第一，理念先行。"学习型组织"理念的培养，是北京同仁堂创建学习型组织的前提。集团通过多种形式，全员、全方位、全过程地学习理念，夯实构建基础。与此同时，针对中药行业的特点，积极构建富有鲜明中药特色的系列文化，全面推进以学习为主导，以人为核心的现代企业管理理念和精神。第二，三阶段推进。学习型组织的构建分为三个阶段，即初步构建阶段、推进阶段和提高阶段。其中，在初步构建阶段，做好宣传动员工作，培育崇尚学习的理念，形成集团浓厚的学习氛围，激发创新活力。在推进阶段，提高质量，典型示范，强调学习的系统性和整体性，抓好试点，以点带面，有序推进。在提高阶段，及时总结成功做法并适时进行总结表彰，对下一步构建进行规划，提出新的任务，达到制度化常态运行。第三，五层并举。一是构建学习型领导班子。集团党委和工会从总体方面进行学习机制创新，从总体上起到倡导、示范、推动作用。二是以团队学习为基点。积极构建学习型科室、学习型部门，通过规范学习日制度，丰富学习内容和形式，促进信息共享，提高学习效率。三是以构建学习型党支部、学习型团支部为主线，大力构建学习型工区。四是以塑造药房文化为着力点，广泛构建学习型药房。五是以强化教育培训为切入点，全方位培育学习型员工。这五个层次相互衔接共同推进，使整个构建学习型组织的活动成为一项系统工程。

(三)构建学习型组织与企业核心竞争力的提升

北京同仁堂构建学习型组织取得了较好效果：

首先，北京同仁堂形成了"构建学习型企业、争做知识型员工"的良好氛围。构建学习型企业工作的有效开展，进一步提高企业员工的学习能力、竞争能力和创新能力。学习的理念深入人心，职工乐于学习的氛围日渐形成，真正做到了自觉学习。员工更新了学习观念，真正由"要我学"变为"我要学"，从灌输学习型逐步转向重在启发、自主学习型，从传统理论学习型转向掌握方法、培养能力、完善人格型，企业"人人是学习之人，处处是学习之所"、职工人人争当知识型员工的氛围日益浓厚。

其次，北京同仁堂在构建学习型组织的过程中，在队伍建设、经营管理、科技创新、经济效益等方面均取得了良好发展，增强了企业核心竞争力。

北京同仁堂通过构筑学习平台，建立系统的培训制度，有效地整合了人力资源，大幅度地提高了集团职工的素质。在 20 世纪 90 年代初期，北京同仁堂仅仅拥有 3 000 余名员工，并且受教育程度和综合素质都不高。学习型组织建设极大地提高了集团员工的素质，目前招聘的员工大部分都具有专科及以上学历，并且集团还设立了教育学院，对员工进行学历教育和专业技术培训。截至 2014 年 5 月，北京同仁堂拥有"中医药大师""专家""优秀中青年人才""优秀店堂经理""首席技师""首席职工"和"第一学历大学生"等 7 类人才 1 480 人，其中中医药大师 33 人、专家 25 人、优秀中青年人才 146 人、优秀店堂经理 204 人、首席技师 16 人、首席职工 359 人、第一学历大学生 697 人。

北京同仁堂通过构建学习型组织，提高了经营管理水平。集团建立了与市场经济相适应的经营管理体系和财务管理体系，将生产、销售有机结合，系统筹划，保证了企业良好运转，还深化了目标责任制考核机制，建立了一套完整的全员考核体系，将员工的个人愿景与集团的愿景结合起来。集团员工参与企业管理的意识明显增强，2010—2014 年来共收到合理化建议 4 250 条，采纳建议 3 266 条，实施 2 787 条，创造企业经济效益 900 多万元。

北京同仁堂构建学习型组织以来，科技创新能力得到极大提高。截至 2013 年，先后开发新产品 679 个，其中药品 176 个（含仿制、改剂型、增加规格），保健食品 92 个，食品 288 个，化妆品 123 个。其中巴戟天寡糖胶囊是国家"十五"科技攻关重大项目品种、国内首个用于抑郁症治疗的有效部位制剂；止渴养阴胶囊、疏风止咳颗粒等 11 个品种先后入选北京市"十病十药"项目，同时北京同仁堂成为入选项目最多、获得资助最大的企业，其中，止渴养阴胶囊为"十病十药"项目首个上市品种。

北京同仁堂在构建学习型组织的短短十余年时间（2002—2014年），各项主要经济指标连续保持快速增长。统计数据显示，2003 年，北京同仁堂的销售收入为 43.5 亿元，利润总额为 2.5 亿元；2013 年，总营业收入为 215.94 亿元，利润总额为 18.91 亿元。

第三节　学习型社区

学习型社区与社区教育具有紧密的联系，从实践层面来看社区教育可以视作是学习型社区的前身，学习型社区是社区教育持续深入的发展方向。在学习型社会理念传入我国以前，社区教育于 20 世纪 80 年代在我国兴起，最早在上海和天津两个城市开展，相继又在其他一些城市得到推广和发展，而后，又从城市推向农村，出现蓬勃发展的局面。① 随着建设学习型社会目标在我国的确立，学习型社区成为学习型社会建设实践的重要组成部分。

一、中国学习型社区理论研究

20 世纪 80 年代中后期，我国一批专家学者以敏锐的洞察力和前瞻性的科学视野，理性地觉察到随着我国改革开放的广泛深入，社区与社区教育将会很快在我国的广阔土地上生根发芽。于是，他们及时地将国外社区建设和社区教育的实践情况及文献材料引入国内，并做了大量介绍和解读工作。大学和科研机构的专家学者、成人教育管理工作者，是我国社区教育研究的中坚力量，他们深入实践，与广大社区教育工作者共同探索，涌现了一批有质量的学术成果。

根据中国知网（CNKI）统计数据，截至 2018 年 7 月，以学习型社区为主题的文献总数为 745 篇［（检索条件为"主题＝学习型社区"或者"题名＝学习型社区"）（模糊匹配）］，其中期刊文章 478 篇、报纸文章 211 篇、硕士学位论文 30 篇、其他 26 篇。具体年度分布如图 5-3 所示。

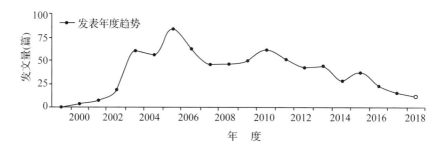

图 5-3　学习型社区文献发表年度分布

资料来源：中国知网（CNKI）。

---

①　厉以贤：《社区教育、社区发展、教育体制改革》，载《教育研究》，1994(1)。

(一)学习型社区内涵

叶忠海指出:"所谓学习化社区,是指以社区终身教育体系和学习型组织为基础,能保障和满足社区成员学习基本权利和终身学习需求,从而促进社区成员素质和生活质量提高以及社区可持续发展而创建的一种新型社区。"①厉以贤指出:"学习型社区是一种以学习者为中心,以终身学习、终身教育体系为基础,以保障和满足社区成员各种学习权利与需求,获得人的全面发展与自我实现以及可持续发展的社区。"②许正中等人则认为:"学习型社区是以社区民众为主体,以社区发展为目的,兼顾个人成长与社区发展,构筑终身学习体系向民众提供学习机会并以多元的教育培训渠道来保持社区民众持续不断的学习;同时通过公共平台的建设来促进民众沟通与对话,从而使其关心和参与社区的公共事务,并通过评论与集体行动的方式进行改革,使社区向经济进步与社会统合的目标发展。"③

研究者分别从过程、功能、结构等不同视角对学习型社区进行了定义,并且对学习型社区的特征已达成了基本共识,认为学习型社区主要具有以下特征。①学习机会广延性。学习机会能够公平地向社区成员提供,学习机会时时存在、处处存在。②学习资源共享性。社区充分开发、利用、盘活已有资源,向所有居民和组织开放。③学习参与主动性。社区成员参与学习的意识主动、自觉,学习已经成为一种生活方式。④学习行为互动性。社区成员进行团队学习、小组学习,彼此之间有大量的交流与互动。

(二)学习型社区构建模式

对于学习型社区的创建模式,研究者进行了大量探讨。魏中银

---

① 叶忠海:《试论学习化社会的基础——学习化社区》,载《教育发展研究》,2000(5)。
② 厉以贤:《学习社会的理念与建设》,223页,成都,四川教育出版社,2004。
③ 许正中、江森源:《学习型社会》,194页,北京,中国环境科学出版社,2003。

认为学习型社区创建模式有以下三种。第一，以街道办事处为中心进行的联动型社区文化建设模式。街道作为所辖行政区域的社区文化建设组织者、实施者、协调者，以社区服务及文化为着眼点对社区成员进行各种社区文化教育。第二，以社区居委会为平台的媒介型社区文化建设模式。社区通过自己筹建的群众媒介，面向全体社区成员进行科学文化、思想道德、社会生活等非学历方面的教育。第三，以中小学为主体进行的活动型社区文化建设模式。中小学作为区域型社区教育的组织者、协调者，利用自身办学资源和优势进行校外活动。①

　　李晶提出以小组为平台的互助型模式，将读书会、睦邻点、启智中心等组织作为学习型社区创建的活跃因子。② 司马一民、龚培提出"共建共享互助型"学习模式，提倡企事业单位与社区的合作。③纪晓岚以上海浦东潍坊街道为研究对象，将其学习型社区模式概括为政府引领下多元共建的公益服务型学习社区。该模式是以社区党工委为主导，社区学校为核心，市民学校为基地，有效整合辖区内中小学校教育和职业教育资源的公益服务型的学习型社区。④

　　(三)学习型社区的构建策略

　　关于学习型社区的构建策略，研究者分别从理论层面和技术层面做了探讨，就研究成果而言前者多于后者。

　　从理论层面来说，龙云兰认为构建学习型社区应该从宣传理念、

　　① 魏中银：《创建"学习型社区"与加强社区文化建设》，载《安徽电气工程职业技术学院学报》，2006(4)。

　　② 李晶：《从社会工作本土化视角看学习型社区建设的意义和发展》，载《中国民政》，2011(2)。

　　③ 司马一民、龚培：《共建共享互动推进学习型社区建设》，载《杭州(周刊)》，2012(7)。

　　④ 纪晓岚：《论学习型社区的理论与实践——对上海浦东潍坊街道创建学习型社区的实证研究》，载《华东理工大学学报(社会科学版)》，2009(2)。

整合资源、组建学习型组织和加强法规保障等着手①；邱玉婷认为应该从开发人力资源、课程资源、财力资源和教育组织体系入手②；全国教育科学规划领导小组办公室提出要挖掘、整合学习资源，学校、社区互动，提高社区教育专业化水平，创建学习型组织和制度创新是构建学习型社区的主要路径③；尹素敏等认为应该主要从观念、领导、资源和组织上建设学习型社区④。

从技术层面来说，米淑兰等提出开展教育公开课展示活动，并探索优秀培训项目的评选程序⑤；王建着重阐述了利用网络构建社区教育平台的社会需求、可行性服务人群及其层次、应采用的设计思想等⑥；黄雳、马京林将社区信息化建设的重要成果——"学习型社区居民自主学习网络平台"引入学习型社区的构建中，充分发挥网络平台的互动交流、自主整合学习资源、集最新信息技术为一体的特点，提供高效便捷、更具深度和广度的教育和学习支持⑦。

二、学习型社区建设历程

由于我国并未推出专门的学习型社区建设政策，因此学习型社区建设历程主要按照社区教育政策的发展路径来进行总结。

---

① 龙云兰：《构建学习型社区是我国和谐社会建设的需要》，载《经济与社会发展》，2007(8)。
② 邱玉婷：《广州市学习型社区教育资源整合的研究》，载《经济与社会发展》，2011(11)。
③ 赵丹：《近十年我国学习型社区研究综述》，载《河北大学成人教育学院学报》，2013(3)。
④ 尹素敏、赵志天、李进宅：《保定建设学习型社区的现状、问题及对策》，载《保定学院学报》，2009(3)。
⑤ 米淑兰、李洪蕾、钱孝先等：《促进宣武区学习型社区建设方法及程序研究》，载《北京宣武红旗业余大学学报》，2010(4)。
⑥ 王建：《利用网络建设学习型社区的意义与构想》，载《河海大学学报(哲学社会科学版)》，2006(3)。
⑦ 黄雳、马京林：《试析学习型社区居民自主学习网络平台特点》，载《当代经济》，2009(15)。

（一）起步阶段（1988—2004 年）

标志：1988 年，中共中央下发了《关于改革和加强中小学德育工作的通知》。

随着我国改革开放的不断推进和现代化进程的加快，为了促进社会的和谐发展和人们综合素质的不断提高，我国的社区教育在 20 世纪 80 年代中期首先出现在城市中。特别是在沿海城市起步较快，其内容主要是青少年校外德育，并且将社区作为发展的阵地。1988 年，中共中央下发了《关于改革和加强中小学德育工作的通知》，要求采取多种方式加强学校和社会之间的联系和沟通，率先在城市试点，逐渐建立社区（社会）教育委员会，以便于组织和协调社会各方力量来支持、关心社区教育的开展，不断优化社区的教育环境。1993 年，《中国教育改革和发展纲要》提出了支持并鼓励中小学校与附近的企业和事业单位、街道与村民委员会建立社区教育组织，吸引社会各个方面来支持社区学校建设，参与社区学校管理，优化社区教育育人环境，探索出符合中小学生特征的教育与社会相结合的新的形式。《中国教育改革和发展纲要》还第一次在中央文件中提出了"终身教育"的概念，自此，我国的社区教育在终身教育的背景之下，由当时的青少年校外德育为主转变为全体社区居民的教育。

1999 年，国务院批转教育部《面向 21 世纪教育振兴行动计划》，提出要进一步开展我国社区教育的实验工作，不断地建立以及完善我国终身教育的体系，不断地提高社区全体居民的综合素质。为落实《面向 21 世纪教育振兴行动计划》，2000 年 4 月，教育部职业教育与成人教育司下发《关于在部分地区开展社区教育实验工作的通知》，明确了开展社区教育实验的目的和要求。2001 年 11 月，教育部召开全国社区教育实验工作经验交流会，下发了《关于确定全国社区教育实验区名单的通知》，确定了 28 个全国社区教育实验区，明确了社区教育实验区工作的目标、任务和相关政策措施。为认真贯彻中央及教育部的精神，上海、北京、天津、江苏、浙江、山东、四川、重庆、福建、湖北、新疆等省份出台了促进社区教育发展的有关文件，各实验区的社区教育开始步入有计划积极发展的轨道。

（二）全面推进阶段（2004—2016 年）

标志：2004 年 12 月，教育部下发《关于推进社区教育工作的若干意见》。

2004 年 3 月，国务院批转教育部《2003—2007 年教育振兴行动计划》，提出"积极推进社区教育"的要求。2004 年 12 月，教育部下发《关于推进社区教育工作的若干意见》，对开展社区教育工作的指导思想、目标、主要任务、内容以及举措等方面提出了具体的意见。自此，社区教育有了较快的发展和提升。

2001—2007 年，教育部先后四次确定了 114 个"全国社区教育实验区"，覆盖了全国绝大多数的省份；各地先后有 400 多个"省级社区教育实验区"获得批准，初步形成了以北京、上海、天津等大城市为龙头，沿海比较发达的城市为主干，中部地区与西部地区有序开展的格局。2007 年，教育部下发了《关于推荐全国社区教育示范区的通知》。2008 年初，教育部确定了 34 个"全国社区教育示范区"，标志着我国社区教育进入了一个新的发展阶段。

在这一阶段，其他一些教育政策文件也对社区教育有所提及，例如：2005 年，国务院下发《关于大力发展职业教育的决定》，提出"要大力发展社区教育……满足人民群众多样化的学习需求"。2006年，国务院印发《全民科学素质行动计划纲要（2006—2010—2020年）》，要求"发挥社区教育在未成年人校外教育中的作用"。2007 年，国务院批转教育部《国家教育事业发展"十一五"规划纲要》，提出"要积极推进学习型社会建设，……努力地形成全体居民终身学习、终身教育的基本理念与良好的学习氛围。……改革成人教育办学模式，大力发展多样化的继续教育和社区教育"。2009 年，教育部印发《关于重新公布全国社区教育实验区名单的通知》，要求全国社区教育实验区坚持以服务经济社会发展为宗旨，继续加大社区教育工作力度。

（三）深入建设阶段（2016 年至今）

标志：2016 年，教育部等 9 部门联合印发《关于进一步推进社区教育发展的意见》。

在 2004 年教育部《关于推进社区教育工作的若干意见》颁布 12 年后，为适应新时期学习型社会建设的进展，2016 年 6 月，教育部联合民政部、科技部、财政部、人力资源社会保障部、文化部、国家体育总局、共青团中央、中国科学技术协会印发了《关于进一步推进社区教育发展的意见》，提出：到 2020 年，社区教育治理体系初步形成，内容形式更加丰富，教育资源融通共享，服务能力显著提高，发展环境更加优化，居民参与率和满意度显著提高，基本形成具有中国特色的社区教育发展模式。建设全国社区教育实验区 600 个，建成全国社区教育示范区 200 个，全国开展社区教育的县（市、区）实现全覆盖。

从地方性教育政策来看，部分地区针对学习型社区建设也做出了开创性的尝试，如成都市在 2016 年 8 月颁布了《成都市社区教育促进条例》。该法规的颁布为终身教育立法工作提供了新思路，当前终身教育立法面临的瓶颈问题就是立法调整范围和对终身教育概念的界定，以及终身教育与其他类别教育存在交叉问题，社区教育立法则界限相对清晰，大大降低了立法的难度。

三、学习型社区建设中的关键要素

（一）社区教育办学网络

各地可依托开放大学、广播电视大学、农业广播电视学校、职业院校以及社区科普学校等设立社区教育指导机构，统筹指导本区域社区教育工作的开展，研究制定社区教育办学机构指导性要求，建立健全社区教育网络。通过整合资源，建立健全城乡一体的社区教育县(市、区)、乡镇(街道)、村(社区)三级办学网络。

明确社区教育机构职责定位。县(市、区)社区教育学院(中心)负责课程开发、教育示范、业务指导、理论研究等。乡镇(街道)社区学校负责组织实施社区教育活动，指导村(社区)教学站(点)的工作。村(社区)教学站(点)为居民提供灵活便捷的教育服务。

(二)学习型家庭建设

学习型家庭是一种新的家庭形态。作为一种新的家庭形态，不论是双亲、单亲或是其他特殊样式的家庭，也不分富裕或贫困家庭，以学习动机高低和学习能力的强弱组合为标准，划分成四种家庭形态：无学习动机和无学习能力的非学习型家庭，低学习动机和有学习能力的学习型家庭，高学习动机和低学习能力的准学习型家庭，高学习动机和高学习能力的学习型家庭。[1]

学习型家庭是一种新的学习组织形式。它是以家庭为单位的学习组织形式，具有持续不断的学习、亲密合作的关系、彼此联系的网络、集体共享的观念、创新发展的精神、系统思考的方法。在这种组织形式里，通过成员的相互学习，共同创造新知识，并且通过知识的运用及转化，进而能保持整体的生命力和适应力，促进组织的成长与发展。[2]

潍坊市高度重视学习型家庭建设工作，制定下发了《关于建设学习型家庭实施方案》。方案规定，创建学习型家庭须具备以下条件：家庭每个成员都能树立终身学习的理念，坚持每季度读 1 本书，每天至少学习 1 小时；每个家庭成员都有良好的学习习惯和明确的学习目标，家庭成员经常共同学习、共同提高；家庭藏书 100 本以上，

---

[1]　杨柳、田汉族：《学习型家庭研究综述》，载《成人教育》，2007(10)。
[2]　乐善耀：《学习型家庭》，3 页，上海，文汇出版社，2002。

年订阅报纸杂志 2 份以上。①

（三）学习共同体建设

2016 年教育部等 9 部门《关于进一步推进社区教育发展的意见》提出："鼓励和引导社区居民自发组建形式多样的学习团队、活动小组等学习共同体，实现自我组织、自我教育、自我管理、自我服务，不断增强各类组织的凝聚力和创新力。"

学习共同体与学习型组织有如下区别：在目标追求上，学习型组织追求组织目标与组织绩效，它通过缩小个人之间的差距，谋求组织的最佳发展，完成特定的组织任务。学习型组织建设更多地是为了组织发展，个体发展仅有工具意义，它可能忽视个体需要。而学习共同体更多地追求群体中的个人发展，通过互动学习，取长补短，共同发展，不让任何一个成员掉队，倡导差异化发展。在价值取向上，学习型组织更多地属于任务功能型，受理性支配，追求效率，功利色彩较为浓厚。而学习共同体强调真实情境、彼此互动，它似乎具有更多的理想成分与情感色彩。学习型组织关注团体学习与系统思考，以效率、任务为导向，而学习共同体则注重个人认同、情感支持与共同精神。②

四、案例：成都市青羊区建设学习型社区的实践③

成都市是位于我国西南部的特大城市，青羊区是成都市的市辖区，也是原成都市人民政府所在地。青羊区因当地著名的道观青羊宫而得名。青羊区是我国首批全国社区教育示范区之一，其在学习型社区构建尤其是体制机制建设方面取得的成果，可谓是国内学习型社区建设的典范。

---

① 《创建学习型家庭需满足四个条件》，载《齐鲁晚报》，2010-07-15。
② 潘洪建：《"学习共同体"相关概念辨析》，载《教育科学研究》，2013(8)。
③ 任维瑾：《成都市青羊区学习型社区建设中政府管理运行机制研究》，硕士学位论文，西南财经大学，2014。

（一）青羊区学习型社区建设历程

1994 年，青羊区委、区政府下发了《关于成立青羊区社区教育委员会的通知》，在全市首先建立了指导区域社区教育工作的领导和协调机构。在区委、区政府的统一领导下，区教育局制定了《成都市青羊区社区教育委员会章程》《成都市青羊区社区教育专业委员会章程》《成都市青羊区社区教育工作职责分工》。此外，1994 年《关于向街道社区教育委员会选派教师的暂行管理办法》，1995 年《青羊区关于社区教育专干的选派和管理试行办法》，2007 年《青羊区社区教育专干岗位职责》（修改）等规范性文件，明确规定由区教育局在全区中小学中选派思想道德好、有独立工作能力的优秀教师驻各街道办事处担任社区教育专职干部。向街道派驻社教专干是青羊区创下的全国"十个第一"的社区教育特色工作之一。

2000 年 8 月，经成都市教育局批准，由青羊区政府主办的成都市青羊社区教育学院正式成立，由区政府分管区长出任院长，区教育局局长出任副院长，青羊社区教育学院成为青羊区开展社区教育的龙头单位和有效载体。特别是在 2004 年 9 月机构改革中，青羊区机构编制委员会下发了《关于成立成都市青羊区社区教育委员会办公室的通知》，正式把区社区教育委员会办公室单列为区教育局直属的事业法人单位，编制 17 人，这是青羊社区教育组织建设的一个创举，从根本上保证了全区社区教育工作的顺利开展。

多年来，区社教办、青羊社区教育学院围绕区委、区政府提出的中心工作，根据青羊区政治、经济和社会发展实际，严格遵照在"区一级建院，街道、社区分别建校"的原则，积极创建和打造区域社区教育办学实体，逐步形成了具有青羊特色的社区教育管理体制。2004 年，区社教办根据《成都市青羊区社区教育委员会章程》《成都市青羊区社区教育专业委员会章程》《成都市青羊区社区教育工作职责分工》等文件制定和下发了《关于在全区 14 个街道办事处成立社区教育学校(市民学校)的决定》，要求在全区各个街道建立街道社区教育学校并制定了相应的工作职责。至此，青羊区已基本形成了区、街、居三级社区教育办学实体，初步完善了区、街、居三级社区教育网络体系和管理体制。

(二)青羊区学习型社区建设成效

一是构建了青羊区学习型社区有效的目标导向机制。目标导向机制属于政府决策机制的范畴，具体体现在以下四个方面：①建立了有效的政府决策咨询机制，构建专家库系统，聘用相关领域的专家学者为政府提供决策支持服务，并为相关管理机制提供保障；②建立了有效的政府决策回应机制，实现政府与民众之间的互动，民众通过程序集合共同愿景参与政策制定并保障自己的利益；③建立了有效的政府决策监督机制，通过政策监督机制实现更科学、更民主地决策；④建立了有效的政府决策问责机制，各企事业单位和党政机关都严格遵从自上而下的行政法规和个人负责制。

二是构建了青羊区学习型社区有效的网络组织机制。有效的学习型社区的网络组织机制的基础是构建社区教育组织网络体系，具体包括以下几个方面：①形成了以街道为主导的办学实体机构网络，利用街道系统在开展社区教育方面具有的政治优势、资源优势、组织优势和中介服务优势，将触角伸入到全社区；②通过政府引导促进社区与学校、文化机构、社会公益组织融合发展的模式，为社区居民提供多元化的学习平台；③构建数字化网络教育平台，为居民提供随时随地、个性化的网络学习空间。

三是构建了青羊区学习型社区有效的激励约束机制。激励约束机制是政府提供社区教育服务的关键，使学习资源能够最大限度地达及社区居民，满足学习需求，实现政府对资源的有效配置。包括对政府部门和管理者的激励约束、对非政府部门教育学习服务提供者的激励约束，以及对学习者的激励约束等。

　　四是构建了青羊区学习型社区有效的监督机制。主要包括三个方面：①以"公开透明、完整统一、科学规范、廉洁高效"为基本原则，建立了一套编制有标准、执行有约束、监督有依据的较为科学规范的管理制度。②明确立法机构等相关部门对政府的监督权限，对政府部门的行政权力进行约束和限制。③加强财政预算监督。财政预算监督属内部监督，通过在财政部门内部设立专门机构行使监督权。

第六章

终身教育制度创新

第一节　终身教育法律法规

　　20世纪80年代，在改革开放的大背景及国际社会对终身教育的大力提倡与推动下，我国引入终身教育理念，与我国已经开展起来的扫盲教育、工农教育、职工培训等成人教育实践活动相互影响、相互促进。20世纪90年代初期，随着终身教育的不断推进以及理论研究的不断深入，终身教育逐渐从一种理念的提倡走向政策化、法制化的轨道，并成为国家推进的重要发展战略。1993年，国务院颁布了《中国教育改革和发展纲要》，首次在国家教育政策文件中提到"终身教育"；1995年颁布的《中华人民共和国教育法》则更明确地规定，要"建立和完善终身教育体系"。由此，终身教育被写入国家教育基本法，得到了法律的正式认可与规范。20世纪90年代末到21世纪初政府制定的一系列重大教育政策，都将发展终身教育、构建终身教育体系作为教育改革乃至国家改革的重要目标与努力方向。①

---

　　① 黄复生、吴遵民、魏志慧等：《构建终身教育体系的政策、法规和制度（国外篇）》，载《江苏开放大学学报》，2016(3)。

例如，党的十六大报告、十七大报告、十八大报告都提出要"完善终身教育体系""建设学习型社会"。党的十九大报告进一步明确"办好继续教育，加快建设学习型社会，大力提高国民素质"。

虽然我国尚未出台国家层面的终身教育法律，但出台了一些与之密切相关的教育法律法规，如《关于加强职工教育工作的决定》（1981年）、《中华人民共和国职业教育法》（1996年），以及推进多个人才领域继续教育发展的计划和政策措施。21世纪以来，一些地方政府对终身教育立法的支持与推动，例如福建省、上海市、太原市、河北省、宁波市等省市已颁布地方终身教育法规，从法律层面对终身教育的实践活动予以推进与保障，这也可以视为终身教育从政策转向立法的开端。

一、国家层面的相关教育法律法规和政策

"文化大革命"后，为尽快提升职工队伍素质，中共中央、国务院于1981年2月下发《关于加强职工教育工作的决定》。该文件系统总结了新中国成立以来职工教育工作的经验，深刻阐述了职工教育在现代化建设中的地位、作用和重要意义，明确提出了之后的任务和措施。1981年3月，国务院在北京召开了全国职工教育工作会议，为了贯彻会议精神，中央各有关部门陆续印发了《关于编制职工教育事业计划的意见》《关于职工教育经费管理和开支范围的暂行规定》《关于切实搞好青壮年职工文化、技术补课工作的联合通知》《关于职工大学和职工业余大学建校审批工作及毕业生学历等若干问题的意见》等政策文件，以指导职工教育工作的开展。

1987年12月，国家教委、国家科委、国家经委、劳动人事部、财政部和中国科协等六个部门联合颁发的《关于开展大学后继续教育的暂行规定》提出："大学后继续教育的对象是已具有大学专科以上学历或中级以上专业职务的在职专业技术人员和管理人员，重点是中青年骨干。"之后，继续教育的内涵逐步扩展到了所有从业人员。

社会许多领域建立了岗位培训和继续教育制度。例如，《中华人民共和国农业法》《中华人民共和国公司法》《中华人民共和国教师法》等都对从业人员的继续教育做了规定。1987 年，党的十三大报告指出："必须下极大力量，通过各种途径，加强对劳动者的职业教育和在职继续教育。"1996 年，国家教委在制定"九五"计划和 2010 年发展规划时指出，要"进一步发展各类型的职前、职后培训和继续教育，基本形成学历教育和非学历教育并重，不同层次教育相衔接，职业教育和普通教育相沟通的职业教育制度和体现终身教育特点的现代社会教育体系"。

1996 年 9 月 1 日，我国开始实施《中华人民共和国职业教育法》，适用于各级各类职业学校教育和各种形式的职业培训。其中，第二十条规定："企业应当根据本单位的实际，有计划地对本单位的职工和准备录用的人员实施职业教育。企业可以单独举办或者联合举办职业学校、职业培训机构，也可以委托学校、职业培训机构对本单位的职工和准备录用的人员实施职业教育。从事技术工种的职工，上岗前必须经过培训；从事特种作业的职工必须经过培训，并取得特种作业资格。"第二十八条规定："企业应当承担对本单位的职工和准备录用的人员进行职业教育的费用，具体办法由国务院有关部门会同国务院财政部门或者由省、自治区、直辖市人民政府依法规定。"第三十条规定："省、自治区、直辖市人民政府按照教育法的有关规定决定开征的用于教育的地方附加费，可以专项或者安排一定比例用于职业教育。"一些地方结合当地实际情况，出台了相应的地方条例。

进入 21 世纪以后，我国从国家战略的高度强调继续教育的战略地位。党和国家对继续教育做出重要决定的同时，还实施了一系列关于继续教育的具体计划和政策措施。例如，实施专业技术人才知识更新工程、农村实用人才培训工程、农村劳动力转移培训工程、国家技能型人才培养工程等。党政管理和部分专业性较强的部门要求管理干部和专业技术人员全员参加继续教育。例如，2000年12月，卫生部、人事部在颁布的《继续医学教育规定（试行）》中指出："参加继续医学教育是卫生技术人员应享有的权利和应履行的义务。"并规定"继续医学教育实行学分制。继续医学教育对象每年都应参加与本专业相关的继续医学教育活动，学分数不低于25学分"。2011年1月，教育部印发《关于大力加强中小学教师培训工作的意见》，强调"要根据教育改革发展的要求，开展中小学教师全员培训"，并规定："对所有新任教师进行岗前适应性培训，培训时间不少于120学时。对所有在职教师进行岗位培训，完善五年一个周期的教师培训制度，每五年累计培训时间不少于360学时。"《国家中长期教育改革和发展规划纲要（2010—2020年）》将继续教育与学前教育、义务教育、高中阶段教育、高等教育和职业教育等一并列为我国教育发展战略总体规划的重要内容。

二、地方终身教育法规

截至2018年初，我国大陆地区地方终身教育法规包括《福建省终身教育促进条例》（2005年）、《上海市终身教育促进条例》（2011年）、《太原市终身教育促进条例》（2012年）、《河北省终身教育促进条例》（2014年）和《宁波市终身教育促进条例》（2015年）5部。

2005年9月28日，《福建省终身教育促进条例》正式施行，这是我国大陆地区施行的第一部关于终身教育的地方法规。《福建省终身教育促进条例》共有22条，在明确公民享有终身教育权利的同时，也规定了政府及各类社会组织在推动终身教育发展方面的责任和义务。该条例确立了鼓励公民自主学习的原则，如设立终身教育活动日，关注弱势群体的受教育权，加强媒体对终身教育的宣传等。该条例的制定，开创了我国终身教育成文立法的先例。

经上海市十三届人大常委会第二十四次会议表决通过，《上海市终身教育促进条例》自 2011 年 5 月 1 日起施行。这是继《福建省终身教育促进条例》后我国大陆地区第二部关于终身教育的地方性法规。该条例共计 35 条，主要条款包括明确终身教育发展方针，设置终身教育主管统筹协调部门，建立终身教育学分积累与转换制度，实现不同类型学习成果的互认和衔接。该条例聚焦终身教育主体——成人继续教育的突出地位，涉及在职人员的教育培训、失业与农村进城务工劳动者的就业培训、农业教育培训，以及老年教育、残疾人教育、社区教育与家庭教育的开展等。其中，在职人员教育培训旨在提高其素质；失业人员、进城就业农村劳动者就业培训旨在就业创业；对农民的农业教育培训涉及农业生产关键技术、关键环节和新品种、新技术应用能力等方面；老年教育旨在丰富老年人生活、增进老年人健康；残疾人教育旨在开发残疾人的潜能、提高职业技能；家庭教育旨在开展家庭教育宣传，普及家庭教育知识，推广家庭教育经验。《上海市终身教育促进条例》主题鲜明、主体突出、以人为本、重在整合、重在探索和规范，并对经费支持、师资保障等做出了规定，对推进上海终身教育的发展与终身教育体系的构建具有重要意义，但在终身教育的基本内涵、实施宗旨及与其他教育形态之间的关系等方面仍存在修订与完善的空间。

第二节　终身教育机会制度

一、学历教育制度

（一）学历补偿教育制度

20 世纪 70—80 年代，由于"文化大革命"造成人才缺口，全国各地通过发展成人中等和高等教育实现学历的补偿与提升。学历补偿教育涉及中专、大专和本科三个层次，学习时间分脱产、半脱产和业余等不同类型，教育形式包括函授教育、广播电视教育、自学考试、网络教育等。开展成人中等学历补偿教育的机构主要有职工学校、成人中等专业学校、广播电视中等专业学校、职工中等专业学校、干部中等专业学校、农民中等专业学校、农民广播学校等。开展成人高等学历补偿教育的机构包括两大类，一是普通高校举办的函授部、夜大学和网络教育学院；二是独立设置的成人高校，包括职工大学、业余大学、管理干部学院、教育学院、农民大学、广播电视大学和独立函授学院等。

为了解决高等学校招生规模远不能满足社会需求的问题，我国创立了全世界独一无二的高等教育自学考试制度。20世纪80年代初，随着国家经济建设步伐的加快，社会需要大批专门人才，普通群众要求学习大学课程的愿望也十分强烈，已有高等教育形式已难以满足需求。1981年1月13日，国务院批转教育部《高等教育自学考试试行办法》，并决定在北京、上海、天津三市试行。此后，参加试点的省份逐年增加，到1985年，全国各省、自治区、直辖市都开展了高等教育自学考试的试点。1988年3月3日，国家教委总结各地经验，报国务院批准正式颁布了《高等教育自学考试暂行条例》。该条例对自学考试制度的性质、任务、地位、机构、开考专业、考试办法、毕业生使用等均做出了明确规定。1999年1月1日起实施的《中华人民共和国高等教育法》在第二十一条中再次明确规定："国家实行高等教育自学考试制度，经考试合格的，发给相应的学历证书或者其他学业证书。"

高等教育自学考试制度是世界上规模最大的、最能体现终身教育理念和学习型社会特点的开放式高等教育制度。高等教育自学考试是对自学者进行以学历考试为主的高等教育国家考试，是个人自学、社会助学和国家考试相结合的高等教育形式。高等教育自学考试的任务是通过国家考试促进广泛的个人自学和社会助学，推进在职专业教育和大学后继续教育，为社会开拓造就和选拔德才兼备专门人才的途径，凡中华人民共和国公民，不受性别、年龄、民族、种族和已受教育程度的限制，均可依照国家有关规定参加高等教育自学考试。高等教育自学考试制度建立 30 多年来，通过以考促学、以考促教整合各类教育资源，为个人通过自主学习获得高等教育学历文凭提供了途径。截至 2015 年，高等教育自学考试的学历教育在籍考生人数（不计重复）达 3 545 万人，共培养了本、专科毕业生 1 380多万人。①

（二）同等学力教育制度

为了多渠道促进我国高层次专门人才的成长，1985 年 9 月，国务院学位办公室决定开展在职人员申请硕士、博士学位的试点工作。1998 年 6 月 18 日，国务院学位委员会第十六次会议审议通过《关于授予具有研究生毕业同等学力人员硕士、博士学位的规定》。申请者须通过资格审查和同等学力水平认定，方可获得学位证书。同等学力水平认定一般包括三方面的内容，即申请人在教学、科研、专门技术等方面做出成绩的认定，申请人专业知识结构及水平的认定，学位论文水平的认定。

硕士学位申请人自通过资格审查之日起，必须在四年内完成学位授予单位组织的全部课程考试和国家组织的水平考试，且成绩合格。申请人应在通过全部考试后的一年内提出学位论文，论文答辩应在申请人提交论文后的半年内完成。

博士学位申请人在经过资格审查合格后，按博士研究生培养方案规定的课程组织考试。自通过资格审查之日起，一年内完成全部课程考试，且成绩合格。对于在科学或专门技术上有重要的著作、发明、发现或发展者，经有关专家推荐，学位授予单位同意，可以

---

① 王海东：《学习成果认证制度研究》，143 页，北京，中国人民大学出版社，2017。

免除部分或全部课程考试，直接申请参加博士学位论文答辩。博士学位论文答辩应在申请人通过全部课程考试后的一年内完成。

二、非学历教育制度

非学历终身教育制度主要包括企业教育制度、社区教育制度、老年教育制度等。

（一）企业教育制度

企业教育作为职工教育和成人教育的组成部分，其发展经历了三个阶段：（1）职工"双补"教育阶段；（2）岗位培训阶段；（3）建立和推进现代化企业教育制度的阶段。

1981年2月，为尽快提升职工队伍素质，中共中央、国务院下发《关于加强职工教育工作的决定》，明确规定：在1985年前，使当时文化达不到初中毕业水平的职工60%～80%达到初中毕业水平。工人要确实达到本等级应知应会要求标准，5年内青壮年工人的实际操作水平普遍提高1～2级。自此，"双补"教育工作在全国各地、各企业普遍开展。"双补"教育是对当时已经参加工作却因"文化大革命"而荒废学业的青壮年职工进行初中文化和初级技术补偿教育的简称。文化补课是指对语文、数学、物理、化学的实际水平不及初中毕业程度的青壮年职工进行补课。其中语文、数学两科必补，物理、化学两科可根据行业、工种的不同有所侧重。技术补课，即对未经专业技术培训的3级工以下（含3级工）的职工，进行技术理论学习和岗位练兵，以达到工人技术等级标准规定的3级工应知应会水平。"双补"教育以职工自学为主，教学组织形式灵活多样，其有脱产、半脱产或轮训等多种形式，以及"六二制"（6小时工作、2小时学习）、"七一制"（7小时工作、1小时学习）等自由组合时间，亦可单科学习、单科结业。到1985年8月，在应补课的3 000万青壮年工人中，文化补课的合格率达75.9%，技术补课的合格率达74.4%，基本达到中共中央提出的80%的高限要求。经过"双补"教育的青壮年职工，为 20 世纪最后 20 年我国经济发展与企业实力提升做出了重要贡献。

20 世纪 90 年代初期，我国经济社会发展开始转到依靠科技进步和提高劳动者素质的轨道上来，企业教育的重点也开始由职工"双补"教育向岗位培训转移，并得到可持续发展。为加强我国岗位培训制度建设工作，1990 年 12 月 22 日，国家教委召开了全国岗位培训工作座谈会，明确提出将岗位培训作为成人教育的重点。1991 年 6 月 14 日，国家教委印发《关于加强岗位培训管理工作的意见》，提出了对岗位培训的总体规划和实施意见。①

20 世纪 90 年代起，随着现代企业制度在各地推行，现代企业教育制度逐渐形成，教育培训活动围绕企业生产、开发和营销等经济活动展开，成为现代化企业不可缺少的环节。1994 年 7 月 3 日，国务院发布《中国教育改革和发展纲要》，指出"要建立和完善现代企业教育制度，通过立法，明确企业举办职业教育及对在职职工进行岗位培训和继续教育的责任"。进入 21 世纪，知识经济迅速崛起，教育在经济社会发展中的积极作用尤为凸显，企业教育面临前所未有的发展机遇和挑战。"企业主导"式教育体系的完善成为一种必然趋势：一是实现学习型企业为主导的学习化组织的优化升级；二是创建企业大学为主要模式的企业教育形式。② 截至 2012 年 8 月，中国的企业大学数量为 1 186 家。③

(二)社区教育制度

20 世纪 80 年代中期，上海首先出现社区教育委员会这一新生事

---

① 梁驰、姜益琳：《回顾与前瞻：中国企业教育改革六十年历程的启示》，载《职教通讯》，2001(19)。

② 梁驰、姜益琳：《回顾与前瞻：中国企业教育改革六十年历程的启示》，载《职教通讯》，2001(19)。

③ 《全球视野下的中国企业大学现状：由成长走向成熟》，http://tech.163.com/12/1010/02/8DDVMTR5000915BF.html，2018-08-10。

物。之后，社区教育委员会在我国城乡的广泛建立，改变了我国传统的封闭式垂直分叉教育体制的单一模式，改变了"学校—社区""教育—社会"互相隔离的状态，建构了学校、家庭、社会互动融合的教育新格局。20世纪90年代，为适应我国社会主义市场经济发展和现代化建设的需要，上海、天津、沈阳、南京、武汉、成都、北京和杭州等大城市涌现了各种各类形态的社区学校，形成了社区学院、社区学校及教学点的三级网络。1999年初，国务院批转教育部《面向21世纪教育振兴行动计划》，明确提出："开展社区教育的实验工作，逐步建立和完善终身教育体系，努力提高全民素质。"2000年4月，教育部首先确定8个全国社区教育实验区，2001年底发展至28个，2003年底又扩大到61个。各地方也创建了一批省级、地(市)级实验区。截至2016年7月，我国已有全国社区教育实验区122个，全国社区教育示范区127个，参与社区教育活动的人数达上亿人。不少城市形成了以社区学院为龙头，以社区学校为骨干的社区教育和学习网络。

上海在全国率先开展社区教育的顶层设计，组建跨部门的综合管理体制和业务指导体系，进行宏观规划决策和统筹指导协调。2006年，由13个单位组成的"上海市推进学习型社会建设指导委员会"成立。2010年，在此基础上组建"上海市学习型社会建设与终身教育促进委员会"，20位市委、市政府相关委办局领导任委员会委员。上海市教育委员会专门设立了终身教育处，具体承担委员会办公室的日常工作。各区(县)也建立了相应的组织机构，逐步形成市区联动的终身教育管理体制。

2010年后，许多在实验中形成的社区教育经验开始以制度的形式固定下来，并推广应用。2011年，上海颁布实施《上海市终身教育促进条例》，将社区教育纳入法律保障的范畴。同年，印发《上海市学习型社会建设与终身教育促进三年行动计划》，对社区教育提出了若干要求。各区(县)也纷纷出台社区教育政策与规划，将社区教育纳入发展规划。此外，上海市推动三大平台建设：上海电视大学更名为上海开放大学，成为推动上海市学习型社会建设的服务平台；建立上海终身教育学分银行，成为各级各类教育培训成果相互衔接的沟通平台；组建上海终身教育研究院，成为终身教育的研究平台。目前，上海社区教育已基本覆盖各类人群，形成了集多项功能于一身的社区教育服务网络，以满足市民多元的终身学习需求，使社会成员的才能与价值得到全面发展。①

终身教育的影响还拓展到社会发展层面，作为国家重要战略目标和地方社会发展方策推动学习型社会建设。学习型城市建设由上海在 1999 年率先提出；2000 年北京市政府提出要在全国"率先建起终身学习和学习型社会的基本框架"；2001 年，大连市政府专门制定了《关于建立学习型城市的意见》，之后宁波、常州、南京、杭州等多个城市的市政府先后印发了关于建设学习型城市的实施意见与相关文件，一些城市还专门设置了推进学习型城市建设工作指导委员会或办公室。② 学习型城市建设的覆盖面从东部沿海到中西部地区日趋扩大，全国已有 100 多个城市开展了学习型城市建设工作，建设学习型城市的实践活动正在呈燎原之势。

2014 年，教育部等 7 部门印发了《关于推进学习型城市建设的意见》，提出了我国学习型城市建设的阶段性目标：在全国各类城市广泛开展学习型城市创建工作，形成一大批终身教育体系基本完善、各级各类教育协调发展、学习机会开放多样、学习资源丰富共享的学习型城市，充分发挥这些城市在学习型社会建设中的引领和示范

---

① 王伯军、彭海虹、贾红彬等：《社区教育的上海模式》，http://jyj.hzxc.gov.cn/xxw/zyzx/jyjl/201801/t20180109_258221.shtml，2018-08-10。

② 吴遵民：《终身教育发展的中国经验：改革开放 37 年终身教育的历史回顾与展望》，载《终身教育研究》，2016(1)。

作用，到 2020 年，东中西部地区地（市）级以上城市开展创建学习型城市工作覆盖率分别达到 90%、80% 和 70%；各区域都要有一大批县级城市开展创建工作。该文件还提出了我国学习型城市建设的主要任务：大力培育和践行社会主义核心价值观，凝聚全社会价值共识；构建终身教育体系，促进各类教育融合开放；加强企事业单位职工教育培训，提高从业人员能力素质；广泛开展城乡社区教育，推动社会治理创新；推进各类学习型组织建设，增进社会组织活力；统筹开发社会学习资源，促进学习资源开放共享；有效应用现代信息技术，拓展学习时空。并明确提出了推进学习型城市建设的支持政策和相关措施：建立健全领导管理体制、推进法规制度建设、加强队伍建设、加大多渠道投入力度、营造终身学习文化氛围，以及开展评价、监测与国际交流。

2016 年，上海市教委等 7 部门印发《关于进一步推进本市学习型社会建设的若干意见》，指出上海社区教育工作呈现出"五个转变"：①从强调实体网络布局向增强服务能力转变；②从依靠政府主导推动向鼓励社会协同参与转变；③从丰富学习资源向提升学习品质转变；④从满足市民学习兴趣向引领市民学习需求转变；⑤从推进教育信息化向加快教育智能化转变。

（三）老年教育制度

老年人走进课堂接受教育、参加学习是我国老年教育的主体形式。我国老年大学一开始是独立设置、自下而上推动发展起来的，后由政府下发具有行政效力的文件，明确规定有关办学事项，将自上而下的引导与自下而上的努力集合起来，形成了多元化、蓬勃发展的局面，现已形成省、市、县、乡、村五级办学体系。①

————————

① 中国老年大学协会：《中国城市老年教育研究》，9 页，北京，高等教育出版社，2010。

20 世纪末，我国老年教育进入规范化、制度化发展时期。1996
年 10 月 1 日，《中华人民共和国老年人权益保障法》正式施行，明确
规定："老年人有继续受教育的权利。国家发展老年教育，鼓励社会
办好各类老年学校。各级人民政府对老年教育应当加强领导，统一
规划。"

2015 年新修订的《中华人民共和国老年人权益保障法》指出，要
把老年教育纳入终身教育体系，鼓励社会办好各类老年学校。2016
年 10 月，国务院办公厅印发《老年教育发展规划（2016－2020 年）》，
要求 2020 年前全国县级以上城市至少应有一所老年大学，50％的乡
镇（街道）建有老年学校，30％的行政村（居委会）建有老年学习点。
2017 年国务院颁布的《"十三五"国家老龄事业发展和养老体系建设规
划》提出，到 2020 年，基本形成覆盖广泛、灵活多样、特色鲜明、
规范有序的老年教育新格局，全国县级以上城市至少应有一所老年
大学，建有老年学校的乡镇（街道）比例达到 50％，经常性参与教育
活动的老年人口比例达到 20％以上。

第三节　学习成果认证、积累与转换制度

一、学分互认

终身教育领域学分互认的机构和内容各不相同。有相同教育层
次高校之间的学分互认，不同教育层次高校之间的学分互认，也有
不同教育领域之间的学分互认[①]，如普通高等教育领域、职业教育
领域、网络教育领域和成人高等教育领域内部和之间的学分互认，
以及与高等教育自学考试系统之间的互认等。此外，学历教育与非
学历教育职业证书之间也存在互认。

---

① 刘华、姜为：《学分互认的现状探究》，载《继续教育研究》，2007(2)。

（一）高校之间学分互认

21 世纪初，上海、北京、武汉等地的高校率先在本省或本市内开展片区高校学分互认。例如，2001 年，上海市东北片 9 所学校（复旦大学、同济大学、上海财经大学、上海理工大学、上海外国语大学、上海海运学院、上海水产大学、上海电力学院、上海体育学院）实现了合作办学，通过"互选课程、互认学分、互借图书、名师巡回讲课"等形式的合作办学活动，实现高校间的优势互补，教育教学资源利用的最大化。2004 年起，上海市西南片高校（上海交通大学、华东师范大学、东华大学、华东政法学院、华东理工大学、复旦大学上海医学院、上海中医药大学、上海戏剧学院、上海第二医科大学、上海师范大学、上海工程科技大学、上海应用技术学院、上海音乐学院）本着合作办学、资源共享、互惠互利的原则，在全日制本科生中实行"跨校修读选修课程"制度。学生修读的跨校选修课程学分可作为学生的公共选修课学分，并能得到协作组各校的相互承认，颇具实用性，为高校联合办学开创出了另一片广阔天地。

2001 年，武汉大学、华中科技大学、武汉理工大学、华中师范大学、华中农业大学、中国地质大学和中南财经政法大学开始实行七校联合办学。2010 年 1 月，武汉市南湖片区 10 所高校（中南财经政法大学、中南民族大学、湖北工业大学、武汉工程大学、武汉科技学院、湖北经济学院、湖北警官学院、武汉体育学院、湖北美术学院、湖北第二师范学院）签署联合办学协议。这些高校的在校学生可在学校间攻读辅修双学位；相互选修课程且相互承认学分，有组织地利用其他高校教学实验室和教学基地；根据需求选派学生在学校间游学；可优先报考、录取第二学士学位；学校间可互聘教师承担普通本科生教学任务。

2002 年起，北京高校开展学分制、互认学分以及高校教学共同体的尝试。北京航空航天大学、北京师范大学、中国农业大学等 19

所高校参与合作与交流，率先实施学分互认试点。

山东省应用型本科院校与高职高专院校"2＋2"校际学分互认模式对不同层次学校间学分互认进行了尝试。在该模式下，学生在专科试点院校修完前两年规定学分后，根据在校学习成绩和选拔测试成绩，择优进入本科院校继续完成后两年学习，本专科阶段实行校际学分互认，总学制为本科四年。该模式有利于本专科院校充分发挥各自的教育资源优势，实现培养目标、办学模式的有效衔接，具有可行性和重要的现实意义，同时，对推动本科院校人才培养模式改革、改善高职高专院校生源质量也将起到推动作用。

2003 年起，江浙沪等区域高校之间建立学分互认制度。2003 年4 月，江浙沪三省市的浙江大学、复旦大学、上海交通大学、东南大学、浙江工业大学、浙江理工大学 6 所高校签署了《长江三角洲人才开发一体化共同宣言》，参加了"长三角高等教育合作优秀人才培养模式的探索与实践"项目，旨在推进长三角地区高校教育资源共享及人才培养新模式改革，由双方或几方协商建立学分互认制度（含单向、双向或多向学分），达到人才培养和人力资源开发方面共同的目标。

2003 年，北京大学、清华大学、浙江大学等 9 所国内一流学府共同发起了"一流大学建设系列研讨会"。在 2009 年 10 月 13 日召开的第七届研讨会上，9 所大学签订了《一流大学人才培养与交流协议书》，共同培养拔尖人才。根据协议书，9 所高校将互相承认交换生在他校学习和交流期间取得的课程成绩与学分。

2008 年起，常州高职园区内的五所高职院校和一所本科院校为了共享优质的教学与学习资源，满足学生个性化学习需求，探索多所院校共同培养学生的模式，构建了学分互认体系。学分互认分为两种情况：第一种是高职院校之间专科层次的学分互认，第二种是高职院校与本科院校的专科课程与本科课程之间的学分互认。主要以第一种情况为主。园区内学分互认体系的实施实现了优质资源共享，促进了教师之间的交流，提升了教师的教育教学水平，深化了教学模式改革，培养了既有理论知识又有一定实践经验的应用型和复合型人才，促进了院校办学水平的整体提升。①

(二)网络教育学分互认

教育部依托中国教育和科研计算机网，实现了异地学分互认制度，同时对新增的开展现代远程教育试点工作的 25 所高校也提出推动校际课程互选和学分互认的要求。作为跨地域多高校学分互认的第一案例，网络教育"课程互选、学分互认、联合办学"项目，旨在利用天地网远程教育平台，探索新型的网络教育联合办学模式。该项目涉及上海交通大学、西安交通大学、浙江大学、宁夏大学和西藏大学(以下简称"五校")的普通高等教育和网络教育的学生。截至 2004 年 9 月底，96 门课程列入五校教学计划，24 791 名学生共享选课 41 610 门次，17 056 人次获得五校的学分。这是普通高等教育与网络教育之间衔接和沟通的一次尝试，为跨区域和跨教育类型的学分互认提供了经验，也为进一步的实践提出了体制上的要求。②

2007 年 5 月，中国石油大学(华东)、北京交通大学、福建师范大学、西南科技大学、北京网梯科技发展有限公司联合发起成立"网络教育教学资源研发中心"。之后，中国石油大学(北京)、华南师范大学、华中科技大学、中国地质大学(北京)和西南大学先后加入研发中心。网络教育教学资源研发中心搭建了 9 所院校共建共享的学分互认平台。截至 2018 年 6 月，学分互认平台上线 59 门课程，选课次数达 893 519 门次，参与学生人数为 353 242 人，互认学分 673 394 分。

2013 年以来，我国大规模开放在线课程(MOOC，简称慕课)迅

---

① 丁辉、姚文庆：《常州高职园区实施学分互认的研究》，载《现代职业教育研究》，2010(4)。

② 刘华、姜为：《学分互认的现状探究》，载《继续教育研究》，2007(2)。

猛发展，推动跨校、跨地域学分互认深入发展，但社会学习者慕课学分的认可机制还有待探索。截至 2018 年 4 月，我国上线慕课数量达到 5 000 门，高校学生和社会学习者选学人数突破 7 000 万人次，超过 1 100 万人次大学生获得慕课学分，中国高校慕课总量、参与开课学校数量、学习人数均处于世界领先地位。①

（三）专业技术资格和证书互认

2005 年 1 月，珠三角各城市签署《珠三角人才资源开发一体化合作协议》，旨在推动区域内专业技术资格、职业资格证书互认以及区域内高级专家信息资源共享等，以实现人力资源的共享与合作。

2005 年 3 月 20 日，上海、江苏、浙江、辽宁、吉林、黑龙江六省(市)人事部门的领导齐聚哈尔滨，签署了《"东三省"与"长三角"人才开发合作协议》。六省(市)及省辖市(地)、县(市)人才中心提供的以人事档案为依据的各类证明互认有效，六省(市)省级人事部门主持并发证的专业技术资格互认有效，六省(市)及省辖市(地)、县(市)范围内，政府人事部门发放的继续教育资格证书互认有效。建立人事代理互助制度，为到合作区域工作的各类人才提供相关人事代理服务。适时联合举办网上人才交流大会，促进各类人才合理流动。

2016 年，为深入贯彻落实《京津冀协同发展规划纲要》，加快京津冀人力社保一体化发展，天津、北京、河北三地人力社保部门共同签署了《京津冀专业技术人员职称资格互认协议》，互认专业技术人员职业资格证书、职称评审证书。

二、学分银行

我国为顺应国际形势发展的需要，在积极倡导终身教育体系构

---

① 邓晖：《中国慕课跑在世界发展前列》，载《光明日报》，2018-04-17。

建之际，还提出了一项具有中国本土特征的制度创新——终身学习"立交桥"的构想和学分银行制度。这一提法首次出现在《国家中长期教育改革和发展规划纲要(2010－2020 年)》中，并被作为我国教育改革的一项重要举措。换言之，终身教育体系构建的关键是整合各种教育资源，而资源整合的困难在于无法打破因制度化瓶颈造成的教育封闭，以及互相割裂难以融合的困境。"立交桥"的架构就是要打破这一弊端，即通过学分银行的建设，实现教育资源的横向融合和纵向沟通，以期为终身教育体系的构建提供实践基础。

(一)国家资历框架和学分银行的探索

国内学分银行实践最初源自农民教育领域，2004 年 3 月，教育部印发了《农村劳动力转移培训计划》，提出"大力推进学分制改革，探索和建立'学分银行'制度，形成学分互认机制，为学习者跨地域、转专业、分阶段参加学习或培训创造条件"。建立学分银行的初衷是为农民培训和教育提供方便。同年 8 月，教育部颁布了《关于在职业学校逐步推行学分制的若干意见》，探索和建立职业学校学分累积与转换信息系统(学分银行)。在政策推动下，2004 年 9 月 1 日起，全国千余所职校尝试开展"学分银行"项目。2005 年，教育部印发了《关于加快发展中等职业教育的意见》，提出"改革中等职业学校教学管理制度，逐步实行学分制，建立'学分银行'，允许学生半工半读，分阶段完成学业"。因此，职校层面"零存整取"式的学分银行获得发展。

2010 年，国务院颁布《国家中长期教育改革和发展规划纲要(2010—2020 年)》，提出"构建灵活开放的终身教育体系。……搭建终身学习'立交桥'。促进各级各类教育纵向衔接、横向沟通"，"建立区域内普通教育、职业教育、继续教育之间的沟通机制；建立终身学习网络和服务平台；……建立学习成果认证体系，建立'学分银行'制度"。将学分银行的范围从职业教育扩展到整个终身教育体系，也将学分银行的功能从"零存整取"的学制改革转移到不同教育体制的沟通及学习成果认证体系的改革试点上来。

2012 年 6 月，中央广播电视大学（国家开放大学前身）"国家继续教育学习成果认证、积累与转换制度的研究与实践"获教育部批准立项。此项目属广播电视大学向开放大学战略转型的重要改革举措之一，中央广播电视大学依托该项目正式开始探索与实践面向全国的学分银行制度。目前，国家开放大学设立了专门的学分认证机构，在"框架＋标准"的技术路径指导下，与行业合作研制学习成果认证单元标准，引入 20 多个非学历教育证书与开放教育 17 个专科专业横向融通，19 个高职专科专业与 13 个开放教育、网络教育本科专业纵向衔接。目前，中国邮政集团公司培训中心、中国汽车维修行业协会、中国煤炭工业协会和中国物流与采购联合会 4 个行业的 129 条认证单元已通过审定。铸造、信息安全、物流、社会工作、养老、化工、机械、软件、建筑等 20 多个行业也已初步形成 560 余条认证单元。①

2013 年，中共十八届三中全会公报提出试行普通高校、高职院校、成人高校之间学分转换，拓宽终身学习通道。2014 年 8 月 18 日，习近平总书记在主持召开的中央全面深化改革领导小组第四次会议上，要求构建衔接沟通各级各类教育、认可多种学习成果的终身学习"立交桥"。2015 年 11 月，教育部印发《高等职业教育创新发展行动计划（2015－2018 年）》，提出专科高职院校要逐步实行学分制，开展不同类型学习成果的积累、认定，建立全国统一的学习者终身学习成果档案（包含各类学历和非学历教育），设立学分银行。2016 年 1 月，教育部印发《关于办好开放大学的意见》，进一步提出

---

① 国家开放大学学分银行：《标准制定》，http：//cb. ouchn. edu. cn/bz/bzzd/index. shtml，2018-08-10。

要建设"学分银行",实现学习成果积累和转换。2016年颁布的国家"十三五"规划提出建立个人学习账号和学分累计制度,畅通继续教育、终身学习通道,制定国家资历框架,推进非学历教育学习成果、职业技能级别学分转换互认。从而首次在国家层面提出制定国家资历框架。这既是教育国际化发展的需要,也是我国教育实践发展的需求。2017年1月颁布的《国家教育事业发展"十三五"规划》再次提出"制定国家资历框架,建立个人学习账号和学分累计制度""建立多种学习成果认证平台""推进国家学分银行建设"等任务要求,这将进一步推进我国学习成果认证制度建设。

(二)地方学分银行的实践

2010年底,国务院办公厅下发了《关于开展国家教育体制改革试点的通知》,将北京市、上海市、江苏省、广东省、云南省、中央广播电视大学作为开放大学试点省市和学校,进一步"探索开放大学建设模式,建立学习成果认证和'学分银行'制度"。在这样的政策推动下,各地方纷纷开始依托开放大学或广播电视大学探索地方学分银行建设,学分银行实践进入井喷期。

上海市终身教育学分银行作为我国第一家省级学分银行,始建于2010年8月,2012年7月开始正式运行。机构包括22个分部、68个高校网点、40个开放大学分校。仅一年间便达到学分银行开户数339 609,其中学历教育开户数176 945,文化休闲教育开户数162 664。其以对学习者终身学习成果的认定与学分转换为核心功能,建立了中国第一个继续教育学分认定、积累和转换制度;以学习者终身学习成果的认定与学分转换的实践,搭建了我国第一个终身学习的"立交桥",实现了不同学习成果的互认与衔接。

随后,云南省、江苏省、广东省、福建省、浙江省相继成立终身教育学分银行。终身教育学分银行一般定位于面向当地居民以终身教育学分认定、累积和转换为主要功能的学分管理服务机构,其目的是为学习者搭建终身学习"立交桥"，拓宽终身学习通道，推进全民学习和学习型社会的发展。因此，其主办单位一般为各地区教育主管部门，其组织机构和运作方式也基本相似，由所在地开放大学负责具体实施与运行，各类教育机构作为网点或合作单位加入学分银行，为学习者提供学习成果的认证、积累和转换。

截至 2017 年初，我国各种类型的学分银行已有 30 余家，教育类型涉及终身教育、高等教育、自学考试、市民教育、农民教育、职业教育。

典型案例：上海市终身教育学分银行

2012 年 7 月 24 日，全国首家省市级学分银行——上海市终身教育学分银行正式挂牌成立。上海市终身教育学分银行定位于面向上海市民，以终身教育(学历教育、职业培训和社区老年教育等)学分认定、积累和转换为主要功能进行学习成果的管理与服务。其目的是为学习者搭建四通八达的终身学习"立交桥"，以推进上海市学习型社会的建设。上海市终身教育学分银行具备以下两方面的功能。一是终身教育学习成果的认证管理中心，包括：①认证功能，即认证学习者获得的终身教育各类学习成果；②积累功能，即建立面向全市市民的个人学习档案库，积累学习者的终身学习成果；③查询功能，即提供个人学习档案的在线查询等服务；④证明功能，即提供学习者个人成绩证明等服务。二是终身教育学习成果转换服务平台，包括：①标准指导服务，即建设学习成果认定转换规则和标准，提供学分认定转换指导服务；②信息公告服务，即各高校等教育机构在学分银行网上平台公告学分认定转换规则、认定的证书与课程等信息，方便学习者申请学分转换，提供学分认定转换信息服务；③成绩信息服务，即学分银行个人学习档案成绩证明可作为高校等教育机构学分认定依据，提供学分转换成绩证明信息服务；④转换平台服务，即提供学分认定转换申请、审核和成绩存入等平台服务。其学分涉及学历教育、职业培训和社区老年教育（社区教育、老年教育等）三类。其中，部分职业培训证书可转换为学历教育学分，社区老年教育学分还无法转换为学历教育学分。[①]

上海市终身教育学分银行的学分认定、积累与转换制度如表 6-1 所示。

表 6-1　上海市终身教育学分银行的学分认定、积累和转换制度

类别	内　　容
学历教育板块	①学分认定制度 将学习者学历教育的原始学分认证后存入学分银行，构建学历教育学分信息库，学习者申请将自己已有学历教育课程的原始学分，或将可与学历教育沟通的职业培训证书等，认定为学分银行的标准学分存入学分银行 ②学分积累制度 ③学分转换制度 学习者申请将积累在学分银行的标准学分，按规定转换为合作高校（机构）的学分，并在合作高校（机构）继续学习，修满学分可以获得合作高校（机构）的学历证书
职业培训板块	①证书认证制度 学分银行分批对社会认可度较高的职业培训证书进行认证，形成职业培训证书认证目录 ②证书认定存入制度 学习者获得的学分银行职业培训证书目录中的证书，可申请认定存入学分银行；职业培训考证机构也可将学习者取得的学分银行职业培训证书目录中的证书考试成绩，集中存入学分银行 ③学分积累与转换制度 学分银行积累的学习者的职业培训学分，部分可按规定转换为学历教育课程学分，同时为市、区终身学习奖励与激励提供依据

---

① 《学分银行简介》，http：//www.shcb.org.cn/doc/doc1.jsp，2018-08-10。

续表

类别	内　　容
社区老年 教育板块	①机构认证制度 将上海市各区社区学院、老年大学等，认证为学分银行社区老年教育的实施机构，负责社区老年教育课程的建设、教学的实施与管理，学分银行建立相应的社区老年教育认证指标体系 ②学习项目认证制度 上海市各区社区学院、老年大学等社区老年教育的实施机构，申报社区老年教育学习项目，经学分银行认证后，形成学分银行社区老年教育学习项目目录 ③学分存入与积累制度 学习者学习学分银行社区老年教育学习项目目录中的项目，所取得的学分由所在社区老年教育机构逐一存入学分银行累积，为市、区终身教育奖励与激励提供依据，推进学习型社会建设

第四节　终身学习激励制度

一、终身教育经费

终身教育经费指各级政府有关部门为开展终身教育提供的专项经费，以及企业、民办非企业单位和其他组织为本单位在职人员开展职业培训的经费等。

2004 年教育部出台的《关于推进社区教育工作的若干意见》明确了政府投入社区教育专项经费的标准，国家和省级社区教育实验区应努力按照社区常住人口人均不少于 1 元的标准，落实社区教育经费。经济发达地区要在此基础上进一步增加社区教育的经费投入。2010 年 8 月，教育部办公厅出台《社区教育示范区评估标准(试行)》，进一步要求区(县、市)财政按常住人口每年人均不低于 2 元标准设立社区教育专项培训经费，并落实到位。

2011 年颁布的《上海市终身教育促进条例》规定：各级人民政府

将终身教育经费列入本级政府教育经费预算，以保证终身教育经费的逐步增长，终身教育经费主要用于社区教育等公共服务领域；企业等非政府机构应当按照规定，足额提取职业培训经费，并可依法在税前扣除；企业用于一线职工的教育培训经费所占比例，应当高于职业培训经费总额的 60%，并每年将经费使用情况向职工代表大会报告；民办非企业单位以及其他组织应当为本单位在职人员的职业培训提供经费保障。

2012 年颁布的《太原市终身教育促进条例》明确规定：县（市、区）人民政府应当按照本行政区域内常住人口数每人每年不低于 2 元的标准安排社区（村）教育经费，列入本级教育经费预算，并根据财政经常性收入的增加而增加；企业应当按照职工工资总额的 1.5%～2.5% 足额提取职工教育经费，并可依法在税前扣除，且应当每年将职工教育培训经费的使用情况向职工代表大会或者全体职工报告；鼓励公民、法人和其他组织捐助终身教育或者举办终身教育机构。

二、其他激励制度

除了经费保障，我国还在时间保障、与其他制度的衔接等方面探索终身学习激励制度。例如，20 世纪 90 年代以来，北京、天津、河北、福建、广东、浙江等省份先后出台了有关继续教育的专项法规，对脱产学习进行了规定，每年为 50～90 学时不等。

2010 年，《国家中长期教育改革和发展规划纲要（2010－2020年）》提出健全继续教育激励机制，推进继续教育与工作考核、岗位聘任（聘用）、职务（职称）评聘、职业注册等人事管理制度的衔接；鼓励个人多种形式接受继续教育，支持用人单位为从业人员接受继续教育提供条件。

2010 年，《上海市中长期教育改革和发展规划纲要（2010－2020年）》提出健全继续教育激励机制，探索实施在职人员带薪继续教育假制度。

2012 年，教育部《关于加快发展继续教育的若干意见》提出：要着力加强继续教育激励制度建设，特别是在关系国家经济命脉、人民生活与生命安全的专业和行业领域要建立健全继续教育的激励机制；实施继续教育和劳动人事制度沟通与衔接的制度；健全就业准入制度和岗位培训制度，严格实行技能技术岗位劳动者持证上岗；进一步完善各类职业资格证书、技能等级证书定期更新与继续教育相结合的管理制度，将从业人员接受继续教育的状况作为各类证书定期注册的重要条件，把参与继续教育的学习经历和成果与岗位聘任（聘用）、职务（职称）评聘、职业注册等人事管理制度相衔接；实行带薪继续教育假制度；定期表彰为继续教育工作做出突出贡献的单位和个人。

第七章
终身教育学术研究

第一节　我国终身教育学术研究的脉络

保罗·朗格朗在 1965 年联合国教科文组织第三次成人教育促进会议上提出终身教育的理念之后，终身教育的理论迅速传遍世界，并得到了国际上众多国家的大力推行。而我国由于受"文化大革命"的影响，直至 1978 年实行改革开放政策前后，终身教育理念才开始逐渐传入国内。改革开放让人们开始重新思考和定位教育的本质、功能和价值，也为当时的中国带来了一系列观念、思想、文化和技术上的新变化，正是在这种条件与背景下，终身教育理念开始引入和传播开来。[①]

20 世纪 70 年代，部分具有国际视野的学者开始引入国际上终身教育相关的理念及研究。

1979 年 5 月，人民教育出版社出版的《业余教育的制度与措施》一书收录了张人杰撰写的《终身教育：一个值得关注的国际教育思潮》和钟启泉翻译的朗格朗的名篇《终身教育的战略》。两篇文章均对

[①]　国卉男：《中国终身教育政策研究》，博士学位论文，华东师范大学，2013。

终身教育理念产生的社会背景、发展脉络、主要论点以及部分发达国家实施终身教育政策的状况做了较为详细的介绍。

1979 年我国派代表参加在墨西哥召开的第一次世界继续工程教育大会，引入继续教育概念。1985 年我国派代表参加第三届国际成人教育大会后，国内兴起成人教育的研究和讨论。终身教育、继续教育、成人教育三个概念的讨论在同一时期常常混杂在一起，没有明确的区分。这一时期的教育现象如老年大学、全国扫盲教育运动等并没有被称为"终身教育"。①

国内以终身教育为主题的早期著作主要是国内学者的译著，如1986 年，周南照和陈树清翻译出版了保罗·朗格朗撰写的《终身教育引论》。在终身教育思潮发展史上具有划时代意义的，联合国教科文组织国际教育发展委员会撰写的《学会生存——教育世界的今天和明天》报告(1972 年)，1979 年由上海师范大学外国教育研究室翻译出版。译著中还有持田荣一等的《终身教育大全》(1987 年译)、C. J. 泰特缪斯的《培格曼国际终身教育百科全书》(1990 年译)、阿瑟·克罗普利的《终身教育导论——心理学分析》(1990 年译)、西里尔·O. 豪尔的《学习模式——终身教育的新展望》(1992 年译)、S. 拉塞克和G. 维迪努的《从现在到 2000 年教育内容发展的全球展望》(1996 年译)以及联合国教科文组织发表的《教育——财富蕴藏其中》(1996 年)等。这一时期我国学者的专著，有周蕴石的《终身教育》(1989 年)、乔冰等的《终身教育论》(1992 年)、谢国东等的《构建学习社会》(1997年)、吴遵民的《现代国际终身教育论》(1999 年)等。②

终身教育第一次见于我国国家教育政策是 1993 年 2 月中共中央、国务院发布的《中国教育改革和发展纲要》。《中国教育改革和发

---

① 潘懋元、李国强：《现代终身教育理论与中国教育发展》，169 页，北京，高等教育出版社，2017。

② 贺宏志：《我国终身教育体系及其推进策略研究》，14 页，北京，首都师范大学出版社，2013。

展纲要》指出："成人教育是传统学校教育向终身教育发展的一种新型教育制度，对不断提高全民族素质，促进经济和社会发展具有重要作用。"1995 年我国颁布《中华人民共和国教育法》，首次以法律形式对终身教育体系建设做出了明确规定："国家适应社会主义市场经济发展和社会进步的需要，推进教育改革，促进各级各类教育协调发展，建立和完善终身教育体系""使公民接受适当形式的政治、经济、文化、科学、技术、业务教育和终身教育"，并且"为公民接受终身教育创造条件"。[1]

随着 1994 年世界首届终身学习大会在罗马召开，1996 年联合国教科文组织《教育——财富蕴藏其中》出版，终身学习成为教育研究领域的热点。我国教育政策文件中开始出现将终身教育和终身学习并用的情况。1998 年教育部《面向 21 世纪教育振兴行动计划》重申了终身教育是教育发展和社会进步的共同要求，提出要逐步建立和完善终身教育体系；1999 年中共中央、国务院颁布的《关于深化教育改革，全面推进素质教育的决定》继续强调要逐步完善终身学习体系，运用现代远程教育网络为社会成员提供终身学习的机会，提高教师队伍终身学习的自觉性。

2000 年以来，学习化社会与终身教育、终身学习共同出现在我国的一系列政策文件中，如 2002 年党的十六大报告、2003 年中共中央《关于完善社会主义市场经济体制若干问题的决定》、2004 年中共中央《关于加强党的执政能力建设的决定》、2006 年中共中央《关于构建社会主义和谐社会若干重大问题的决定》、2007 年党的十七大报告、2010 年《国家中长期教育改革和发展规划纲要（2010－2020 年）》等，强调了构建开放灵活、体系完备的终身教育，搭建终身学习"立交桥"，发展远程教育及服务平台，满足个人多样化的终身学习需

---

① 潘懋元、李国强：《现代终身教育理论与中国教育发展》，170 页，北京，高等教育出版社，2017。

求，形成学习型社会的战略目标。①

随着终身教育思想世界范围的广泛传播，以及我国政府对终身教育思想的逐步重视，我国学者从翻译、推介国外终身教育思想开始，逐步开展了我国本土化的终身教育理论与实践研究。改革开放 40 年来，我国的终身教育研究稳步发展。

根据中国知网（CNKI）统计数据，截至 2018 年 5 月 17 日，以终身教育或终身学习为主题的文献总数为 19 604 篇，其中核心期刊来源 6 391 篇，CSSCI 来源 1 757 篇，EI 来源 1 篇；硕士、博士学位论文 1 695 篇，其中硕士学位论文 1 489 篇，博士学位论文 206 篇；各类会议文献 649 篇，其中国内会议文献 574 篇，国际会议文献 75 篇；另有年鉴文献 1 847 篇。

我国终身教育研究经历了以下四个主要阶段。

起步阶段（1980—1994 年）：我国终身教育相关研究数量比较少，内容相对简单。研究内容主要涉及：对国外终身教育的研究和介绍；对终身教育价值的讨论和思考；对成人教育与终身教育的比较；对陶行知、野村等教育家和学者的终身教育思想进行的研究和思考。

发展阶段（1995—2000 年）：终身教育相关研究迅速增加，这一时期有关终身教育研究数量较多，从每年不到百篇迅速进展到数百篇，研究成果发表的层次较高，核心期刊文献数量达到百篇以上。其间研究的内容主要集中于终身教育的学科研究，终身教育与社会经济发展之间辩证关系的研究，终身教育与成人教育、家庭教育等方面关系的研究等。

多样化阶段（2001—2011 年）：随着我国终身教育研究的进步和发展以及终身教育体系的不断构建，我国终身教育研究的数量不断增长，关注的杂志也不断增加。在《教育研究》《江苏高教》《中国成人

---

① 潘懋元、李国强：《现代终身教育理论与中国教育发展》，170～174 页，北京，高等教育出版社，2017。

教育》《成人教育》和《继续教育研究》等杂志关注的基础之上，《中国职业技术教育》《职教论坛》《教育与职业》《继续教育》《中国远程教育》和《开放教育研究》等杂志也加大了对终身教育的关注。另外，终身教育研究的理论程度越来越强，以终身教育为背景的研究越来越多。终身教育研究出现了多样化的研究形态。

理论深入阶段（2012 年至今）：我国终身教育研究成果不断增加，研究内容不断拓展和深入，并开始进行终身教育的反思性研究、比较研究、法律研究以及终身教育的历史研究。[①]

通过对 2011 年前研究者发表论文的数量及其论文被引用频率的研究，具有较大影响力的研究者包括：郝克明、顾明远、厉以贤、高志敏、吴遵民、陈乃林、吴雪萍、吴忠魁等。[②] 2011 年后又涌现出一批学者，包括：陈丽、张伟远、黄健等。

纵观改革开放 40 年的发展历程，我国终身教育及学术研究取得了长足的进展。除了对国际终身教育理念、理论及实践的介绍和引入之外，我国教育界逐渐形成并丰富发展了终身教育的理念和相关理论，涌现了关于终身教育、终身学习的政策、立法、体系、制度，学习型社会，远程教育以及终身学习网络、平台和信息技术支持等方面的研究，建立了相关的专业协会、学会联盟，逐渐发展了终身教育、终身学习的专业期刊，而且期刊层次也不断上升。

第二节　终身教育相关概念体系

一、终身教育的界定

对于终身教育，目前并没有一个统一的界定。国内外学界比较

---

① 田印红、王中华：《近 40 年来终身教育研究的回顾与展望——基于中国知网的分析》，载《成人教育》，2016(3)。

② 陈丽、蒋楠晨、李秋劼：《我国"终身教育"领域研究现状的综述——基于对十年文献的计量和内容分析》，载《现代远距离教育》，2011(5)。

有代表性、影响比较广泛的定义有以下几种。

保罗·朗格朗于 1965 年在其著作《终身教育引论》中这样定义："终身教育是一系列很具体的思想、实验和成就，换言之，是完全意义上的教育，它包括了教育的所有各个方面，各项内容，从一个人出生的那一刻起，一直到生命终结时为止的不间断的发展，包括了教育各发展阶段各个关头之间的有机联系。"①他认为，"人格的发展是通过人的一生来完成的"，"教育，不能停止在儿童期和青年期，只要人还活着，就应该是继续的"。他主张，教育应当"是在人类存在的所有部门进行的"，"学校教育、社会教育等由原来的各种不同的教育活动的状况、形式所形成的相互隔绝的墙壁必须加以清除"。为了促进社会发展以及人格完善，人的一生要把教育同生活紧密联系起来，社会则应把所有的教育机会与机构统一综合起来，形成一个能够随时随地向人们提供不同教育的一体化组织。

联合国教科文组织在《学会生存——教育世界的今天和明天》中认为："最初，终身教育只不过是应用于一种较旧的教育实践即成人教育(并不是指夜校)的一个新术语。后来，逐步地把这种教育思想应用于职业教育，随后又涉及到在整个教育活动范围内发展个性的各方面，即智力的、情绪的、美感的、社会的和政治的修养。最后，到现在，终身教育这个概念，从个人和社会的观点来看，已经包括整个教育过程了。它首先关心儿童教育，帮助儿童过着他应有的生活。同时它的主要使命是培养未来的成人，使他准备去从事各种形式的自治和自学。后一种学习要求为成人发展许多范围广阔的教育结构和社会活动。""因此，终身教育就变成了由一切形式、一切表达方式和一切阶段的教学行动构成一个循环往复的关系时所使用的工

---

① ［法］保尔·朗格朗：《终身教育引论》，16 页，北京，中国对外翻译出版公司，1985。

具和表现方法。"①"终身这个概念包括教育的一切方面，包括其中的每一件事情。"②

《教育——财富蕴藏其中》对终身教育所下的定义是："教育的种种使命以及教育可能具有的多种形式，均使教育包括从童年到生命终止的、起下述作用的所有活动：这些活动可将前一章述及的四种基本学习（即学会认知、学会做事、学会共同生活、学会生存——引者注）灵活地结合起来，使每个人能够生动地了解世界、了解他人和了解自己。……委员会决定把与生命有共同外延并已扩展到社会各个方面的这种连续性教育称之为'终身教育'。"③

联合国教科文组织对终身教育的定义丰富了终身教育的内涵，实现了从终身教育的形式论（教育的一切形式、内容、方法）到终身教育的本体论（教育对社会整体发展和个体的现实生活与生命成长的意义）的转换，并揭示了与其他教育形式的本质性区别。④

顾明远最早从理念角度提出了对终身教育的理解，提出："终身教育是为了适应科学技术的不断进步和生产的不断变革而提出来的""一种知识更新、知识创新的教育"。⑤

厉以贤提出：所谓终身教育，是指"人在一生中受到的各种教育的总和，是社会各场所提供的一切正规、非正规和非正式教育的总和"⑥。他从纵横两个维度对终身教育的范畴进行了界定，横向维度

---

① 联合国教科文组织国际教育发展委员会：《学会生存——教育世界的今天和明天》，180 页，北京，教育科学出版社，1996。

② 联合国教科文组织国际教育发展委员会：《学会生存——教育世界的今天和明天》，223 页，北京，教育科学出版社，1996。

③ 国际 21 世纪教育委员会：《教育——财富蕴藏其中》，89 ～ 90 页，北京，教育科学出版社，1996。

④ 贺宏志：《我国终身教育体系及其推进策略研究》，20 页，北京，首都师范大学出版社，2013。

⑤ 顾明远：《终身教育——20 世纪最重要的教育思潮》，载《职业技术教育》，2002（3）。

⑥ 厉以贤：《学习社会的理念与建设》，118 页，成都，四川教育出版社，2004。

终身教育涉及小到家庭、组织、学校，大到社区、社会的各个方面和领域；纵向维度终身教育贯穿人的一生，即从胎儿期始，跨越少年、青年、老年直至坟墓。

郝克明则是从国家责任角度提出："如果说，终身学习是社会成员从个人角度对社会变革做出的应答，终身学习的实现在很大程度上取决于个人对学习的兴趣、态度、习惯和能力，那么终身教育就是国家从社会角度对社会变革做出的应对，是为实现社会成员终身学习的要求，从制度、环境和组织等方面提供保证。"[1]

二、终身教育与终身学习

从 20 世纪 90 年代开始，联合国教科文组织及许多国家都从强调"终身教育"转向强调"终身学习"。[2] 孔子曰"非生而知之"，庄子曰"吾生也有涯，而知也无涯"，可见终身学习思想自古有之。但终身学习概念的正式提出是在 20 世纪 70 年代初。其倡导者是原法国总理、时任联合国教科文组织国际教育委员会主席的埃德加·富尔（Edgard Faure）及其同事。[3]

吴遵民认为，学术界对终身学习的概念表述不一，具有代表性的有以下三种。一是联合国教科文组织 1976 年的定义："终身教育和学习的术语是指，既致力于重建现存的教育体系，又致力于用成年男女都能决定他们自己的教育的方式来发展它的潜力的一个全面的计划。"二是欧洲委员会的界定："终身学习已不再是教育和训练的一个方面；它必须成为提供和参与学习背景的、连续和统一的指导原则。"三是学术界普遍认为最具有权威性的、认同度广泛的欧洲终

---

① 郝克明：《跨进学习社会：建设终身学习体系和学习型社会的研究》，北京，高等教育出版社，2006。

② 郝克明：《让学习伴随终身》，北京，高等教育出版社，2017。

③ 高志敏等：《终身教育、终身学习与学习化社会》，5 页，上海，华东师范大学出版社，2005。

身学习促进会的解说。"终身学习是通过一个不断的支持过程来发挥人类的潜能，它激励并使人们有权利去获得他们终身所需要的全部知识、价值、技能与理解，并在任何任务、情况和环境中都有信心、有创造性且愉快地应用它们。"这个概念强调了不断的支持过程、发挥潜能以及创造性的应用，因此，有学者甚至认为"终身学习与其说是一种教育概念，倒不如说是一种社会行为或生活方式"①，"终身学习是 21 世纪的生存概念"②。

潘懋元等认为，由于强调学习者权利以及学习者自我决定、自主学习、自我构建的教育观念日益盛行，为了突出学习者个人在教育和学习活动中的主体地位和主动性，才有越来越多的人开始使用"终身学习"一词来表达这种教育价值观念的转向。在现实中，终身教育和终身学习经常互换使用。当人们站在学习者的角度去讨论相关话题时，更多地使用"终身学习"一词；从教育服务提供的角度去讨论时，则更多地使用"终身教育"一词。③

从终身教育到终身学习，这种转向不仅影响非正规教育，也影响正规教育。2011 年联合国教科文组织修订的《国际教育标准分类法》将教育的定义从"有组织地和持续不断地传授知识的工作"进一步修改为"通过某种形式的有组织的持续的交流来引发学习的有意识的活动"。可以看到，教育概念从传授知识转变到引发学习，并强调交流对于学习的重要性。④

郝克明从学习权、学习的时间、学习的内涵、学习的途径等几个方面阐释了终身学习理念的内涵：学习是每个公民生存和发展不

---

① 吴遵民：《新版现代国际终身教育论》，39～40 页，北京，中国人民大学出版社，2007。

② 高志敏等：《终身教育、终身学习与学习化社会》，11 页，上海，华东师范大学出版社，2005。

③ 潘懋元、李国强：《现代终身教育理论与中国教育发展》，6 页，北京，高等教育出版社，2017。

④ 郝克明：《让学习伴随终身》，29～30 页，北京，高等教育出版社，2017。

可缺少的重要权利；学习应贯穿人的一生，包含生命周期中的所有学习；学习的内涵应包括品德、知识、意志、情感、技能和能力等所有的学习活动，包括经合组织提出的三类关键能力，即使用工具与互动、与不同群体相互交流、独立自主地行动；学习可以通过多种途径进行，包括正规学习、非正规学习和非正式学习。[①]

三、终身教育、终身学习与学习型社会

终身教育、终身学习和学习型社会的理念先后诞生于 20 世纪 60 年代中后期的西方社会，三者的发展紧密地交织在一起，互为激发、相互影响，共同构成了 20 世纪 70 年代以来世界教育改革与发展具有共识性的基本指导思想与原则。迄今 40 多年来，它们在理念、政策、实践等方面既给我们带来了变革的力量与希望，同时也带来了冲击与挑战，乃至纠结与迷茫。[②]

那么，究竟应如何认识终身教育、终身学习以及学习型社会三者之间的关系？

在综合分析有关终身教育的定义后，高志敏等认为："终身教育是现行教育的超越和升华；是彻底改革现行教育制度，构建未来教育体系的创新性原则；教育贯穿人的一生、覆盖人的发展的全部；教育必须成为有效而便捷的一体化体系，实现各种教育及其因素、资源的统合化、一体化；教育既作用于个人又作用于社会，即教育既为了促进个人的终身全面发展，又为了促进社会的持续发展和全面进步。"[③]

相比终身教育，高志敏等认为：终身学习是一种生存方式，其

---

①　郝克明：《让学习伴随终身》，20～28 页，北京，高等教育出版社，2017。

②　潘懋元、李国强：《现代终身教育理论与中国教育发展》，4 页，北京，高等教育出版社，2017。

③　高志敏等：《终身教育、终身学习与学习化社会》，14～16 页，上海，华东师范大学出版社，2005。

学习活动超越了教育范畴，正在成为人的至关重要的生存责任；终身学习是一种主体转移，学习者"越来越不成为对象，而越来越成为主体了"；终身学习基于学习者的自主性，定位于学习者的意愿与需求，也必然要求尊重每个学习者特有的认知方式和特点；学习既是一个终身的过程，也是一个全面的过程，同时无所不在；而终身学习的目的在于建立自信和提升能力以适应社会变化。①

而"学习化社会"是 1968 年提出的。首创者是美国著名新理性主义教育家和古典人文主义成人教育倡导者，时任芝加哥大学校长的哈钦斯（R. M. Hutchins）。在《学习社会》（*The Learning Society*）一书中，他指出："所有全体成年男女，仅经常地为他们提供定时制的成人教育是不够的。除此之外，还应以成长及人格的构建为目的，并以此目的制定制度，以及更以此制度来促使目的的实现。而由此建立一个朝向价值的转换及成功的社会。"哈钦斯还在《民主社会中教育的冲突》（*The Conflict in Education in a Democratic Society*）一书中强调人的理性、道德和精神的力量，而学习化社会就是希望使每个人的这种力量得到最大限度的发展。②

联合国教科文组织国际教育发展委员会撰写的《学会生存——教育世界的今天和明天》提出，学习化社会"不仅必须发展、丰富、增加中小学和大学，而且我们还必须超越学校教育的范围，把教育的功能扩充到整个社会的各个方面。……我们越来越不能说，社会的教育功能乃是学校的特权。所有的部门——政府机关、工业交通、运输——都必须参与教育工作"。③

---

① 高志敏等：《终身教育、终身学习与学习化社会》，16～18 页，上海，华东师范大学出版社，2005。

② 高志敏等：《终身教育、终身学习与学习化社会》，6 页，上海，华东师范大学出版社，2005。

③ 联合国教科文组织国际教育发展委员会：《学会生存——教育世界的今天和明天》，201 页，北京，教育科学出版社，1996。

胡梦鲸认为，学习化社会将是一个以终身教育体系为基础，以学习者为中心，人人均能终身学习的理想社会，在这个社会中，学习者的基本学习权能够得到保障，教育机会能够公平地提供，学习障碍能够合理地去除，终身教育体系能够适当地建立。构建学习化社会的目的，就是要提供一个理想的学习环境，从而促进个人和社会的全面发展。学习化社会的建立应该具备六项基本条件，即"学习的个人、学习的家庭、学习的组织、学习的社区、学习的政府和学习的网络"。①

可以看到，在我国不同的文献或研究中"学习化社会""学习型社会"或"学习社会"等术语往往是混用的，但其含义是一致的。

结合历史与比较研究，朱敏、高志敏指出：终身教育、终身学习和学习型社会三者在理念上一直存在着内在一致性，即都以促进人的全面发展为根本目的，它们在实践运作上各有侧重，同时又相互支持、相互协同。② 三大理念具有以下趋同的特征：一是均主张教与学过程的延续性和终身性；二是均主张教与学内容的广泛性和全面性；三是均主张教与学空间的开放性和社会性；四是均主张教与学目的中人与社会的双重性。三大理念在教与学的时限、内容、空间和目的等问题上的看法是非常一致的，但在具体的目标指向、战略选择和实践重点方面又各有不同。③

"终身教育"强调国家和社会从教育制度、教育体系、教育内容、教育方法、培养模式、学习环境和组织等方面为社会成员进行终身学习提供支持、服务和保证。

---

① 高志敏：《关于终身教育、终身学习与学习化社会理念的思考》，载《教育研究》，2003(1)。

② 朱敏、高志敏：《终身教育、终身学习与学习型社会的全球发展回溯与未来思考》，载《开放教育研究》，2004(1)。

③ 高志敏：《关于终身教育、终身学习与学习化社会理念的思考》，载《教育研究》，2003(1)。

"终身学习"则从学习者的角度，强调学习者顺应社会需求与自身需求的选择，强调学习者的学习自觉性、学习兴趣、学习习惯及自主学习能力，强调学习者在思想道德、知识能力与身心健康等方面的全面发展与自身潜能和人生价值实现。

在学习化社会中，学习是每个人的基本权利，无论其出身、性别、种族、收入或居住地区；学习化社会拥有终身教育体系，实施终身教育制度；学习化社会中的教育超越学校教育范畴，全社会共同参与教育，人们受教育的机会和场所远远超出传统的学习空间；在学习化社会中，教育活动的基本策略为以学习者为中心，开放、多元、富有弹性；学习化社会实现的基本条件是个人与群体、组织的共同参与；学习化社会的形成既有利于个人的发展，也有利于社会的进步。[①]

学习型社会是一个以终身教育为基础，以学习者为中心，人人都能终身学习的社会。[②]

四、终身教育与成人教育、继续教育、回归教育

成人教育、继续教育、回归教育与教育的其他形式共同构成整个终身教育体系。它们都是终身教育的一个部分、一种形式、一个阶段或一个环节。成人教育主要是指对已经走上生产或工作岗位的从业人员进行的教育活动。1976 年 11 月，联合国教科文组织第 19 次全体会议通过了《关于发展成人教育的建议》，其中对成人教育的定义是："'成人教育'一词是指整个有组织的教育过程，不管其内容、水平和方法如何，是正规的还是非正规的；不论其是否延续或取代了在学校、各类院校和大学所进行的初步教育，以及在企业中的学徒训练，只要被所属社会承认的成年人，能够通过这一教育过

---

① 高志敏：《关于终身教育、终身学习与学习化社会理念的思考》，载《教育研究》，2003(1)。

② 郝克明：《让学习伴随终身》，32 页，北京，高等教育出版社，2017。

程，达到增长能力、丰富知识和提高技术或专业水平的目的，或使他们转向新的发展方向，在人的全面发展和参与社会、经济、文化的均等与独立的发展两方面的态度和行为得到改变。"①终身教育理论正是从成人教育的理论与实践中产生和发展而来的。没有成人教育就不可能产生现代终身教育理论。相对于成人教育，终身教育不仅扩大了教育范围，扩展了教育的时间和空间，而且还涉及教育目的、教育制度、教育内容、教育方法和手段等各方面的革新。②

根据联合国教科文组织《职业技术教育术语》，"广义的继续教育是指那些已脱离正规教育、已参加工作和负有成人责任的人所受的各种各样的教育。它对某个人来说，可能是在一个新领域内探求知识和技术，对另外的某个人来说，可能是在某个特殊领域内更新或补充知识，还有的人可能是在为提高其职业能力而努力"③。另外，根据不同的理解，继续教育有广义和狭义两种含义。广义的继续教育泛指对所有已接受过一定学历教育的人所进行的教育。狭义的继续教育则是指对接受过一定的学历教育且获得了某种专业技术职称的在职人员所进行的教育活动。④

回归教育（recurrent education，又译为回流教育）是 20 世纪 60 年代在欧洲出现的教育思潮，也是一种教育制度。⑤ 它主张教育不要一次完成，而是分几次完成，使人们在生活环节的各个阶段、自己认为最需要学习的时候都有受教育的机会；在青年人的教育和成

---

① ［瑞典］托斯顿·胡森、［联邦德国］T. 内维尔·波斯尔思韦特：《国际教育百科全书》第 9 卷，303 页，贵阳，贵州教育出版社，1990。

② 何齐宗：《教育的新时代——终身教育的理论与实践》，90 页，北京，人民出版社，2008。

③ 顾明远：《教育大辞典》增订合编本（上），655 页，上海，上海教育出版社，1998。

④ 何齐宗：《教育的新时代——终身教育的理论与实践》，91 页，北京，人民出版社，2008。

⑤ 顾明远：《教育大辞典》增订合编本（上），613 页，上海，上海教育出版社，1998。

年人的教育之间建立平衡；根据个人的选择、兴趣、职业、社会经济状况等在人的一生中接受灵活、有效的教育。对于回归教育，不同国家有不同的理解，大致可以分为两大类：第一类对回归教育采取节制和谨慎的态度，以求发展正常的成人教育，不涉及传统的教育体制，尤其不愿引起威胁到社会和阶级结构的社会变化。这类观念主要存在于英国、德国和美国等一些国家回归教育创始人的思想中。第二类对回归教育采取较为激进的态度，将教育的改革与社会的变化联系在一起。瑞典、挪威、荷兰、澳大利亚的回归教育创始人都属于这一类。"回归教育既不是一种分离的教育体制，又不是一种新的教育体制，确切地说，它是一种有可能把工作联系起来的，把工作和社会其他活动联系起来、交替进行的教育方式。"[①]

第三节　终身教育的重要理论

一、终身教育发展阶段划分的理论

关于我国终身教育的发展分期，吴遵民在《终身教育发展的中国经验——改革开放 37 年终身教育的历史回顾与展望》一文中，认为改革开放以来我国终身教育的发展经历了四个重要阶段，即 20 世纪 70 年代末期至 80 年代中期的酝酿期、80 年代中期至 90 年代初期的初始期、90 年代的摸索期以及进入 21 世纪以来的深化期。

（一）20 世纪 70 年代末期—80 年代中期，是我国终身教育发展的酝酿期

这一时期是我国成人教育概念形成、成人教育体系建立以及成人教育实践活动日益得到普及与发展的时期。也正是在成人教育的

---

① ［瑞典］托斯顿·胡森、［联邦德国］T. 内维尔·波斯尔思韦特：《国际教育百科全书》第 7 卷，530～531 页，贵阳，贵州教育出版社，1990。

理论与实践的基础上，终身教育理论得以产生和发展起来。[①]

这一时期也被称为成人教育的起步期。[②] 这一时期的成人教育主要是进行了开拓性的基础工作。国家组织学者引进、翻译国外成人教育的研究成果；建立机构、组织队伍，开展群众性的研究；成人教育研究纳入全国教育科学规划。初期的理论研究侧重在成人教育的概念、起源、地位、作用和正规化等。20 世纪 70 年代末，也是继续教育概念被引入国内的时期，之后逐步传播。[③]

(二)20 世纪 80 年代中期—90 年代初期，是我国终身教育发展的初始期

由于国际终身教育理念的引入，我国传统教育思想开始出现变革，"人人学习、时时学习、处处学习"的终身学习思想逐渐深入人心。

根据吴遵民等对 1979 年以来的终身教育政策发展的研究，终身教育的酝酿和初始期也是终身教育理念的引入和政策化的初始阶段(1979—1993 年)；在这一时期，随着改革开放，终身教育思想开始引入中国，翻译、引入《终身教育引论》等一系列终身教育相关论著，并第一次将"终身教育"写入国家重要教育政策文件，即 1993 年 2 月由中共中央、国务院印发的《中国教育改革和发展纲要》。该文件指出："成人教育是传统学校教育向终身教育发展的一种新型教育制度，对不断提高全民族素质，促进经济和社会发展具有重要作用。"可以说，这标志着终身教育开始从一种理念逐渐向一项政策转变。[④]

而这一时期的成人教育已进入发展阶段。[⑤] 有关成人教育基本理念和学科建设的专著大量出版；课题研究以突出应用研究为主，

---

① 何齐宗：《教育的新时代——终身教育的理论与实践》，90 页，北京，人民出版社，2008。

② 董明传等：《成人教育史》，257～258 页，海口，海南出版社，2002。

③ 赖立等：《中国继续教育发展报告 2012》，17 页，北京，教育科学出版社，2012。

④ 吴遵民、国卉男、赵华：《我国终身教育政策的回顾与分析》，载《教育发展研究》，2012(17)。

⑤ 董明传等：《成人教育史》，257～259 页，海口，海南出版社，2002。

开展学术争鸣、促进理论的深化。继续教育开始被列入政府工作范围，并在此后蓬勃兴起。[①] 1986 年开始实行全国成人高等教育统一入学考试。

(三)20 世纪 90 年代初期—90 年代末期，是终身教育体系化与政策化的摸索期

这一时期，终身教育逐渐作为一项基本国策在全国得以广泛而深入地开展，同时一系列的制度及政策也相继出台。

按照吴遵民等对终身教育政策发展的研究，这一时期终身教育政策进入深入和立法化的推进阶段(1994—1999 年)。[②] 自 1993 年"终身教育"首次出现在国家重要教育政策文件中后，1995 年被写入《中华人民共和国教育法》："国家适应社会主义市场经济发展和社会进步的需要，推进教育改革，促进各级各类教育协调发展，建立和完善终身教育体系""使公民接受适当形式的政治、经济、文化、科学、技术、业务教育和终身教育"，并且"为公民接受终身教育创造条件"。从此，终身教育作为被国家法律所规定并得以保障的教育活动而成为一项基本国策被确立下来。之后，教育部、国务院相继出台了一系列重要教育政策，终身教育由此从一种理念的引进而转向政策化、立法化的发展阶段。

同时，作为终身教育的重要组成部分，成人与继续教育在此时期继续蓬勃发展。

(四)进入 21 世纪以来是终身教育走向政策化、法制化的深化期

其标志是我国地方终身教育法规的纷纷出台，国家终身教育立法起草过程的启动，由此彰显了我国终身教育开始走上法制化建设

[①]　赖立等：《中国继续教育发展报告 2012》，17 页，北京，教育科学出版社，2012。
[②]　吴遵民、国卉男、赵华：《我国终身教育政策的回顾与分析》，载《教育发展研究》，2012(17)。

的健康轨道。①

这一时期，终身教育或终身学习的概念在党的代表大会会议报告或决议文件中出现的频率越来越高，如 2002 年 11 月党的十六大报告、2003 年 10 月《中共中央关于完善社会主义市场经济体制若干问题的决定》、2004 年 9 月《中共中央关于加强党的执政能力建设的决定》、2006 年 10 月《中共中央关于构建社会主义和谐社会若干重大问题的决定》、2007 年 10 月党的十七大报告、2010 年《国家中长期教育改革和发展规划纲要（2010—2020 年）》等，都体现了党和政府在推进终身教育与终身学习方面的立场与决心，也反映了终身教育在国家政策层面新的发展与变化，尤其是终身教育内涵在我国的深化与拓展，以及在我国更大范围的推广。

党中央的重要文件和历次工作报告一再强调推进终身教育，并将其作为一项改革动力与实践举措融入各项教育改革政策之中，使其成为推进社会发展的一种重要力量。我国终身教育不断向纵深发展。这一时期的终身教育政策，除了继续从理论上对完善终身教育体系、构建学习型社会等进行深入研究与探讨外，还拓展到指导具体实践层面。

一些地区开始推行终身学习卡制度，比如上海不仅在 200 多个街道设置了社区学校，更在远程教育集团的基础上，筹备成立了"开放大学"，并准备以免除入学考试门槛的办法来实现"人人皆学、时时可学、处处能学"的终身教育理念。这一时期的终身教育研究机构也如雨后春笋般成立，如中国教育发展战略学会成立终身教育工作委员会（2016 年更名为终身学习专业委员会）、华东师范大学成立终身教育研究中心等。而继 2005 年福建省颁布了我国大陆地区第一部终身教育地方条例——《福建省终身教育促进条例》以后，上海也于

---

① 吴遵民：《终身教育发展的中国经验：改革开放 37 年终身教育的历史回顾与展望》，载《江苏开放大学学报》，2016(1)。

2011 年颁布了《上海市终身教育促进条例》。两部地方性终身教育法规的出台，标志着终身教育政策的成熟并由此上升到了立法层面。

　　这一时期，继续教育调整改革。[①] 普通高校逐渐成为开展学历继续教育主力军。网络教育兴起，普通高校开展现代远程教育试点工作。广播电视大学充分应用现代化远程教学手段，多层次、多规格、多功能办学，面向农村、基层、行业、边区和少数民族地区办学，开展以高等教育为基础的学历教育和各种非学历教育培训，成为开展继续教育的重要力量。高等教育自学考试进入终身教育和学习型社会建设阶段，以发展学历教育为基础，大力发展非学历证书教育，为行业部门培养了大批职业型和应用型人才。行业企业积极参与合作开展继续教育。社区教育从实验、示范走向全面推进，对外来务工人员、下岗失业人员、老年人开展培训，并创建各类学习型组织和学习型家庭，为社区居民的学习提供服务，营造和谐社会环境。

　　2010 年后，为实现《国家中长期教育改革和发展规划纲要（2010—2020 年）》提出的到 2020 年"基本形成学习型社会"的目标，继续教育进入转型创新时期。[②] 其主要发展目标包括：建立和完善终身教育体系，大力发展非学历继续教育，稳步发展学历继续教育，搭建终身学习"立交桥"，促进各级各类教育纵向衔接、横向沟通，为社会成员提供多次学习机会，多样学习途径和多种成才路径。大幅提升继续教育参与率，努力缩小不同行业、不同地区群体在参与继续教育机会方面的差距。健全继续教育保障机制，如法律政策、跨部门协调、激励和质量评价机制等。着力提高学历继续教育质量，健全宽进严出的学习制度，办好开放大学，改革和完善高等教育自学考

[①]　赖立等：《中国继续教育发展报告 2012》，20～23 页，北京，教育科学出版社，2012。

[②]　赖立等：《中国继续教育发展报告 2012》，24 页，北京，教育科学出版社，2012。

试制度，建立学分积累和转换制度，改进培养模式，实现不同类型学习成果的认证、积累、衔接和转换，建立较为完善的质量监测评价体系，搭建远程开放继续教育及公共服务平台，提升继续教育质量。

二、我国终身教育体系的构想

"终身教育既是一种教育理念、教育原则和教育制度，也是一个教育体系"。[①] 1995 年《教育法》第十一条明确规定，"建立和完善终身教育体系"。体系是指具有特定的要素、结构、功能和与之相适应的体制、机制的整体。[②] 作为一个有机系统，终身教育体系包含许多构成要素，各要素之间彼此联系、相互依存，构成一定系统结构。[③]

自 1995 年《教育法》出台以来，国内提出了以下几种较具代表性的终身教育体系构想。[④] 吴福生提出了其关于终身教育体系化的基本观点，即首先应制定相应的法律法规，然后逐渐确立向"终身学习社会"过渡的教育改革目标。吴福生的终身教育体系构想融合了家庭、学校和社会教育，并对学校教育和校外教育的关系做了明确规定，同时还强调了法制建设的重要性。[⑤]

董明传认为终身教育体系的构建要健全并实施各种制度，如继续教育制度、岗位培训制度、扫盲教育制度、现代企业教育制度、成人学历证书制度、职业资格证书制度、社区文化教养教育制度、成人教育评价制度等，并应在以后制定的《成人教育法》中确定其各

① 刘汉辉：《我国终身教育体系研究——可持续发展视角的分析》，60 页，北京，人民出版社，2012。
② 贺宏志：《我国终身教育体系及其推进策略研究》，44 页，北京，首都师范大学出版社，2013。
③ 刘汉辉：《我国终身教育体系研究——可持续发展视角的分析》，60 页，北京，人民出版社，2012。
④ 贺宏志：《我国终身教育体系及其推进策略研究》，北京，首都师范大学出版社，2013。
⑤ 吴福生：《关于建立我国终身教育体系的几点思考》，载《教育研究》，1995(8)。

自的地位和作用（如图 7-1 所示）。① 这一构想的特点是认为终身教育等同于成人教育，是在传统学校教育之外展开的。另外，该构想重视成人教育的文化和教养功能，主张建立社区文化教养教育制度，亦是其一大特色。

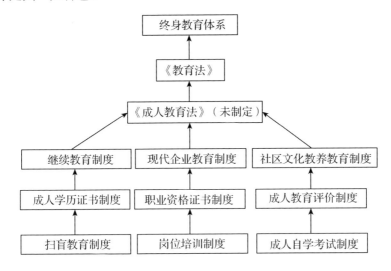

图 7-1　董明传的终身教育体系构想

资料来源：吴遵民：《现代中国终身教育论——中国终身教育思想及其政策的形成和展开》，253 页，上海，上海教育出版社，2003。

　　1996 年，上海市教育科学研究院成人教育研究所和上海市社区教育研究中心联合发表了《世纪之交上海市民素质调查研究报告》，提出要构建终身教育体系。与吴福生、董明传的构想不同，该报告在终身教育（成人教育）、终身学习设施的建设、机构的变革等方面提出了十分具体的方案和设想。比如，提出建立上海市终身教育协调委员会、终身教育局，在市民中实施"四大"教育培训工程，即全民功能性教育推广工程、青壮年文化程度提高工程、外来民工培训

---

① 董明传：《积极发展成人教育　建立和完善终身教育体系》，载《中国成人教育》，1996(3)。

工程、社区工作者培训工程(如图 7-2 所示)。①

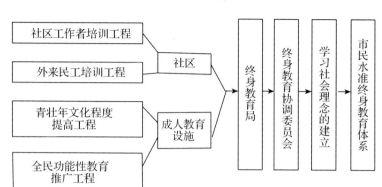

图 7-2　《世纪之交上海市民素质调查研究报告》中的终身教育体系构想

资料来源：吴遵民：《现代中国终身教育论——中国终身教育思想及其政策的形成和展开》，256 页，上海，上海教育出版社，2003。

　　叶忠海在其《创建学习型城市的理论和实践》一书中，针对上海市如何高标准构建终身教育体系的问题，从"三大沟通"的角度阐述了终身教育体系的构建，即推进教育领域与劳动领域的进一步沟通，推进学校与社区的进一步沟通，推进高中后各类教育之间的进一步沟通和衔接。为了推进教育领域与劳动领域的沟通，叶忠海认为首先要加强宣传，对回归教育形成共识，并尽快制定《上海市终身教育条例》。其次，各单位应制定中长期回归教育规划和近期执行计划；高等学校要进一步开放门户。关于推进学校与社区的沟通，则强调形成思想共识，加速"沟通"的法规建设，并组织专门力量调查总结专项经验。对高中后各类教育的沟通和衔接，需要制定相应法规政策，并提倡和推广合作办学，建立协调机制，组建专家组，坚持"先

---

　　①　吴遵民：《现代中国终身教育论——中国终身教育思想及其政策的形成和展开》，253～257 页，上海，上海教育出版社，2003。

易后难，分步推进"的原则。① 叶忠海的构想侧重于构成终身教育各部分领域的横向沟通和融合，而这也正是构想终身教育体系所要致力于研究的重要课题。同时他还强调了法规建设和终身教育专门组织的建设。

高志敏等在《终身教育、终身学习与学习化社会》一书中，论述了构建终身教育体系、倡导终身学习与创建学习社会的实践运作策略。高志敏等提出的终身教育体系，强调要建立法律、组织、认证、财政、时间、舆论等多种支持系统。在构建终身教育体系过程中，应及早确立必要的法律支持系统，制定《终身教育法》，通过终身教育、终身学习的法制化以确保其启动、运行、发展与完善。在管理方面应建立国家与地方的专门组织机构，比如国家"终身教育局"以及相应的地方管理组织。对于学习者的学习成果，应建立多元互认的认证支持系统，构建与"学历"认证并行的"资格"认证制度。在财政方面应确立财政支持系统，建立必要的经费投入制度，明确政府、企业、组织或民间团体以及公民个人在财政支持方面的责任。在学习时间的保障方面应确立必要的时间支持系统，比如可通过立法形式规定公民在其职业生涯过程中允许占用一定生产劳动时间来参加终身学习。最后，还应建立舆论支持系统，加大对终身教育、终身学习以及创建学习型社会的舆论支持，从政府、媒体到人员等方面都要重视对终身教育理念的社会舆论宣传。② 高志敏等所构想的体系内容更加翔实具体，反映了终身教育逐渐从理念层面发展到实践层面。

陈乃林在《面向 21 世纪中国终身教育体系研究》一书中，从纵横两个维度对我国终身教育体系构架的基本要素进行了划分。纵向要素包括学前教育、学校教育、成人教育和职业教育以及老年教育；

---

①　叶忠海：《创建学习型城市的理论和实践》，142～157 页，上海，上海三联书店，2005。

②　高志敏等：《终身教育、终身学习与学习化社会》，170～197 页，上海，华东师范大学出版社，2005。

横向要素包括学校教育、企业教育、社区教育和家庭教育。教育要素之间的相互关系和组合方式构成教育结构，由于教育体系基本要素的划分具有多样性，我国的教育结构也具有多元化的特点。① 比如从教育级别看，教育层级结构有初等教育、中等教育和高等教育；从教育专业结构看，高等教育主要有文、理、工、医、农、林、师范、财经、政法、体育、艺术、军事等各大门类；从教育形式结构看，可分为远距离教育和近距离教育等。

我国终身教育体系的构建是以现行的教育体系为基础的，且与经济、科技、人口、环境、资源和社会等领域发展相互联系和影响。改革开放以来，尤其知识经济的迅速发展和科教兴国战略的确立，极大地推动了教育的发展。除传统的正规学校教育外，其他各级各类教育如学前、成人、职业、老年教育等也迅速发展，教育的类型、层次和形式丰富多样，教育体系基本要素完备和健全，为我国终身教育体系构建和完善奠定了良好基础。

郝克明指出，应继续深化教育体制改革，建设以学校为依托的、立足社会发展和社会成员多种需求的、全时开放的终身教育培训体系，包括对在职人员进行培训的企业教育系统和以城乡社区为单位的社会教育在内，并通过网络等多种方式实现各类教育力量的互补，打破学习的时空限制，使学习者能够根据社会需要和自身条件选择学习方式，促进教育结构体系的终身化、网络化、开放化、多样化和社会化，以适应经济全球化形势下各行各业人力资源需求的变化和广大社会成员对学习的多种需求。这将是教育发展与人力资源开发应对 21 世纪挑战的基本战略对策。图 7-3 展示了郝克明提出的体现终身教育思想的我国教育体系构想。②

---

① 刘汉辉：《我国终身教育体系研究——可持续发展视角的分析》，149～150 页，北京，人民出版社，2012。

② 郝克明：《经济全球化与中国终身学习体系的构建》，载《北京大学教育评论》，2003(1)。

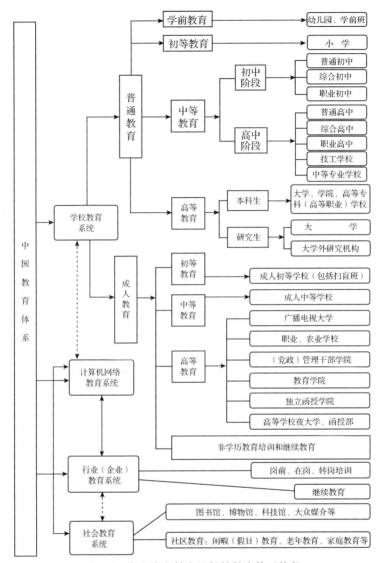

图 7-3 体现终身教育思想的教育体系构想

资料来源：郝克明：《经济全球化与中国终身学习体系的构建》，载《北京大学教育评论》，2003(1)。

终身教育体系的构建过程是一个终身教育体系的要素不断丰富、机制不断健全、功能趋于完备、结构趋于合理的动态发展过程，是以满足社会成员多样化的终身学习需求为目的，实现各种教育形式之间纵向衔接和横向沟通，达成系统的有机协调和高度整合的过程。过程性、整体性、全员性和开放性是终身教育体系构建的根本特征。①

三、终身学习的资历框架

(一)国内终身学习的资历框架研究

当前，搭建一个国家或者地区各级各类教育衔接和沟通的终身学习体系，已经成为全球教育改革和发展的重心。② 终身教育"立交桥"在国际上称为资历框架(Qualifications Framework，QF)，是实现普通教育、继续教育以及职业教育和培训之间的衔接和贯通，为学习者建立持续和终身学习的阶梯，搭建终身学习"立交桥"，发展终身学习社会的一种工具。③

要实现各级各类教育之间的衔接和沟通，需要建立统一的资历级别划分，形成统一标准的参照系统。任何国家或地区的资历框架都有相应的资历级别，表 7-1 是部分国家和地区的资历框架中的资历级别。资历级别由低到高把资历分为不同的等级，最低的资历一般是中学程度，最高的则相当于博士。资历级别的划分为各级各类教育互通提供了一个工具。资历框架只是一个划分资历等级的工具。在资历框架中需要为每一级别确立统一的能力标准，为各类教育和培训提供统一的质量要求。

---

① 虞晓骏、张鲤鲤：《论终身教育体系构建的推进策略》，载《终身教育研究》，2017 (6)。

② 张伟远、段承贵、傅璇卿：《搭建终身学习立交桥：国际的发展和比较》，前言，北京，中央广播电视大学出版社，2014。

③ 张伟远、段承贵、傅璇卿：《搭建终身学习立交桥：国际的发展和比较》，2 页，北京，中央广播电视大学出版社，2014。

表 7-1　资历框架中资历级别划分的比较

国家/地区	资历级别	资历等级
新西兰	10 级	第一级证书；第二级证书；第三级证书；第四级证书；第五级证书；第六级证书；学士学位；荣誉学士学位、研究生证书、研究生文凭；硕士；博士
澳大利亚	10 级	第一级证书；第二级证书；第三级证书；第四级证书；文凭；副学士学位、进修文凭；学士学位；学士荣誉学位、研究证书、研究文凭；硕士；博士
法国	5 级	第一级资历(博士、硕士)；第二级资历(学士学位)；第三级资历；第四级资历；第五级资历
爱尔兰	10 级	第一级证书；第二级证书；第三级证书；第四级证书；第五级证书；高级证书；学士学位；荣誉学士学位；硕士；博士
南非	10 级	普通证书/职业证书一级；初级证书/职业证书二级；中级证书/职业证书三级；国家证书/职业证书四级；高级证书/特级证书/职业证书五级；文凭/职业证书六级；学士学位/进修文凭；学士学位/学士荣誉学位/研究生文凭；硕士学位；博士学位
马来西亚	8 级	一级技能证书；二级技能证书；三级技能证书；文凭；高级文凭；学士；硕士；博士
中国香港地区	7 级	基础证书；证书；文凭；副学士；学士；硕士；博士

资料来源：张伟远、段承贵：《终身学习立交桥建构的国际发展和比较分析》，载《中国远程教育》，2013(9)。

郝克明提出：对于 21 世纪我国教育分类及其相互沟通关系，应增加教育体系的弹性，构建符合我国国情的终身学习体系。要改变各类学校教育特别是普通教育和职业教育互不沟通的状况，为学习者提供多种选择机会，使正规教育体系变得更加富有弹性，非正规教育方式更为开放，鼓励教育机构、办学形式、课程设置、学生成

分和经费来源的多样化，努力满足广大社会成员对教育的多种需求
（如图 7-4 所示）。①

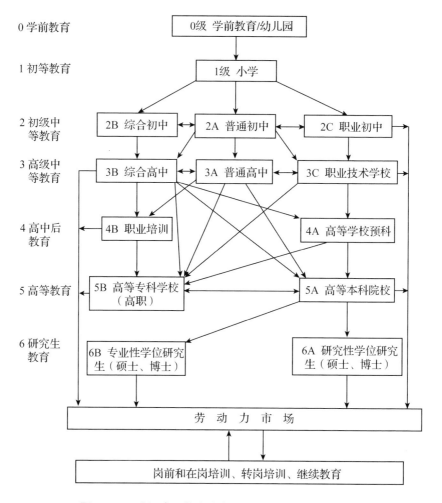

图 7-4　21 世纪我国教育分类及其相互沟通关系的设想

　　资料来源：郝克明：《经济全球化与中国终身学习体系的构建》，载《北京大学教育评论》，2003(1)。

────────────

　　①　郝克明：《经济全球化与中国终身学习体系的构建》，载《北京大学教育评论》，
2003(1)。

　　张伟远、段承贵比较与研究了资历框架的国际发展，提出了资历框架发展三阶段的观点，即局部资历框架建立、整体资历框架建立和资历框架的跨国对接三个阶段。并认为我国在建立终身学习"立交桥"时，需要基于我国国情进行全国通盘考虑，同时基于国际视野，以最终实现全国的和国际接轨的终身学习"立交桥"。[①]

　　借鉴国际资历框架发展的经验，要搭建终身学习"立交桥"，需要完成以下核心任务：第一，需要政府立法、政府统筹、专门机构负责，保证各级各类教育和培训机构的参与；第二，需要搭建各级各类教育沟通和衔接的资历框架，设立由低到高的资历级别；第三，需要制定统一的各级资历通用标准，包括各种资历、学分标准及要求(学习者需要达到的知识、技能和能力要求等)；第四，需要采用成效为本的教育理念，制定遵循资历级别的同等的学习成效目标要求，以实现学分的测评与转换；第五，需要建立从业者或学习者过往学习的认可机制，使得学习者无论通过何种途径获得的学分均能够得到认可和转换；第六，需要建立学术和职业资历质量保证和评审机制，建立质量保证的标准、评价机制和评估工具，保证教育及培训提供的资历和学分的公信力。[②]

　　(二)国内学习成果认证与学分银行研究

　　虽然我国终身学习认证的理论研究已引起重视，实践探索在各地也日益拓展开来，但终身学习认证制度理论研究的滞后和建设终身学习体系的迫切性仍需要我们加强这一理论研究，并积极从法律政策支持系统、组织机构支持系统、制度程序支持系统等方面具体构建我国的终身学习认证制度。郝克明认为，建立各类教育和各种

---

　　①　张伟远、段承贵：《终身学习立交桥建构的国际发展和比较分析》，载《中国远程教育》，2013(9)。

　　②　张伟远、段承贵、傅璇卿：《搭建终身学习立交桥：国际的发展和比较》，202～207 页，北京，中央广播电视大学出版社，2014。

途径学习成果的认证、积累与转换制度，是促进全民终身学习的有力"抓手"。在我国，应重视进行学分认证、转换制度的整体设计，制定严格的质量标准，着手研究和建立国家资历框架制度，充分发挥信息技术对学习成果认证、积累和转换制度的作用，构建人才成长"立交桥"。①

教育部职业教育与成人教育司于 2012 年 6 月委托中央广播电视大学开展"国家继续教育学习成果认证、积累与转换制度的研究与实践"项目，着手从国家层面对学习成果认证、积累与转换制度建设进行研究和实践探索。主要任务是研究国家继续教育学分积累与转换制度的认证框架、认证标准和积累与转换的方式方法、制度实施的管理体制和运行机制，并结合国家开放大学的建设开展实践探索。该项目研究产出了一系列研究成果。

其中，杨亭亭等认为，我国继续教育学习成果认证、积累与转换制度的建设正在起步。他们研究了我国继续教育学习成果认证组织与管理体系的建设，界定了学习成果认证组织的组织性质、组织目标；构建了多层次的国家继续教育学习成果认证组织系统；设计了认证组织的管理体制、运行机制和管理业务等。②

鄢小平认为，我国学习成果认证、积累与转换制度从架构上可以分为制度内核、运行、保障和拓展应用，从制度形式上可以分为运行规则、度量规则、支撑规则和拓展规则（如图 7-5 所示）。③

---

① 郝克明：《学分认证、转换制度与终身学习——在 2016 构建终身学习立交桥和学分银行系统学术论坛（南京）上的发言》，载《终身教育研究》，2017(2)。

② 杨亭亭、刘兴国、邓幸涛等：《终身学习理念下学习成果认证组织与管理体系建设的研究》，载《中国远程教育》，2013(12)。

③ 鄢小平：《我国学分银行制度的模式选择和架构设计》，载《远程教育杂志》，2015(1)。

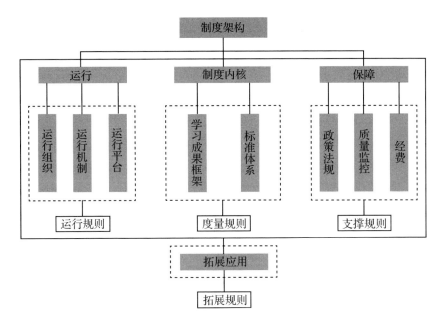

图 7-5　学习成果认证、积累与转换制度架构示意图

资料来源：鄢小平：《我国学分银行制度的模式选择和架构设计》，载《远程教育杂志》，2015(1)。

　　目前，在我国没有国家资格框架的情况下，为了解决实践中学习成果认证、积累与转换问题，首先需要建立学习成果框架。学习成果框架结构可分为四部分，即学习成果基准、学历教育学习成果、非学历教育学习成果和无定式学习成果(如图 7-6 所示)。① 学习成果基准由学习成果等级及其三个维度(知识、技能和对知识与技能运用的能力)的客观描述组成，是各类学习成果进行等级划分的共同参照和实现各级各类学习成果之间转换、沟通与衔接的标尺。②

---

　　① 鄢小平：《我国学分银行制度的模式选择和架构设计》，载《远程教育杂志》，2015(1)。
　　② 卢玉梅、王延华、孙静怡：《从资格框架看我国"学分银行"制度中学习成果框架的建立》，载《中国远程教育》，2013(11)。

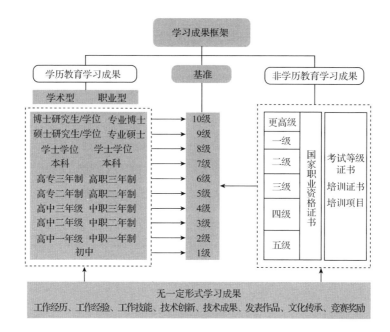

图 7-6　学习成果框架示意图

资料来源：鄢小平：《我国学分银行制度的模式选择和架构设计》，载《远程教育杂志》，2015(1)。

　　学分银行是管理终身学习的最终模式，但需要完善的标准体系、学分数据管理系统、账户管理方案、学习资源数据库、评价认证的标准化流程、专业团队、组织体系以及庞大的信息平台支撑。在实践中是一项庞大的工程，需要综合而有系统化的设计与监控，才能保证质量。[1] 彭飞龙等阐述了终身学习体系学分银行的原理与技术，给出了国内学分银行应用案例，如上海市终身教育学分银行、北京市西城区的学分银行、浙江省慈溪市的市民学分银行等，并介绍了韩国、英国、美国、加拿大、欧洲学分银行和学分认证与转换的制度与实践。[2]

　　[1]　殷双绪：《终身学习的评价认证与管理》，载《现代远距离教育》，2003(3)。
　　[2]　彭飞龙：《终身学习体系学分银行的原理与技术》，117～130 页，北京，高等教育出版社，2013。

学分银行是模仿普通银行存储钱币的做法，相应地移植于学习成果管理的一种模式或体系。其基本功能是对学习者无论是通过正规还是非正规乃至非正式途径所获得的学习成果（学分）进行鉴定、积累与转换。最终根据相应的规则认定授予何种学习证书。因此它实质上又是一种对学习成果进行认定的管理模式。[①]

在学分银行制度下，学习成果呈现三种形态：第一种是原始成果，即由某个机构出具的、未经学分银行认证的初始形态的学习成果；第二种是标准学分，即按照认证标准对原始学习成果进行认证后存储在学分银行的学分；第三种是目标学分，即按照转换标准将标准学分转换为目标机构的学分。[②] 认证与转换标准就是为学习成果的认证和学分的转换提供可遵循的规范性依据。学分银行功能模型如图 7-7 所示。

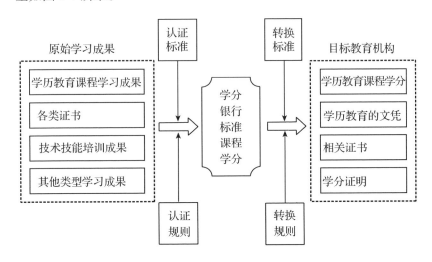

图 7-7　学分银行功能模型

资料来源：郭富强：《学分银行模式下学习成果的认证和转换标准体系构建》，载《中国远程教育》，2016(2)。

---

① 孙冬喆：《中国学分银行制度建设研究》，博士学位论文，华东师范大学，2014。
② 李林曙、鄢小平、王立科：《我国学分银行制度建设的模式、途径与策略》，载《现代远程教育研究》，2013(6)。

面向大众的终身学习具有典型的实用性目标，即公众是带着实用的目标参与终身学习项目，以便获得实用技能、增长见识或发展能力。为此，实现以能力发展为导向的终身学习评估及能力认证，成为面向终身学习的技术系统的一个核心功能，能力取向的评估与认证方式、相应的参考模型以及实现技术等是终身学习平台或系统进行学习评估与认证的基础。顾小清等研究了在上海终身学习网实现能力取向的学习评估与认证的模型，并对该模型所包含的能力描述模型、能力评估模型、电子学档等进行了阐述。[①]

第四节　学会、机构与学术期刊

一、学会/协会

（一）中国成人教育协会[②]

中国成人教育协会于 1981 年 4 月经中华人民共和国教育部批准、中华人民共和国民政部注册成立，是全国各类成人教育团体和成人教育工作者自愿组成的群众性、学术性社会团体。

中国成人教育协会旨在团结和组织全国各类成人教育团体和成人教育工作者，坚持理论联系实际、面向社会，开展成人继续教育科学理论与实际问题的研究及多种服务活动，为提高劳动者素质，培养有理想、有道德、有文化、有纪律的社会主义建设人才，为成人继续教育事业的改革和发展做出贡献。

中国成人教育协会的业务范围是：宣传成人继续教育的意义和

---

　　① 顾小清、张正超、朱元锟：《基于电子学档的终身学习评估及能力认证模型》，载《远程教育杂志》，2010(5)。

　　② 《中国成人教育协会简介》，http://www.caea.org.cn/xpe/portal/99b2b6d-14c2-1000-8330-506d67fa493a? uuid=d49aa1d-14c3-1000-85e3-506d67fa493a，2018-08-10。

作用，推动社会各方面关心和支持成人教育工作；规划、组织、协调和评估成人教育活动，推广成人教育研究的成果和经验；为教育行政部门对成人教育的决策提供咨询服务；组织开展成人继续教育的重大活动；组织开展各类成人继续教育和培训；协同有关部门培训成人教育管理干部和理论研究人员，提高其理论素质、政治水平和工作能力；组织编辑出版有关成人教育报刊和资料，交流成人教育信息；加强与国际成人教育组织的交流与合作，开展国家、地区间成人继续教育组织及成人继续教育工作者的学术交流活动；提供其他有关成人教育方面的服务。

中国成人教育协会的最高权力机构是会员大会。会员大会代表由全国各地成人教育管理部门、成人教育协会(学会)、中央有关部门及系统的成人教育协会(学会)、大中型企业的成人教育机构、成人教育院校、成人教育研究机构等基层单位和成人教育工作者协商推荐产生。会员代表大会选举产生理事会，理事会设常务理事会。中国成人教育协会的日常办事机构为秘书处。协会现有分支机构 22个，单位会员 454 个。

中国成人教育协会第一届理事会会长为臧伯平，第二届理事会会长为何东昌，第三届、第四届理事会会长为朱新均。2013 年 4 月13 日在北京召开了中国成人教育协会第五届会员代表大会，选举产生了新一届理事会、常务理事和会长、副会长、秘书长。第五届理事会会长为郑树山。

(二)中国教育发展战略学会终身学习专业委员会[①]

中国教育发展战略学会终身学习专业委员会是中国教育发展战略学会下属的二级学会，原名中国教育发展战略学会终身教育工作

---

① 《中国教育发展战略学会终身教育工作委员会简介》，http：//www. smile. ec-nu. edu. cn/s/395/t/768/p/1/c/10468/d/12046/list. htm，2018-08-10.

委员会，是 2007 年 7 月经教育部批准，民政部审核注册登记的全国性从事终身教育工作的非营利性社团组织，是由全国终身教育研究和实践的同类社团、机构和人员自愿组成的全国性学术团体。原国家督学郝铁生任第一届理事会理事长，北京教育科学研究院原院长季明明任第二届理事会理事长，教育部国家教育发展研究中心副主任韩民任第三届理事会理事长。国家教育咨询委员会委员、中国教育发展战略学会会长郝克明研究员，国家教育咨询委员会委员、中共中央组织部原秘书长高世琦任名誉理事长。

委员会业务范围包括：组织和推动终身教育、终身学习的研究与实践，组织和承担国家、地方政府、行业组织、教育机构和国际组织委托的研究任务；为国家、地方政府、行业制定教育发展战略、建立终身学习服务体系、学习型城市建设提供咨询服务；接受委托开展学习型城市建设评估、教育评价、科研立项评审和成果鉴定等中介服务工作；组织国内外学术交流，召开国内和国际学术研讨会、论坛；开展各种类型教育培训；出版《中国终身教育蓝皮书》与学术专著，编发《终身教育通讯》；建立终身学习网站，通过互联网、出版物(含电子出版物)等开展各种信息交流活动。

二、研究机构

随着我国终身教育思想的传播和相应政策、研究及实践的发展，终身教育理论研究的专业队伍迅速壮大，相关终身教育研究机构渐次成立。终身教育专业研究机构主要包括两类：一是依托相关学会/协会建立的研究机构，如 2011 年成立的中国成人教育协会终身教育与学习研究中心。二是地方政府与高校、教科院等联合建立的研究机构，如：福建省于 2004 年在福建农林大学建立的终身教育研究所、2007 年在集美大学建立的终身教育研究所；北京市于 2011 年在北京师范大学建立的首都学习型社会研究院、在中国人民大学建立的北京市学习型组织发展研究中心、在首都师范大学建立的北京市学习型学校建设促进中心，2018 年在北京市教科院建立的终身学习与可持续发展研究所；上海市于 2012 年在华东师范大学建立的上海终身教育研究院；等等。

（一）北京师范大学首都学习型社会研究院

北京师范大学首都学习型社会研究院创立于 2011 年 10 月，是由北京市建设学习型城市工作领导小组办公室与北京师范大学共建的研究机构。研究院是北京师范大学发挥综合学科特别是教育学科的优势，与北京市合作共建的一个开放研究平台。北京师范大学原党委书记刘川生任理事会理事长，北京师范大学资深教授顾明远先生任研究院学术委员会主任，执行院长由北京师范大学陈丽教授担任，研究院实行理事会领导下的院长负责制。

研究院致力于搭建一个集合首都高校智力资源服务于学习型城市建设的平台，探索北京市学习型城市的建设模式，丰富和发展中国特色的学习型社会建设理论，辅助政府公共决策、指导学习型城市建设实践。研究院自成立以来共参与北京市以及相关研究机构的合作研究课题 10 余项，如"世界学习型城市建设模式国际比较研究""北京市终身学习素养调查研究""北京市终身学习立法研究""城教融合背景下北京职成教育发展策略研究"等。

研究院面向北京市学习型城市建设的实践，整合北京市高校以及国内外相关研究力量，跟踪国际动态，研究现实问题，探索创新方法，推进交流合作，培养专业人才，引领实践发展。努力搭建集学术研究、政策咨询、人才培养和培训服务为一体的，具有国际影响力的高端开放研究平台。

（二）上海终身教育研究院①

上海终身教育研究院成立于 2012 年 7 月，是上海市教育委员会根据《教育部和上海市人民政府共建国家教育改革实验区领导小组2012 年工作纪要》中关于"教育部支持国家教育改革实验区依托华东师范大学，整合相关机构的终身教育研究力量与实践平台，组建开放式的终身教育研究平台，并积极推动其成为国家终身教育事业发展的重要研究基地与决策咨询机构"的工作要求，委托华东师范大学建立的一个开放、跨界、协同、创新的终身教育研究战略联盟，也是全国首家终身教育研究院。

该机构以前瞻性、综合性、突破性为要求，开展终身教育领域的科学研究、决策咨询、标准开发、能力建设与评估服务，致力于为上海终身教育事业发展提供科学的决策咨询与专业服务，为全体上海市民的终身学习创造更公平的机会、更便捷的途径与更丰富的资源，促进市民终身发展与生活品质改善，推动学习型社会建设工作能力以及城市经济、文化、社会的可持续发展。

重点任务包括：围绕上海建设学习型社会与构建终身教育体系的战略目标与现实任务，借鉴国际终身教育理念与经验，扎根上海终身教育基层，开展终身教育调查研究，萃取终身教育实践智慧，探索终身教育理论发展，形成终身教育思想文化，培养终身教育高端人才，汇聚终身教育创新成果，弘扬上海终身教育发展的本土经验。

上海终身教育研究院院长由任友群担任，黄健任执行副院长。郝克明任学术委员会名誉主任，叶澜担任主任。

---

① 《研究院简介》，http：//www. smile. ecnu. edu. cn/s/395/t/768/p/1/c/10463/d/12071/list. htm，2018-08-10。

三、学术期刊

(一)终身教育/终身学习专业期刊

1.《终身教育研究》(Lifelong Education Research)

曾用刊名：《江苏开放大学学报》《江苏广播电视大学学报》

主办单位：江苏开放大学

出版周期：双月刊

ISSN：2096-2843

CN：32-1868/G4

出版地：江苏省南京市

创刊时间：1990 年

2.《终身教育》(Lifelong Education)

主办单位：福建省全民终身教育促进会

出版周期：双月刊

CN：35(Q)0094

出版地：福建省福州市

创刊时间：2003 年

3.《常州终身教育》(Changzhou Lifelong Education)

主办单位：江苏省常州市终身教育学会

出版周期：季刊

出版地：江苏省常州市

创刊时间：2010 年

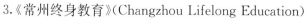

（二）开放与远程学习相关期刊

1.《开放教育研究》（Open Education Research）：核心期刊、CSSCI 来源期刊

主办单位：上海远程教育集团；上海电视大学

出版周期：双月刊

ISSN：1007-2179

CN：31-1724/G4

出版地：上海市

创刊时间：1995 年

2.《开放学习研究》（Journal of Open Learning）

曾用刊名：《北京广播电视大学学报》

主办单位：北京开放大学

出版周期：双月刊

ISSN：2096-1510

CN：10-1386/G4

出版地：北京市

创刊时间：1996 年

3.《现代远距离教育》（Modern Distance Education）：CSSCI 来源期刊

曾用刊名：《电大教育》

主办单位：黑龙江广播电视大学

出版周期：双月刊

ISSN：1001-8700

CN：23-1066/G4

出版地：黑龙江省哈尔滨市

创刊时间：1979 年

4.《中国远程教育》(Distance Education
in China)：核心期刊、CSSCI 来源期刊

曾用刊名：《中国电大教育》

主办单位：中央广播电视大学

出版周期：月刊

ISSN：1009-458X

CN：11-4089/G4

出版地：北京市

创刊时间：1981 年

5.《广东开放大学学报》(Journal of Open University of Guang-
dong)

曾用刊名：《广东广播电视大学学报》

主办单位：广东开放大学

出版周期：双月刊

ISSN：2095-932X

CN：44-1719/G4

出版地：广东省广州市

创刊时间：1984 年

（三）成人教育/继续教育期刊

1.《中国成人教育》(China Adult Educa-
tion)：核心期刊

主办单位：中国成人教育协会；山东
省教育厅；山东成人教育协会

出版周期：半月刊

ISSN：1004-6577

CN：37-1214/G

出版地：山东省济南市

创刊时间：1992 年

2.《成人教育》(Adult Education)：核心
期刊

主办单位：黑龙江省教育学院

出版周期：月刊

ISSN：1001-8794

CN：23-1067/G4

出版地：黑龙江省哈尔滨市

创刊时间：1981 年

3.《成才与就业》(Career Development)

曾用刊名：《上海成人教育》

主办单位：上海教育报刊总社

出版周期：半月刊

ISSN：1009-8127

CN：31-1839/G4

出版地：上海市

创刊时间：1983 年

4.《河北大学成人教育学院学报》(Journal of Adult Education College of Hebei University)

主办单位：河北大学成人教育学院

出版周期：季刊

ISSN：1008-6471

CN：13-1264/G4

出版地：河北省保定市

创刊时间：1999 年

5.《继续教育研究》(Continue Education Research)：核心期刊

曾用刊名：《函授教育》

主办单位：哈尔滨师范大学

出版周期：月刊

ISSN：1009-4156

CN：23-1470/G4

出版地：黑龙江省哈尔滨市

创刊时间：1984 年

6.《继续教育》(Continuing Education)

曾用刊名：《继续工程教育》

主办单位：中国人民解放军总装备部继

续教育中心

出版周期：月刊

ISSN：1006-9720

CN：11-3315/G4

出版地：北京市

创刊时间：1987 年

7.《当代继续教育》(Contemporary Continuing Education)

曾用刊名：《湖北大学成人教育学院学

报》《高师函授》《湖北大学成人教育》《湖北大

学成人教育学报》

主办单位：湖北大学

出版周期：双月刊

ISSN：2095-5510

CN：42-1842/G4

出版地：湖北省武汉市

创刊时间：1983 年

（四）其他

《世界教育信息》（Journal of World Education）

主办单位：教育部教育管理信息中心

出版周期：半月刊

ISSN：1672-3937

CN：11-4123/G4

出版地：北京市

创刊时间：1987 年

后　记

终身教育思想自古有之，我国古代大教育家孔子的"学而不已，阖棺乃止"就蕴含了终身教育的思想。现代意义上的终身教育思想缘起于 20 世纪中期的西方，20 世纪 70 年代，联合国教科文组织的报告《学会生存——教育世界的今天和明天》使其成为世界教育改革与发展的基本指导思想。在我国，终身教育是在改革开放春风沐浴下应运而生的新理念、新实践和新体系，是社会发展和经济繁荣对教育提出的客观要求，是教育事业主动顺应时代变化，创新发展的典型体现，是教育改革与发展的指导理念和变革力量。

经过 40 年的发展，终身教育内涵已经从狭义的成人继续教育发展为全社会各级各类教育的总和，终身教育已经从政府投入的教育公共服务系统发展为全社会共同投入的教育共治体系，并从理念落实为组织体系、服务模式和学习方式，而终身学习已经从一个教育概念转变为一种社会行为或生活方式。通过回顾，我们也发现，终身教育基础制度建设至关重要，任重而道远，不仅需要先进理念，更需要改革创新的魄力。

在认识上，我们坚持广义内涵的定义方法，将终身教育视为各级各类教育的总和。但考虑到本卷在整套丛书中的定位，为了与其他各卷有机配合，我们将内容限定在狭义终身教育定义的成人继续教育领域。第一章回顾改革开放 40 年来终身教育理念在我国的传播历程，系统回顾改革开放 40 年来我国终身教育政策的发展脉络。第二章到第五章重点聚焦成人继续教育主要实践领域。第六章重点阐述终身教育制度的创新历程。第七章重点总结终身教育领域学术研究的发展历程。

本书的内容框架设计和统稿由北京师范大学陈丽完成，第一章由华东师范大学黄健、高小军完成，第二章由北京教育科学研究院林世员完成，第三章由国家开放大学严冰完成，第四章由网龙网络控股有限公司年智英完成，第五章由北京师范大学谢浩完成，第六章由上海开放大学魏志慧完成，第七章由北京师范大学陈青完成。

感谢北京师范大学出版社陈红艳编辑在文字校对方面给予的支持。感谢北京交通大学徐玎在协调各章节内容和统稿过程中给予的支持。感谢上海开放大学袁雯校长的指导，感谢上海开放大学周晶晶老师和郭翠老师提供的有关学分银行的资料。感谢华东师范大学吴遵民教授、上海市教育科学研究院国卉男老师提出的宝贵建议。

陈　丽

2018 年 10 月 28 日

图书在版编目(CIP)数据

中国教育改革开放 40 年:终身教育卷/陈丽等著. —北京:北京师范大学出版社,2019.2

(中国教育改革开放 40 年/朱旭东主编)

ISBN 978-7-303-24413-3

Ⅰ. ①中… Ⅱ. ①陈… Ⅲ. ①教育改革－成就－中国 ②终身教育－教育改革－成就－中国 Ⅳ. ①G521

中国版本图书馆 CIP 数据核字(2018)第 272674 号

营 销 中 心 电 话 010-58805072 58807651
北师大出版社高等教育与学术著作分社 http://xueda.bnup.com

ZHONGGUO JIAOYU GAIGE KAIFANG 40 NIAN:ZHONGSHEN JIAOYU JUAN

出版发行:北京师范大学出版社 www.bnup.com
北京市海淀区新街口外大街 19 号
邮政编码:100875

印　　刷:北京盛通印刷股份有限公司
经　　销:全国新华书店
开　　本:710 mm×1000 mm　1/16
印　　张:17.25
字　　数:223 千字
版　　次:2019 年 2 月第 1 版
印　　次:2019 年 2 月第 1 次印刷
定　　价:86.00 元

策划编辑:陈红艳　　　　　　　　责任编辑:孔　军
美术编辑:王齐云　　　　　　　　装帧设计:王齐云
责任校对:段立超　陈　民　　　　责任印制:马　洁